Bettina Pflaum

Politischer Expressionismus:

Aktivismus im fiktionalen Werk Robert Müllers

Literatur- und Medienwissenschaften Band 107

Bettina Pflaum

Politischer Expressionismus:

Aktivismus im fiktionalen Werk
Robert Müllers

Igel Verlag Literatur
Wissenschaft

Bibliographische Information der Deutschen Bibliothek:

Die Deutsche Bibliothek verzeichnet diese Publikation in *Der Deutschen Nationalbibliografie*; detaillierte bibliographische Daten sind im Internet über *http://dnb.ddb.de* abrufbar.

Covergestaltung unter Verwendung des Gemäldes „The Snake Charmer"
von Oskar Kokoschka.

© VG Bild-Kunst, University of Michigan Museum of Art
(Gift of HerbertBarrows 2000/2.180)

Bettina Pflaum:
Politischer Expressionismus

1. Auflage 2008
ISBN 978-3-86815-003-2

© Igel Verlag GmbH, Hamburg, 2008 (www.igelverlag.com)
Herstellung: Der Buchdrucker.com, Achim (www.der-buchdrucker.com)

Inhaltsverzeichnis

1 Einleitung: Robert Müller – ein vergessener Autor?

1.1 Die Geschichte einer Wiederentdeckung

Am 27. August 1924 erschoss sich der sechsunddreißigjährige Verleger, Publizist und Schriftsteller Robert Müller in den Praterauen in Wien. [1] Mit ihm verlor die Wiener Intellektuellenszene einen ihrer führenden Köpfe; Freunde und Kollegen reagierten fassungslos. „Weiß Gott, daß ich im Juni, als wir uns täglich in Wien sahen, nicht geglaubt hätte, daß im August sein Nekrolog fällig werden würde. Denn er war ein aktiver Mensch, durch Statur und Blut"[2], schreibt Otto Flake in seinem Nachruf. Müllers Freund Arthur Ernst Rutra trauert: „Wir müssen uns zusammenreißen, um angesichts dieses grausamen Verlustes Mut zu behalten, den Weg weiter zu gehen, den unser großer Kamerad und Bruder verlassen"[3] hat, und ist überzeugt: „Er wäre der genialste Reporter geworden, der jemals etwas zu sagen gehabt hat. Er war es dennoch, und war mehr: ein Conquistador des Geistes."[4] Robert Musil bescheinigt seinem Freund eine erfrischende politische Unkorrektheit, die es ihm im bürgerlichen Wien nicht einfach gemacht habe, und würdigt ihn als großen Literaten:

„Robert Müller hat alles Lebendige geliebt wie der Jäger sein Wild. Er beschrieb einen trägen Geldsack mit der gleichen Leidenschaft, die jede Bewegung der Bestie zu verstehen sucht, wie ein durchgehendes Pferd. Und er

---

[1] Stephanie Heckners Recherchen ist es zu verdanken, dass gesicherte biographische Angaben über Robert Müller vorliegen. Sie wies seinen Amerika-Aufenthalt nach und machte in ihrer Dissertation ‚Die Tropen als Tropus' privates Briefmaterial zugänglich. Hier findet sich eine detaillierte Biographie Robert Müllers: Stephanie Heckner: Die Tropen als Tropus. Zur Dichtungstheorie Robert Müllers. Wien, Köln 1991. Mein Eingangssatz ist durch Zufall nahezu identisch mit der Eröffnung von Thomas Schwarz' im April 2006 erschienenen Dissertation ‚Robert Müllers Tropen'. Er schreibt: „Am 27. August 1924 schießt sich der österreichische Schriftsteller Robert Müller eine Revolverkugel durch die Brust" (Thomas Schwarz: Robert Müllers Tropen. Ein Reiseführer in den imperialen Exotismus. Heidelberg 2006, S. 11). Ich gelangte erst nach Abschluss meiner Arbeit an diesem Kapitel an Schwarz' Studie und möchte ihn daher nicht ändern.

[2] Otto Flake: Robert Müller. Die Neue Rundschau 35, Bd. 2, Berlin 1924, S. 1083 f. In: Expressionismus – Aktivismus – Exotismus. Studien zum literarischen Werk Robert Müllers. Hrsg.: Helmut Kreuzer und Günter Helmes. 2. Auflage Paderborn 1989, S. 312 (ursprünglich Göttingen 1981).

[3] Arthur Ernst Rutra: Robert Müller. Das Dreieck 1, H. 3, Berlin 1924, S. 95 ff. In: Expressionismus – Aktivismus – Exotismus, S. 311.

[4] Ders.: Pionier und Kamerad. Die Literarische Welt 3, Nr. 34, Berlin 1927, S. 1. In: Expressionismus – Aktivismus – Exotismus, S. 315.

beschrieb diese die Sinne erregende Außenseite der Welt, hinter der sich ein lähmend verwirrtes Inneres nur ahnen lässt, mitunter geradezu genial."[5]

Nach der ersten Emphase folgt jedoch ein langes Schweigen über Robert Müller, das unter anderem in der Unzugänglichkeit seines Werks begründet liegt. Wie Stephanie Heckner anmerkt, möchte Arthur Ernst Rutra schon 1924 die Werke seines Freundes gesammelt herausgeben, doch wird der Plan nicht verwirklicht. Rutra stirbt im Konzentrationslager Dachau.[6]

Anlässlich des fünfzigsten Todestages Müllers erscheint ein Sonderteil der österreichischen Zeitschrift ‚Pestsäule' über den Schriftsteller[7], auch findet er im Rahmen der Karl-May-Jahrbücher Erwähnung. Helmut Kreuzer und Günter Helmes veröffentlichen schließlich 1981 den Sammelband ‚Expressionismus – Aktivismus – Exotismus', in dem sie die bisherige Rezeption und Forschung zu Müller zusammenfassen und, neben zeitgenössischen Kritiken und Nekrologen, eigene Beiträge einbringen. Diese Buchveröffentlichung gab den Anstoß zu einer erst eher bescheidenen Auseinandersetzung mit Robert Müller – über einen Autor, dessen Werk nicht zugänglich ist, kann ein wissenschaftlich fruchtbarer Dialog nur beschwerlich geführt werden.

Günter Helmes' erste Versuche, das Werk Robert Müllers neu herauszugeben, stießen auf rechtliche Schwierigkeiten. Alle interessierten Verlage, darunter etablierte Größen wie Ullstein, schreckten vor der angedrohten Klage durch den vermeintlichen Wiener Nachlasshüter Werner J. Schweiger zurück, der behauptete, die Witwe Robert Müllers habe ihm per Brief die Rechte an dessen Werk übertragen.

Der damals in Paderborn ansässige Verleger Michael Matthias Schardt besaß 1989 trotzdem den Mut, Müllers ‚Tropen' und kurz darauf ‚Camera

---

[5] Robert Musil: Robert Müller. Prager Presse 4, Nr. 224, Prag 3.9.1924, S. 4 ff. In: Expressionismus – Aktivismus – Exotismus, S. 302.

[6] Stephanie Heckner: Die Tropen als Tropus, S. 16. Heckner macht ebenfalls darauf aufmerksam, dass Müller in den führenden zeitgenössischen Werken, die über die Prosa des Expressionismus Auskunft gaben, nicht erwähnt wurde, so in Albert Soergel: Dichtung und Dichter der Zeit, Leipzig 1925, und in einem Aufsatz von Max Krell: Expressionismus der Prosa, in: Ludwig Marcuse (Hrsg.): Weltliteratur der Gegenwart, Band Deutschland, 2. Teil, Berlin 1924, was zum Vergessen der fiktionalen Werke Müllers ebenso beigetragen habe wie die Verstreutheit seiner publizistischen Schriften, die in vielen verschiedenen Zeitschriften erschienen waren. Zu den publizistischen Werken Müllers siehe Punkt 3 dieser Arbeit.

[7] Die Pestsäule. Monatsschrift für Literatur und Kulturpolitik 12, 1974.

obscura' in seinem Igel-Verlag zu edieren.[8] Schweiger verklagte ihn – und verlor in vier Instanzen: Im Dezember 1991 bestätigte das Oberlandesgericht Hamm Michael Matthias Schardt die Rechtmäßigkeit der Herausgabe der Müller'schen Werke. Die darauf folgende nicht unerhebliche Aufmerksamkeit der Medien führte zumindest im Fall der ‚Tropen' zu einer zweiten Auflage und zu einem Anstieg des Bekanntheitsgrades von Robert Müller. 1998 fand die Robert-Müller-Werkausgabe mit Band XIII ‚Briefe und Verstreutes' ihren Abschluss.[9]

1.2 Zum Forschungsstand

Die mit der Werkausgabe geschaffene Forschungsgrundlage, zusammen mit den in ‚Expressionismus – Aktivismus – Exotismus' erschienenen zeitgenössischen Rezensionen, den Nachrufen und den Aufsätzen von Helmut Kreuzer, Hans Heinz Hahnl, Otto Basil, Wolfgang Reif, Ingrid Kreuzer, J. Kamerbeek jr., J.J. Oversteegen, Christoph Eykmann, Ernst Fischer, Jens Malte Fischer und Franz Cornaro[10], ermöglichte eine wissenschaftliche Auseinandersetzung. Die 1975 erschienene Dissertation von Wolfgang Reif, ‚Zivilisationsflucht und literarische Wunschträume'[11], behandelt in einem Kapi-

---

[8] Michael Matthias Schardt fand heraus, dass Schweiger zur Zeit der angeblichen Rechteübertragung per Brief vier Jahre alt gewesen war – ein Detail, das dessen Glaubwürdigkeit unterminierte, das die größeren Verlage jedoch offenbar nicht recherchiert hatten. Im Fall einer Niederlage hätte Schardt seine Existenzgrundlage verloren.

[9] Robert-Müller-Werkausgabe in 13 Bänden. Hrsg. Günter Helmes. Igel Verlag, Paderborn/Oldenburg 1991–1998. Die Zitate aus Robert Müllers Schriften folgen dieser Ausgabe.

[10] Alle Aufsätze der erwähnten Autoren in dem in Anm. 2, S. 4 dieser Arbeit erwähnten Band ‚Expressionismus – Aktivismus – Exotismus', Hrsg. Helmut Kreuzer und Günter Helmes. Helmut Kreuzer: Zur Rezeption Robert Müllers. S. 11–20. Hans Heinz Hahnl: Robert Müller. S. 21–36, sowie: Harald Brüller und Ekkehard Meyer. S. 252–257. Otto Basil: Nachbemerkungen (zu Robert Müller ‚Das Inselmädchen'). S. 37–38. Wolfgang Reif: Robert Müllers ‚Tropen'. S. 39–85. J. Kammerbeek jr.: Vergleichende Deutung einer Epiphanie. Robert Müller – Marcel Proust. S. 86–100. Ingrid Kreuzer: Robert Müllers ‚Tropen'. Fiktionsstruktur, Rezeptionsdimensionen, paradoxe Utopie. S. 101–145. J.J. Oversteegen: Spekulative Psychologie. Zu Robert Müllers ‚Tropen'. S. 146–168. Christoph Eykmann: Das Problem des politischen Dichters im Expressionismus und Robert Müllers ‚Die Politiker des Geistes'. S. 169–177. Günter Helmes: Katholischer Bolschewik in der ‚Schwäbischen Türkey'. Zum politischen Denken Robert Müllers. S. 178–216. Ernst Fischer: Ein doppelt versuchtes Leben. Der Verlagsdirektor Robert Müller (und der Roman ‚Flibustier'). S. 217–251. Jens Malte Fischer: Aus: Affe oder Dalai Lama? – Kraus-Gegner gestern und heute. S. 258–260. Franz Cornaro: Robert Müllers Stellung zu Karl May. S. 261–272.

[11] Wolfgang Reif: Zivilisationsflucht und literarische Wunschträume. Der exotische Roman im ersten Viertel des 20. Jahrhunderts. Stuttgart 1975.

tel Müllers ‚Tropen‘ ausführlich, verkennt allerdings Müllers ironisches Spiel mit dem zeitgenössischen eskapistischen Exotismus[12]. Stephanie Heckner schreibt 1986 differenzierter über Müllers Exotismus, der auch immer ein Anti-Eskapismus ist, in ihrem Aufsatz ‚Das Exotische als utopisches Potenzial. Zur Neubestimmung des Exotismus bei Robert Müller‘[13].

Schon 1984 arbeitet Roger Willemsen die aktivistische Dichtungstheorie Robert Müllers heraus, allerdings ausschließlich in Bezug auf Robert Musil. Willemsen kommt zu dem Ergebnis, die Analyse der Ich-Strukturen bei Müller und Musil sei grundlegend für die politische Funktionsbestimmung der aktivistischen Literatur; beide Schriftsteller propagierten einen Bruch mit überkommenen (Moral-)Vorstellungen, um zu gesellschaftlichen Veränderungen zu gelangen.[14]

Günter Helmes legt 1986 mit seiner Dissertation ‚Robert Müller: Themen und Tendenzen seiner publizistischen Schriften‘[15] die erste ausschließlich Robert Müller behandelnde große Arbeit vor. Zu ihr merkt Heckner an:

„Hier ist zum Tenor geworden, was sich in einem Aufsatz von Ingrid Kreuzer zu den ‚Tropen‘, der in dem von Helmut Kreuzer und Günter Helmes herausgegebenen Sammelband abgedruckt ist, als Deutungstendenz schon angekündigt hatte: Robert Müller wird als ‚Zerstörer der Vernunft‘ verklagt.“[16]

Dagegen macht sie dann in ihrer Schrift ‚Die Tropen als Tropus. Zur Dichtungstheorie Robert Müllers‘ deutlich, dass Müller durchaus nicht zu den

---

[12] Hier ist nicht einzuwenden, dass in den siebziger Jahren die publizistischen Texte Müllers noch nicht vollständig einsehbar waren (in denen er sich dezidiert gegen den Exotismus und Eskapismus ausspricht), denn der Primärtext ‚Tropen‘ enthält genug Anti-Exotisches und Anti-Eskapistisches, sodass einer Einordnung Müllers in die Gauguin-nahe Eskapisten-Ecke auch oder gerade allein aufgrund des ‚Tropen‘-Textes nicht zuzustimmen ist. Siehe hierzu Punkt 4 dieser Arbeit.

[13] Stephanie Heckner: Das Exotische als utopisches Potenzial. Zur Neubestimmung des Exotismus bei Robert Müller. In: Sprachkunst, 2. Halbband 1986, S. 206–223.

[14] Roger Willemsen: Die sentimentale Gesellschaft. Zur Begründung einer aktivistischen Literaturtheorie im Werk Robert Musils und Robert Müllers. In: Richard Brinkmann, Walter Haug (Hrsg.): Deutsche Vierteljahrsschrift für Literaturwissenschaft und Geistesgeschichte, 58. Jahrgang, H.2, S. 289-316, hier Bez. auf S. 293. Ders.: Das Existenzrecht der Dichtung. Zur Rekonstruktion einer systematischen Literaturtheorie im Werk Robert Musils, München 1984.

[15] Günter Helmes: Robert Müller: Themen und Tendenzen seiner publizistischen Schriften (1912-1924). Mit Exkursen zur Biographie und zur Interpretation der fiktionalen Texte. Frankfurt am Main, Bern, New York 1986.

[16] Stephanie Heckner: Die Tropen als Tropus. Zur Dichtungstheorie Robert Müllers. Wien, Köln 1991. S. 18.

regressiven Irrationalisten gezählt werden kann. Sie zeichnet ein zutreffendes Bild des Aktivisten Robert Müller, in dem der Literat Müller jedoch nur wirkungsästhetische Anerkennung findet.[17] Heckner rekonstruiert Müllers Dichtungstheorie anhand seiner publizistischen Schriften und veranschaulicht die gewonnenen Ergebnisse am Roman ,Tropen' – ein Blick auf das gesamte fiktionale Werk Müllers, das sich von 1912 bis 1924 durchaus differenziert gestaltet, unterbleibt allerdings.

Thomas Köster beschäftigt sich 1995 in seiner Studie ,Bilderschrift Großstadt'[18] mit dem expressionistischen Großstadtdiskurs und liest das literarische Werk Müllers unter diesem zeitgenössischen urbanen Aspekt. Dies rehabilitiert nach Liederer „Müller als Dichter, [...] dem von der bisherigen Forschung reduktionistisch das Stigma des Aktivisten eingebrannt wurde"[19]. Köster befreie den ,Tropen'-Roman so aus den „Fesseln des Exotismus"[20] und eröffne dessen „urbanen Aspekt", allerdings sei dies auch die Schwäche der Arbeit, da sie alle anderen Sichtweisen aus Müllers poetischem Werk ausblende[21].

1997 folgt als weitere große Arbeit über Robert Müller ,Poetik der Paradoxie' von Stephan Dietrich[22], in der die literarischen Texte Müllers fiktionstheoretisch analysiert und dessen Erzähltechniken veranschaulicht werden. Als Ergebnis nennt Dietrich die Paradoxie als zentrales poetologisches Prinzip von Müllers poetischem Werk, wobei er die Intention dieser Müllerschen Paradoxie ausklammert. Mit der formalen Analyse der fiktionalen Strukturen möchte Dietrich Robert Müller „als literarischen Autor von Rang profilieren"[23], dessen Schreiben „ohne Zweifel im Zeichen um die Möglichkeit der Textur"[24] steht. Verfahren, die „im engeren oder weiteren Sinne dem Essay-

---

[17] Hierzu vor allem die sehr ausführliche Darstellung zur Robert-Müller-Forschungsgeschichte von Christian Liederer in seiner Dissertation ,Der Mensch und seine Realität. Anthropologie und Wirklichkeit im poetischen Werk des Expressionisten Robert Müller', Würzburg 2004, S. 3–10.

[18] Thomas Köster: Bilderschrift Großstadt. Studien zum Werk Robert Müllers. Paderborn 1995.

[19] Christian Liederer: Der Mensch und seine Realität, S. 5.

[20] Ebd., S. 6.

[21] Ebd., S. 7.

[22] Stephan Dietrich: Poetik der Paradoxie. Zu Robert Müllers fiktionaler Prosa. Siegen 1997.

[23] Ebd., S. 152.

[24] Ebd., S. 153. Bezug genommen wird hier auf die Studie ,Die Entdeckung der Textur. Unverständlichkeit in der Kurzprosa der emphatischen Moderne 1910–1916', Tübingen 1994, von Moritz Baßler.

ismus zuzurechnen"[25] seien, prägten das literarische Werk Müllers von Beginn an, so dass nur über jene Verfahren eine „Einheit des Müller'schen Schaffens"[26] herzustellen sei. Christian Liederer merkt zu Dietrich kritisch an:

> „Die zentrale Frage, wozu Müller seine äußerst artifizielle Kompositionsweise einsetzt, die ja sehr überzeugend herausgearbeitet wird, bleibt bei Dietrich ungelöst."[27]

Volker Zenk widmet sich in seiner Dissertation ‚Innere Forschungsreisen. Literarischer Exotismus in Deutschland zu Beginn des 20. Jahrhunderts' [28] neben anderen expressionistischen Autoren eingehend Robert Müller und dessen Roman ‚Tropen' sowie dessen Erzählung ‚Das Inselmädchen'. Zenk kommt hier zu einer Neubewertung des Exotismus, indem er „die gängige Identifikation der exotistischen Dichtung mit nostalgischer Regression und zivilisationsmüdem Eskapismus"[29] zurückweist und die Bücher der exotistischen Phase als „innere Forschungsreisen"[30] liest. Die untersuchte Literatur – ausgewählte Werke Joseph Conrads, Johannes V. Jensens, Robert Müllers, Graf Hermann Keyserlings, Max Dauthendeys, Willy Seidels und Victor Segalens – beschreibe Entdeckungsfahrten in die eigene Psyche, stelle Reisen in die Innenwelt dar. So postuliert Zenk zutreffend:

---

[25] Stephan Dietrich: Poetik der Paradoxie, S. 152.

[26] Ebd. Dietrich ist sich der Defizite seiner Arbeit durchaus bewusst; er verzichtet dennoch auf eine Interpretation der analysierten Werke auf der Grundlage seiner Ergebnisse, um so die Artifizialität Müller'schen Schreibens hervorzuheben und die Perspektive auf Müller als Literaten zu eröffnen, was ihm durchaus gelungen ist: „Sicher sind intentionale Aspekte in Müllers Werk von Bedeutung, doch dürften einerseits der Tenor der bisherigen Müller-Forschung (die sich zu oft einseitig gerade auf jene konzentriert hat), andererseits die Ergebnisse dieser Studie selbst Legitimation genug dafür sein, daß sie hier in den Hintergrund gestellt wurden" (S. 152). Dietrich weiß auch um die Fragwürdigkeit des Versuchs, eine Einheit im Werk Müllers zu proklamieren, unter welchen Vorzeichen auch immer – das genannte Zitat findet daher in den relativierenden Worten „– wenn überhaupt –" seine Fortsetzung.

[27] Christian Liederer: Der Mensch und seine Realität. Anthropologie und Wirklichkeit im poetischen Werk des Expressionisten Robert Müller. Würzburg 2004. S. 7, Anm. 4.

[28] Volker Zenk: Innere Forschungsreisen. Literarischer Exotismus in Deutschland zu Beginn des 20. Jahrhunderts. Oldenburg 2003.

[29] Ebd., S. 10.

[30] Ebd., S. 11. Zenk weist darauf hin, dass er hier als Titel und Referenz für seine These mit dem Ausdruck „innere Forschungsreise" ein Zitat aus Johannes V. Jensens Novelle ‚Wälder' benutzt (Johannes V. Jensen, Wälder, in: Die Welt ist tief …, Novellen, Berlin 1907, S. 121–260, hier S. 250).

„Der Versuch einer adäquaten literarischen Darstellung ‚neuer' Seelenbereiche kann somit als das künstlerische Hauptanliegen des Exotismus gelten; die menschliche Psyche wird zum eigentlichen Objekt der exotistischen Dichtung."[31]

Zenk stellt heraus, welchen großen Einfluss Jensens Ideen auf Robert Müller hatten. Müller habe nicht nur in seinem publizistischen Werk wiederholt auf Jensen verwiesen[32], sondern mit ‚Tropen' explizit auf Jensens ‚Wälder' Bezug genommen. In seiner Untersuchung zeigt Zenk, dass der deutsche Exotismus „alles andere als eine kulturpessimistische Evasionsliteratur, die im Entwurf von ‚außerzivilisatorischen Sehnsuchtsbildern' schwelgt", ist; die Motivation der Literaten sei „ein auf versteckte Strukturen des eigenen Inneren gerichtetes psychologisches Erkenntnisinteresse", das sich „verbindet mit dem Streben nach Erneuerung der europäischen Lebensformen"[33]. Dieses richtig analysierte Streben nach Erneuerung der europäischen Lebensformen bringt Zenk im Rahmen seiner Studie nun nicht mehr mit dem Aktivismus Robert Müllers in Verbindung, was hier sicher noch aufschlussreich gewesen wäre.

Christian Liederer beleuchtet in seiner Dissertation ‚Der Mensch und seine Realität'[34] von 2004 den philosophischen Hintergrund von Robert Müllers literarischen Werken und versucht, ein „geschlossenes Bild des fiktionalen Werks bzw. seiner Entwicklung und übergreifenden Themen und Tendenzen"[35] zu zeichnen. Im ersten Teil wird dabei Müllers Anthropologie

---

[31] Volker Zenk: Innere Forschungsreisen. Literarischer Exotismus in Deutschland zu Beginn des 20. Jahrhunderts. Oldenburg 2003. Zenk beschreibt, wie „[i]m Rahmen von wenig stimmigen oder gar paradoxen geographischen Beschreibungen" (S. 15) die von ihm vorgestellten Autoren „vor allem ein Bild ihrer Innenwelt" (ebd.) entwerfen, und verweist zur Stützung seiner These auf Ausführungen von Gerhard Kurz, der die immanente Widersprüchlichkeit und Unwahrscheinlichkeit eines Textes als „Stein des Anstoßes" zu einer allegorischen Lektüre anführt, als Aufforderung zur Suche nach verborgener Bedeutung. Im Weiteren nenne Kurz „narrative und deskriptive Muster der Reise" sowie die Fahrt an „entlegene und befremdliche Orte" als traditionelle Gattungsmerkmale der Allegorie. Diese Textelemente spielten auch innerhalb der von Zenk untersuchten Texte eine große Rolle (Gerhard Kurz: Metapher, Allegorie, Symbol. Göttingen 1997, S. 61 f.).

[32] So z. B. in dem Essay ‚Die kleine und die große Welt', 1917, in: Robert-Müller-Werkausgabe, Gesammelte Essays, Paderborn 1995, S. 279–291, und in ‚Kritik des Amerikanismus', 1914, in: Robert Müller-Werkausgabe, Kritische Schriften I, S. 170–174.

[33] Alle drei Zitate Zenk 2003, S. 398 f.

[34] Christian Liederer: Der Mensch und seine Realität. Anthropologie und Wirklichkeit im poetischen Werk des Expressionisten Robert Müller. Würzburg 2004.

[35] Ebd., S. 12.

vorgestellt und in einen Zusammenhang mit den Theoremen „der großen Philosophen des 19. Jahrhunderts" gestellt:

„Schopenhauers Lebensphilosophie als der Strom, der das Werk trägt, gebrochen durch Nietzsches ‚Willen zur Macht' samt dem Übermenschen, der – wie im Expressionismus üblich – im Namen des ‚Neuen Menschen' als Protagonist die Bühne des literarischen Geschehens betritt; zudem Anklänge an den Idealismus und an Hegels sich selbst bespiegelndes Weltbewusstsein – all dies ist von Müllers synkretistischer Dichtung absorbiert."[36]

Im zweiten Teil der Studie widmet Liederer sich dem Wirklichkeitsdiskurs in Müllers literarischem Werk und stellt dessen ‚Phantoplasma'-Begriff[37] als die zentrale erkenntnistheoretische, epistemologische und auch poetologische Kategorie Müllers vor. Kai Köhler merkt in seiner Rezension von Liederers Dissertation[38] positiv an, dass die geisteswissenschaftlichen Bezüge Müllers zu Schopenhauer, Haeckel, Mach und Jodl in der bisherigen Forschung nicht derart detailliert angeführt worden seien. Auch sieht er es als Erkenntnisgewinn, wie Liederer die Strategie Müllers, den Leser zum paradoxen Denken zu erziehen, herausarbeitet:

„Liederers Pointe ist, dass der neue Mensch, der sich in der fünften Dimension zu bewegen weiß, sich nicht in einer der Romanpersonen verbirgt, sondern im Leser, der Müllers verwirrende Angaben zum Denktraining nutzt. In diesem Punkt gelangt Liederer über die bisherige Forschung hinaus."[39]

Er kritisiert jedoch, Liederer berücksichtige „keinerlei Diskurse unterhalb der Ebene von Philosophie und Wissenschaft"[40]. Dies sei zwar für ‚Tropen' noch zureichend, doch fehle besonders im Hinblick auf das (durchaus

---

[36] Christian Liederer: Der Mensch und seine Realität. Anthropologie und Wirklichkeit im poetischen Werk des Expressionisten Robert Müller. Würzburg 2004, S. 13.

[37] Das ‚Phantoplasma' wird in ‚Tropen' als „Bild gewordene[s] System der zureichenden Erklärung" (S. 178) beschrieben und meint einen radikal subjektiven Wirklichkeitszugriff, in dem das von einem Individuum Gefühlte und Erlebte, die subjektive Realität, je nach Ausgangslage intentional gedeutet wird. Hierauf wird unter Punkt 2 in dieser Arbeit näher eingegangen.

[38] Kai Köhler: Das Paradoxe gezähmt. Christian Liederer zu Robert Müllers Poetologie. In: literaturkritik.de, Nr. 1, Januar 2006. Referenz:
http://www.literaturkritik.de/public/rezension.php?rez_id=8884 / Stand 06.08.2006.

[39] Ebd., S. 2.

[40] Kai Köhler 2006. S. 1.

Wandlungen unterworfene) weitere literarische Werk Robert Müllers ein auch historischer Zugang:

„Liederer, der beansprucht, eine Gesamtdarstellung zu Müller zu liefern, liest die späteren Werke aber kaum je anders als unter dem Gesichtspunkt, wie sie die anhand der ‚Tropen' [sic] gewonnenen Erkenntnisse bestätigen."[41]

Müllers Gesamtwerk bekomme durch den ahistorischen Zugang Liederers daher „etwas bedauernswert Statisches"[42]. Zudem überdehne der Versuch, das für ‚Tropen' wichtige ‚Phantoplasma' als konstitutiv für ein ganzes System zu setzen[43], dessen Bedeutung. Köhler kommt so zu dem abschließenden Urteil:

„Die Romane, Erzählungen und Essays erscheinen bei Liederer als Materialisierung eines immer schon Vorhandenen, nicht aber als Versuche, auf stets neue Situationen zu reagieren. [...] Erst eine Lesart, die Paradoxien aushält und austrägt, statt sie im scheinbar stimmigen System zu domestizieren, würde dem Gesamtwerk Müllers gerecht."[44]

---

[41] Kai Köhler: Das Paradoxe gezähmt. Christian Liederer zu Robert Müllers Poetologie. In: literaturkritik.de, Nr. 1, Januar 2006. Referenz:
http://www.literaturkritik.de/public/rezension.php?rez_id=8884 / Stand 06.08.2006.
[42] Ebd.
[43] Ebd., S. 2.
[44] Ebd., S. 3. Ich zitiere Köhler hier so umfangreich, um zu zeigen, wie die Vielzahl von Voraussetzungen und Annahmen, unter denen man Müllers Werk wissenschaftlich untersuchen kann, zu kontroversen Debatten führt. Einig ist man sich in der Forschung nur in der Revidierung von Helmes' Lesart, die Robert Müller als irrationalistischen Präfaschisten darstellt, bei gleichzeitiger Würdigung seines Verdienstes als Müller-Entdecker. Die Gründe für die Ablehnung divergieren aber wiederum je nach Gesichtspunkt, unter dem der betreffende Wissenschaftler Müllers Werk betrachtet. Hier zeigt sich schon die grundlegende Schwierigkeit, vor die Robert Müllers literarisches wie publizistisches Werk die Forschung stellt: Von der Thematik über die Standpunkte bis zu den Ausführungen zeigt dessen Werk ein solch heterogenes Spektrum, dass man ihn unter nur *einem* Blickwinkel nicht zureichend betrachten kann. Liederer kommt daher bei der Betrachtung der Forschungslage zu dem Schluss: „Das Problem der Forschung mit Müller und seinen Positionen liegt hier generell darin, dass sich nahezu jede These mit den jeweils ausgesuchten Aussagen des Autors belegen lässt – aber auch das genaue Gegenteil. Es wird generell gern übersehen, dass es sich bei Müller um einen komplex und paradox argumentierenden Dialektiker handelt" (Liederer 2004, S. 12, Anm. 4). Köhlers Vorwurf, er betrachte Müller nicht unterhalb der Ebene von Philosophie und Wissenschaft, beantwortet Liederer schon vorab, wenn er in einer zusammenfassenden Anmerkung schreibt: „Die Quellenrecherche musste dabei auf eine ausführlichere Darstellung weiterer Einflüsse auf Müller – namentlich insbesondere Henri Bergson, Otto Flake, Peter Altenberg, Knut Hamsun, Paul Adler, Ralph Waldo Emerson, Karl May und Johannes V. Jensen – verzichten, um die vorliegende Arbeit nicht ausufern zu lassen und einen gewissen Grad an Überschaubarkeit zu

Im April 2006 erschien mit Thomas Schwarz' ‚Robert Müllers Tropen. Ein Reiseführer in den imperialen Exotismus'[45] das bisher letzte umfangreiche Werk über Robert Müller, das den schon existierenden Robert-Müller-Lesarten eine weitere interessante Variante hinzufügt. Im Zentrum dieser Dissertation steht wiederum der Roman ‚Tropen', den Schwarz im Rahmen einer historischen Diskursanalyse untersucht. Ihm geht es darum, „den literarischen Text in seinem historischen Kontext so zu verankern, dass das Zusammenspiel der zeitgenössischen Diskurse in ihm sichtbar wird"[46] – ein Programm, das Köhler in seiner Liederer-Rezension gefordert hatte[47]. Schwarz zeigt ausführlich, wie Robert Müller in ‚Tropen' und ‚Inselmädchen' Stellung nimmt zur zeitgenössischen Kolonialismusdebatte und wie sich dessen kolonialistisches Denken querstellt zur allgemeinen Meinung, indem Müller die Assimilierung des Fremden ausdrücklich befürwortet, während in den Kolonien die Angst vor Rassenmischung herrschte[48]. Recht überzeugend argumentiert Schwarz, wenn er seine These, Müller verfolge nach Kriegsende in seinen literarischen Werken kolonialrevisionistische Ziele, an den Romanen ‚Camera obscura' und ‚Flibustier' aufweist. Der Publizist Müller verstumme nach Kriegsende zu dem etwas heiklen Thema Kolonien, der Literat dagegen zeige in ‚Camera obscura' und ‚Flibustier', wie eine Kolonialisierung als Weltgemeinschaft bzw. Freiland-Projekt aussehen könnte[49].

Insgesamt gibt das Werk von Thomas Schwarz gründlichen Einblick in die Einbettung der zeithistorischen Diskurse und Themen durch den Litera-

---

wahren. Die Untersuchung dieser Quellen würde ausreichend Material für weitere umfassende Nachforschungen bieten" (Liederer 2004, S. 14, Anm. 1).

[45] Thomas Schwarz: Robert Müllers Tropen. Ein Reiseführer in den imperialen Exotismus. Heidelberg 2006.

[46] Ebd., S. 26.

[47] Schwarz selbst nimmt keinen Bezug auf Liederer, sein Manuskript war bei Erscheinen von dessen Werk schon abgeschlossen. Beide Ansätze sind jedoch so unterschiedlich, dass sich auch kaum Berührungspunkte ergeben. Siehe Anm. 70 bei Schwarz S. 156.

[48] Müllers Rassenmischungsphantasien sind denn auch das gewichtigste Argument zur Zurückweisung der Präfaschismus-Theorie in Bezug auf ihn, ging es im Faschismus doch um eine Reinhaltung der germanischen Rasse.

[49] Der Literat Müller zeigt aber in beiden Werken auch die Schattenseiten des Kolonialismus, wenn in ‚Camera obscura' dem Staatenweltbund der dargestellten Zukunft eine obskure Terroristenorganisation gegenübersteht und das intelligente Verbrechen eine Blüte erlebt, und wenn in ‚Flibustier' der Protagonist Krumka vor der ökonomischen Krise im Nachkriegsösterreich in Freilandphantasien (die er einem als nicht ernstzunehmend dargestellten Knabenbuch entlehnt und die allein daher dem Rezipienten nicht relevant erscheinen) flüchtet, die aber innerhalb des Romans nicht verwirklicht werden und so zur Diskussion stehen.

ten und Publizisten Müller. Ob man seinem Urteil: „Müller war besessen von der Vision, ein Imperium und eine hybride Rasse zu gründen"[50], zustimmen sollte, ist jedoch fraglich (s. Anm. 49).

Das gestiegene literaturwissenschaftliche Interesse an Robert Müller spiegelt sich außer in den vorgestellten großen Arbeiten[51] in zahlreichen Aufsätzen wider[52], die seit der Herausgabe der gesammelten Werke erschienen sind. Thomas Köster veröffentlicht 1994 ,Metaphern der Verwandlung – Anmerkungen zu Robert Müller‘[53]; er untersucht hier die Poetologie Müllers und gibt wichtige Anhaltspunkte zu Begriffen wie Psychismus, Metaphorisierung und Wahrnehmung. Köster kommt zu dem zutreffenden Ergebnis:

„Müllers Exotismus ist somit keineswegs Eskapismus, sondern Ausdruck einer dem Dichter eigenen aktivistischen Idee, die schon bei der sprachlichen Durchdringung der Realität ansetzen will. Regressive und utopische Momente vermischen sich, sowohl der *Tropen*-Roman als auch *Das Inselmäd-*

---

[50] Thomas Schwarz: Robert Müllers Tropen. Ein Reiseführer in den imperialen Exotismus. Heidelberg 2006, S. 319.

[51] Erwähnt werden soll noch eine Arbeit von Jan Philipzig, ,Der tropische Raum und der neue Mensch bei Robert Müller. Ein Vergleich seiner Texte *Tropen* und *Das Inselmädchen*‘, eine Magisterarbeit der Philosophischen Fakultät der Christian-Albrechts-Universität zu Kiel 1999. Philipzig analysiert die beiden Werke Müllers „vor dem Hintergrund des expressionistischen Ideals" (Philipzig 1999, S. 9) und vertritt hier die These, dass man sowohl Handlungsebene als auch Erzähltheorie beider Texte berücksichtigen muss, um zu einem adäquaten Interpretations-Ergebnis zu gelangen, was bisher noch nicht geschehen wäre. Philipzig gelangt vor Lierer in Bezug auf ,Tropen‘ zu der Erkenntnis, dass „der Text als ganzer auch den realen Leser zunehmend involviert" (S. 9). Das expressionistische Ideal des neuen Menschen werde in beiden Texten gegensätzlich in ihrem Verhältnis zur Realität dargestellt, was eine Umbewertung dieses Ideals bei Müller bedeute. Philipzig sieht hier sehr richtig den Wandel der politischen Einstellung Müllers nach dem Krieg, und er begründet fundiert, weshalb die Handlungsebene, auch wenn sie sich zum Teil paradox und irreal darstellt, bei der Müller-Interpretation nicht nur Beiwerk ist (was er mit Berechtigung Köster und mit eingeschränkter Berechtigung Dietrich vorwirft). Seine These, der expressionistische neue Mensch müsse sich immer erneuern, es gebe für ihn immer nur ein Streben zum Ideal, keine Einlösung, und daher müssten nahezu alle Müllerschen Protagonisten – und am Ende Müller selbst – sterben, scheint mir aber nicht plausibel.
Philipzig verweist noch auf eine Staatsexamens-Arbeit einer Kommilitonin: ,Das Realitätsproblem in Robert Müllers Roman *Tropen*‘ (Karen Post, Kiel 1996); diese Arbeit war mir nicht zugänglich.

[52] Angeführt werden hier nur die Aufsätze, die sich monothematisch mit Müller befassen und die im Rahmen der besprochenen größeren Arbeiten einen Einfluss gehabt haben.

[53] Thomas Köster: Metaphern der Verwandlung – Anmerkungen zu Robert Müller. In: Klaus Amann; Armin A. Wallas (Hrsg.): Expressionismus in Österreich: die Literatur und die Künste. Wien, Köln, Weimar 1994. S. 549–566.

chen beanspruchen hinsichtlich ihrer Theorie des ‚Relativitätsmenschen' eindeutig gesellschaftspolitische Relevanz. Expressionismus und Aktivismus sind so nur Synonyme für den Impuls hin zu einer ‚neuen Menschlichkeit'."[54]

Im Rahmen einer interkulturellen Fragestellung, „die sich mit dem Phänomen des Fremden, seinen Erscheinungsformen und seinen Rezeptionsweisen"[55] beschäftigt, erscheint 1996 Reto Sorgs Beitrag „Und geheimnisvoll ist es, dieses Buch." Zu Robert Müllers exotistischem Reiseroman *Tropen*[56]. Sorg analysiert die Handlungsebenen des Romans und führt hier die neuartige Darstellung von Wahrnehmung in ‚Tropen' hauptsächlich auf Veränderungen im Lebenstempo um 1900 zurück.

Eva Reichmann beleuchtet in ihren Studien 1996 und 1998 den Österreich- und Heimatdiskurs im Werk Müllers.[57] Christian Begemann veröffentlicht ebenfalls 1998 ‚Tropische Welten. Anthropologie, Epistemologie, Sprach- und Dichtungstheorie in Robert Müllers „Tropen"[58], ein Aufsatz, dem Liederer „maßgebliche Impulse" verdanke[59] und die zu dem Schluss kommt, dass der erkenntnisskeptische Befund in ‚Inselmädchen' den utopischen Programmen der ‚Tropen' – Synthese der Kulturen und neuer Mensch – endgültig den Boden entziehe. Wolfgang Riedels Aufsatz „Whats

---

[54] Thomas Köster: Metaphern der Verwandlung – Anmerkungen zu Robert Müller. In: Klaus Amann; Armin A. Wallas (Hrsg.): Expressionismus in Österreich: die Literatur und die Künste. Wien, Köln, Weimar 1994. S. 549–566.

[55] Ernest W. B. Lüttich (Hrsg.): Fremdverstehen in Sprache, Literatur und Medien. Frankfurt am Main, Berlin, Bern, New York, Paris, Wien 1996. Zitat Vorwort.

[56] Reto Sorg: „Und geheimnisvoll ist es, dieses Buch." Zu Robert Müllers exotistischem Reiseroman *Tropen*. In: Ernest W. B. Lüttich (Hrsg.): Fremdverstehen in Sprache, Literatur und Medien. Frankfurt am Main, Berlin, Bern, New York, Paris, Wien 1996. S. 141–173.

[57] Eva Reichmann: Konzeption von Heimat im Werk von Robert Müller. In: Modern Austrian Literature. Journal of the International Arthur Schnitzler Research Association 29, 1996, S. 203–222. – 'Man ist als Österreicher in der Welt noch immer besser aufgehoben'. Robert Müllers Entwurf des kulturbildenden Austrogermanen. In: Eva Reichmann (Hrsg.): Habsburger Aporien? Geisteshaltungen und Lebenskonzepte in der multinationalen Literatur der Habsburger Monarchie. Bielefeld: Aisthesis 1998, S. 59–76.

[58] Christian Begemann: Tropische Welten. Anthropologie, Epistemologie, Sprach- und Dichtungstheorie in Robert Müllers ‚Tropen'. In: Anil Bhatti, Horst Turk (Hrsg.): Untersuchungen zur Alterität im Kontext von Kolonialismus und Kulturkritik. Bern, Berlin, Frankfurt am Main, New York, Paris, Wien 1998 (Jahrbuch für internationale Germanistik Bd. 48). S. 81–91.

[59] Siehe Liederer 2004, S. 10.

the difference?" Robert Müllers Tropen'[60] von 1999 arbeitet anhand des ,Tropen'-Romans, dessen Handlung und Reflexionen er detailliert nachspürt, den geistesgeschichtlichen Hintergrund Müllers heraus – hier findet sich der erste Verweis auf Schopenhauer[61] – und erläutert das Müller'sche ,Phantoplasma' als zentralen Begriff[62]. André Bucher widmet 2004 in seinem Werk ,Repräsentation als Performanz' Robert Müller ein umfangreiches Kapitel. Er analysiert in seinen „Studien zur Darstellungspraxis der literarischen Moderne"[63] den bisher vernachlässigten Roman ,Camera obscura' unter dem Gesichtspunkt der Repräsentation. Auch Bucher konstatiert: „Müllers Werk hat also etwas Schillerndes, und dies macht es auch für sehr unterschiedliche analytische Perspektiven offen."[64] In seiner Perspektive liest er ,Camera obscura' als Kriminal- und Denkroman, der „ausführliche Reflexionen über die Funktionsweise des Bewusstseins, über die Manipulierbarkeit von mentalen Zuständen durch reale Gegebenheiten und umgekehrt die Beeinflussbarkeit dieser Gegebenheiten durch suggestive Willensakte"[65] präsentiere.

In Anthologien und wissenschaftlichen Aufsatzsammlungen findet Müllers Werk also zunehmend Beachtung, besonders Müllers ,Tropen' wird „seiner Bedeutung angemessen [...]"[66] vorgestellt. Zu hoffen ist, dass Ro-

---

[60] Wolfgang Riedel: „Whats the difference?" Robert Müllers Tropen. In: Nicholas Saul, Daniel Steuer, Frank Möbus, Birgit Illner (Hrsg.): Schwellen. Germanistische Erkundungen einer Metapher. Würzburg 1999. S. 62–76.

[61] Wolfgang Riedel: „Whats the difference?" Robert Müllers Tropen. In: Nicholas Saul, Daniel Steuer, Frank Möbus, Birgit Illner (Hrsg.): Schwellen. Germanistische Erkundungen einer Metapher. Würzburg 1999. S. 62–76.

[62] Ebd., S. 73.

[63] André Bucher: Repräsentation als Performanz. Studien zur Darstellungspraxis der literarischen Moderne (Walter Serner, Robert Müller, Hermann Ungar, Joseph Roth und Ernst Weiß). München 2004.

[64] Ebd., S. 126.

[65] Ebd., S. 128.

[66] Schwarz 2006, S. 16. Thomas Schwarz weist hier in Anm. 20 darauf hin, dass Robert Müller in Peter Sprengels ,Geschichte der Deutschen Literatur' von 2004 Erwähnung findet: Peter Sprengel: Geschichte der Deutschen Literatur. Von der Jahrhundertwende bis zum Ende des ersten Weltkrigs. Geschichte der Deutschen Literatur von den Anfängen bis zur Gegenwart. Bd. 9.2: 1900–1918. München 2004. S. 265–269.

Christian Liederer erwähnt insbesondere noch Ulrich Weinzierl (Ulrich Weinzierl [Hrsg.]: Lächelnd über seine Bestatter: Österreich. Österreichisches Lesebuch. Von 1900 bis heute. München, Zürich 1989, sowie Ulrich Weinzierl ([Hrsg.]: Noch ist das Lied nicht aus. Österreichische Poesie aus neun Jahrhunderten. Salzburg, Wien 1995) sowie Franz Kadrnoska (Franz Kadrnoska ([Hrsg.]: Aufbruch und Untergang. Österreichische Kultur zwischen 1918 und 1938. Wien, München, Zürich 1981) und Fischer / Haefs (Ernst Fischer, Wilhelm Haefs [Hrsg.]: Hirnwelten funkeln. Literatur des Expressionismus in Wien. Salzburg 1988).

bert Müller so im wissenschaftlichen Expressionismus-Diskurs Eingang gefunden hat.

1.3 Die Arbeitsintention: Robert Müllers Aktivismus auf dem Prüfstand

Wichtige Stichworte in Bezug auf Robert Müllers Werk sind bis hier schon gefallen: Heterogenität, Exotismus, Ich-Strukturen, Paradoxie, Aktivismus, Kolonialismus, Philosophie, Psychologie. Müller setzt sich in seinen Werken mit den historischen und kulturellen Voraussetzungen und Gegebenheiten seiner Zeit auseinander, er beansprucht für seine Schriften keine ahistorische Gültigkeit.[67] Sein Wirken fällt nicht nur in das expressionistische Jahrzehnt von 1910 bis 1920, er veröffentlicht publizistische und literarische Werke bis zu seinem Freitod im Jahr 1924. Im Abriss der Forschungsgeschichte wurde gezeigt, dass Müllers Schaffen oft unter einem bestimmten Gesichtspunkt betrachtet wurde, was dessen heterogenes Werk in den meisten Fällen zwar in der gewählten Betrachtungsweise hinreichend erklärte, aber eben auch nur eine Teilansicht lieferte. Dies ist wissenschaftlich legitim, wenn die sich aus dieser Betrachtungsweise naturgemäß ergebenden Defizite thematisiert werden – was in den meisten Fällen in der Robert-Müller-Forschung, zumindest in den Fußnoten, auch geschieht. Robert Müller als Expressionist, Publizist, Aktivist, Verleger und nicht zuletzt Abenteurer[68] ist mit all diesen Facetten in einer Untersuchung nicht darzustellen. Von der Forschung eingehend behandelt wurde Müller bisher als Aktivist (Heckner), anthropologisch-philosophischer Schriftsteller (Liederer), antieskapistischer Exotist (Zenk),

---

In dem von Rüdiger Zymner und Manfred Engel herausgegebenen Sammelband ‚Anthropologie der Literatur. Poetogene Strukturen und ästhetisch-soziale Handlungsfelder' (Paderborn 2004) verweist Wolfgang Riedel in seinem Aufsatz ‚Arara=Bororo oder die metaphorische Synthesis' (S. 220–241) explizit in dem Kapitel ‚Parallelen: Müller, Musil, Freud' auf Robert Müller und hebt ‚Tropen' als „Non plus ultra eines extremen Romans" (S. 233) hervor.

Thomas Anz schließlich stellt Robert Müller in seiner Expressionismus-Beschreibung ‚Literatur des Expressionismus' von 2002 (Sammlung Metzler Bd. 329) gleichberechtigt neben die anderen erwähnten Künstler.

[67] Die poetologischen Äußerungen Müllers werden insb. unter 3.1.2 und 3.1.3 diskutiert.

[68] Müllers journalistische Tätigkeit in New York beim New York German Herald währt nur von Dezember 1909 bis zum Sommer 1910, bevor es ihn – was bisher zwar unbestätigt ist, von ihm vielleicht auch übertrieben dargestellt wurde, aber durch das Fehlen von vorher reichlich getätigter Korrespondenz mit der Familie auch plausibel erscheint – als Tramp durch Amerika und als Leichtmatrose aufs Schiff nach Südamerika verschlägt. Müllers Seemannszeugnis soll noch heute in Bremen liegen, was ich bisher aber nicht nachweisen konnte.

kritischer Kolonialismus-Apologet (Schwarz), paradoxer Expressionist (Dietrich) – um nur die Darstellung in den Monographien anzuführen. Jede einzelne dieser Darstellungen beleuchtet ein wichtiges Detail im Müller'schen Werk, und zusammen bieten sie ein umfassendes Müller-Porträt. Auch diese Arbeit versucht sich nicht an einer unmöglichen Gesamtdeutung des ‚Phänomens' Müller; schon eine zeitgenössische Charakterisierung unter dem Titel ‚Der Robertmüller' durch Franz Blei 1924 im ‚Grossen Bestiarium der Literatur' weist auf dessen ‚Unverfolglichkeit' hin:

„Eine genaue Beschreibung dieses stark angegriffenen Tieres zu geben ist dadurch erschwert, daß es seinen Standpunkt sehr oft wechselt und selber nicht immer genau weiß, wo es steht. Um genau zu sein, sei hervorgehoben, daß es aber immer sein eigener Standpunkt ist, den es wechselt. Er ist ein amerikanisch präparierter Windhund mit Flügeln, fliegt und läuft im Zickzack und ist unverfolglich. Ähnlich der keltischen Shawblüte, die auf kymbrischen Gespensterschäften wächst und ihren Geruch über Nacht ändert, ist unser Tier schwer festzustellen. Manche sagen, er sei gar kein Tier, sondern sein eigener Trick; andere wieder, er sei ein Abstämmling des Jensens, nur seien seine Vorderpfoten nicht zum Greifen eingerichtet, sondern mit einer metaphysischen Spannung überzogen, welche den Robertmüller befähigt, im letzten Augenblick immer in die Luft zu fliegen oder in die Zukunft. Die Zoologen streiten noch, ob diese Verkümmerung der Vorderpfoten ein Vorzug oder eine Schwäche unseres Tieres sei."[69]

Der Aspekt, unter dem Robert Müller nun hier betrachtet werden soll, richtet sich auf dessen politische Überzeugung, die nach dem Krieg im Aktivismus ihren Ausdruck fand, und deren Umsetzung im literarischen Werk. Dieses literarische Werk ist sehr vielschichtig[70] und spiegelt zum Teil die Entwicklung in Müllers politischem Denken wider: Als Kriegsapologet frei-

---

[69] Franz Blei: Das grosse Bestiarium der Literatur. Berlin 1924. S. 49 f. Zitiert nach: Expressionismus – Aktivismus – Exotismus. Studien zum literarischen Werk Robert Müllers. Hrsg.: Helmut Kreuzer und Günter Helmes. 2. Auflage Paderborn 1989 (ursprünglich Göttingen 1981), S. 273. In fast allen Forschungsarbeiten über Müller wird dieser Text zumindest auszugsweise zitiert, ich übernehme ihn wegen seiner Bedeutung und wegen des Lesevergnügens in voller Länge.

[70] Die wichtigsten fiktionalen Werke umfassen: 1912: Das Grauen (Erzählung), 1912: Das Bett. Eine Ode, 1914: Irmelin Rose, 1915: Tropen (Roman), 1917: Die Politiker des Geistes (Drama), 1919: Der Leutnant (Erzählung), 1919: Das Inselmädchen (Novelle), 1920: Brooklyn-Bridge (Erzählung), 1920: Manhattan-Girl (Erzählung), 1920: Der Barbar (Roman), 1920/21: Arena. Ein Sketch, 1921: Camera obscura (Roman) und 1922: Flibustier (Roman).

willig an der Front, bewirken die am eigenen Leib erlebten Kriegsgräuel eine Wandlung zum Pazifisten. Der 1915 veröffentlichte ,Tropen'-Roman steht so unter grundlegend anderen Voraussetzungen als der 1922 als letztes literarisches Werk erschienene Roman ,Flibustier'. Hierauf wird einzugehen sein: Wie manifestiert sich Müllers gewandelte Einstellung in seiner Literatur, wie ändern sich Inhalt und Form? Betrifft sein Kriegserlebnis auch die theoretische Einstellung zu Kunst und Literatur, passt er seine Poetologie an – oder gibt es eine identische Kunstauffassung unabhängig von den großen zeitgenössischen gesellschaftlichen Umwälzungen? Kann man seinen Aktivismus, in dessen Gefolge der Expressionismus zum politischen Expressionismus wird, in seinem poetisches Werk nachweisen, und wenn ja, wie?[71]

Nahezu ausschließlich hat sich die Forschung bisher auf den als Hauptwerk angesehenen Roman ,Tropen' konzentriert, der fast am Anfang von Müllers literarischem Schaffen steht. Diese Arbeit widmet sich ,Tropen' als einem zentralen Werk Müllers zwar auch, im Hinblick auf die oben angeführten Fragen wird jedoch dessen weiteres literarisches Schaffen, namentlich die Texte ,Politiker des Geistes', ,Camera obscura' und ,Flibustier', gleichberechtigt betrachtet. So wird eine Entwicklung deutlich werden, wie sie in diesem Umfang noch nicht gezeigt worden ist. Besonders das Drama ,Politiker des Geistes' ist in der Forschung bislang nur am Rande erwähnt – und wird daher in diese Arbeit sowohl mit seinen aktivistischen als auch mit seinen philosophisch-gesellschaftstheoretischen Implikationen einbezogen. Müller soll als expressionistischer Aktivist dargestellt werden, der auf die zeitgenössische soziale und historische Wirklichkeit in seinem literarischen Werk reagiert, dieses dementsprechend moduliert und speziell seine aktivistische Überzeugung auch in seinem literarischen Werk umsetzt – Aktivismus und Expressionismus zu ,Politischem Expressionismus' verschmelzend.

---

[71] Zwar kommt Stephanie Heckner zu der Erkenntnis, „[w]ie auf der literaturtheoretischen kommt also auch auf der gesellschaftstheoretischen Ebene der Müllerschen Dichtungstheorie im Übergang vom Expressionismus zum Aktivismus ein die Immanenz des Literarischen übergreifendes Handlungsmoment hinzu" (Die Tropen als Tropus, S. 172), doch belegt sie Müllers Aktivismus nur aus seinen publizistischen Äußerungen.

1.4 Mittel und Methode der Analyse: Die Publizistik als Folie für die Literatur

Zur Beantwortung der oben aufgeworfenen Fragen muss dem Kontext des poetischen Werkes angemessener Raum zur Verfügung gestellt werden.[72] Robert Müller hat in weitaus größerem Umfang Publizistisches als Literarisches veröffentlicht, er wirkte als politischer Kolumnist und Essayist, als Kunst- und Literaturkritiker sowie als Gesellschaftstheoretiker. In seinen publizistischen Schriften finden sich durchgängig Reflexionen über Kunst und Literatur, die fast immer durch anthropologische oder gesellschaftliche Theorien grundgelegt werden. Diese Theorien basieren wiederum auf anthropologischen und philosophischen Implikationen. Christian Liederer hat diesen philosophisch-naturwissenschaftlichen Hintergrund Müllers[73] akribisch aufgearbeitet; seine Ergebnisse tragen wesentlich zum Verständnis insbesondere von ‚Tropen' und ‚Camera obscura' bei und werden in dieser Arbeit helfen, Müllers philosophischen Bezugsrahmen in 2.1 und den naturwissenschaftlichen Hintergrund in 2.2 zu referieren: Die für Müllers Zeit geistesgeschichtlich relevanten Bezüge kommen auch bei ihm zum Tragen, seine Anknüpfungspunkte zu Schopenhauer, Nietzsche, Mach, Freud, Darwin und Einstein sollen hier verdeutlicht werden. Einen weiteren wichtigen Punkt zum Verständnis Müllers stellt dessen gesellschaftliche und politische Situation[74] dar, die unter 2.3 Beachtung findet. An den zeitgenössischen Diskursen zu Kolonialismus, Krieg und Revolution nahm Müller natürli-

---

[72] Nicht in Betracht gezogen bei der Bearbeitung der angesprochenen Problemstellungen wird dabei die postmoderne, textualistische Auffassung des Dekonstruktivismus in der Nachfolge Derridas, in der die Existenz fester Bedeutung generell geleugnet wird – was Müller noch unterschreiben würde – und nach der Sprache nicht auf Gegenstände, Zustände und außersprachliche Begebenheiten rekurriert, sondern ausschließlich auf andere Sprachzeichen. Unter diesem Aspekt ist eine Bedeutung nur eine Beziehungsbedeutung, was Müllers Literatur, die ohne seine soziale Wirklichkeit und die historische Situation der ihn prägenden Zeit nicht adäquat erschlossen werden kann, nicht in vollem Umfang gerecht werden würde. Der hier gewählte Weg entspricht demnach eher einer marxistisch orientierten Literaturtheorie, die das gesamte Umfeld eines Textes in die Interpretation einbezieht und für eine Analyse fruchtbar macht.

[73] Robert Müller hat nach dem Abitur, dass er laut Thomas Schwarz nicht mit den besten Noten bestand, zwei Jahre Literatur und Philosophie studiert und die Wiener Universität ohne Abschluss verlassen.

[74] Hier haben insbesondere Stephanie Heckner und Thomas Schwarz wertvolle Erkenntnisse erarbeitet. Schwarz unterhält eine sehr umfangreiche Internetseite zu Robert Müller kreiert, auf der sogar ein bisher unveröffentlichter Text Müllers eingestellt ist:
http://people.freenet.de/thomas-schwarz/robert-mueller.htm.

cherweise ebenso teil, wie er auf das Zeitgeschehen publizistisch und literarisch reagierte.

In Punkt 3 dieser Arbeit werden ebendiese Reaktionen und Überzeugungen Müllers aus seinem publizistischen Werk extrahiert – die sprachliche Durchdringung der Realität setzt bei Müller schon hier an. Aus den anthropologischen Gegebenheiten des Menschen leitet Müller die konkrete gesellschaftliche Situation und die Notwendigkeit der Postulierung eines ‚neuen Menschen' ab; diese Postulierung resultiert dann in seiner Kunstauffassung als Wirkungsästhetik, die wiederum in enger Verbindung zu seinem Aktivismus steht.

Mit diesem geistigen und gesellschaftlichen Hintergrund sowie der im publizistischen Werk zugänglichen Poetologie Müllers wird in Punkt 4 schließlich anhand der Werke ‚Tropen', ‚Politiker des Geistes', ‚Camera obscura' und ‚Flibustier' die literarische Darstellungsweise des Müller'schen Aktivismus untersucht. Die Texte werden hierzu anhand verschiedener erzähltheoretischer Kategorien wie Erzähler, Zeit, Geschichte sowie Handlungsführung betrachtet[75] und mit Müllers theoretischen Positionen zum Aktivismus in Verbindung gebracht. Unter Ziffer 5 wird abschließend die gegenseitige Bedingung von Expressionismus und Aktivismus im Werk Robert Müllers belegt und die These vom ‚Politischen Expressionismus' in Bezug auf die Prosa des Expressionismus[76] – zumindest im Fall Müller – belegt. Da die Forschung zur Prosa des Expressionismus noch rudimentär ist, wurde bisher noch keinem anderen expressionistischen Prosa-Schriftsteller die Verbindung von Aktivismus und Prosa nachgewiesen. So versucht diese Arbeit, die Spannung zwischen Expressionismus und Aktivismus im literarischen Werk Robert Müllers sichtbar zu machen.

---

[75] Als Grundlage dient Matias Martinez, Michael Scheffel: Einführung in die Erzähltheorie. München 1999. 4. Aufl. 2003.

[76] Im Falle der expressionistischen Lyrik ist der politische Bezug klar nachgewiesen, im Hinblick auf die expressionistische Prosa steht dies noch aus – wie überhaupt in der Sekundärliteratur zu Müller immer wieder Erwähnung findet, dass eine umfassende Erforschung der expressionistischen Prosa noch nicht geleistet ist.

2 Der Autor Robert Müller: Hintergründe

2.1 Der philosophische Bezugsrahmen

Robert Müller studierte von 1907 bis 1909 an der Philosophischen Fakultät der Wiener Universität Germanistik, nach widersprüchlichen Angaben auch Philosophie und Kunstgeschichte bzw. Philologie.[77] Die philosophischen Strömungen seiner Zeit haben sein Denken und Schreiben daher naturgemäß beeinflusst; er nimmt sie auf und entwickelt daraus seine Selbstdefinition wie auch die Bestimmung der Gesellschaft. So resümiert er 1922 anlässlich einer Rezension zweier zeitgenössischer Bücher:

„Unsere Generation, wenn sie einmal ihre Geschichte schreibt, würde wohl doch bei Nietzsche beginnen, bei Aufschwungsgedanken, Weltbild-Umstellung und optimistischem Willen zur Diesseits-Änderung nicht bloß ökonomischer Art."[78]

Bewusstseinsbildend für die Künstler und Intellektuellen in der Umbruchzeit des späten 19. und des frühen 20. Jahrhunderts waren außer den Schriften Nietzsches vor allem die Rezeption der Werke Schopenhauers und Machs; für die Generation Müllers kamen noch die psychoanalytischen Erkenntnisse Freuds hinzu. Die sich immer mehr beschleunigenden soziokulturellen Entwicklungsprozesse[79] bildeten die Grundlage für eine Philosophie, die das entwurzelte Individuum thematisierte – eine Erfahrung, die auf ästhetischem Weg von den Künstlern umgesetzt wurde.

---

[77] Siehe Stephanie Heckner: Die Tropen als Tropus, S. 25. Nach Heckner macht Werner J. Schweiger andere Angaben (in: ‚Die Pestsäule', Biographischer Abriß, 2. Folge, Nr. 12, 1974/75, S. 137) als das ‚Österreichische Biographische Lexikon' (hrsg. von der Österreichischen Akademie der Wissenschaften, Bd. VI, Wien 1975, S. 426).

[78] Robert Müller: Zwei Generationen vor uns. Prager Presse, 13.1.1922, S. 5 f. In: Robert Müller: Kritische Schriften III, S. 83–89. Zitat S. 85.

[79] Thomas Anz nennt hier „Prozesse der Rationalisierung, Technisierung, Industrialisierung und Urbanisierung, die Zunahme sozialer Mobilität, die Expansion massenkommunikativer Prozesse und die Bürokratisierung, die funktionale Ausdifferenzierung eines immer komplexeren gesellschaftlichen Systems, die Entzauberung tradierter Mythen und die kritische Überprüfung metaphysischer Gewissheiten, die fortschrittsgläubige Ausweitung der rationalen Verfügungsgewalt über die äußere Natur und, im sozialpsychologischen Bereich, den Zwang des zivilisierten Subjekts zur Disziplinierung der eigenen Natur, des Körpers und der Affekte." Thomas Anz: Literatur des Expressionismus. Sammlung Metzler Bd. 329. Stuttgart 2002, S. 18.

2.1.1   Schopenhauer

Die Willens- und Naturphilosophie Schopenhauers als Überwindung oder besser Weiterentwicklung des Kant'schen Vernunftdiktats wird insbesondere für eine neue metaphysische Weltsicht in der Kunst wesentlich.[80] Schopenhauer geht dabei von Kant aus, wie dieser unterscheidet er zwischen Erscheinung und Ding an sich. Bei Schopenhauer ist diese Unterscheidung aber nicht primär erkenntnistheoretisch bedingt, er arbeitet eine voluntaristische Metaphysik aus, die ihren Schwerpunkt auf den ,Willen' als Existenzprinzip legt. Die Erkenntnis hat hier keinen Eigenwert, sondern erscheint interessegebunden. In seinem 1819 (Bd. 1) bzw. 1844 (Bd. 2 mit überarbeitetem Bd. 1) in Leipzig erschienenen Hauptwerk ,Die Welt als Wille und Vorstellung' konzipiert er den Willen als die hinter allen Erscheinungen stehende Einheit, die keinen Sinn hat als den, in Erscheinung zu treten. Alle individuelle Existenz und das Ganze der äußeren Natur treten in Erscheinung als Äußerung des sonst sinnlosen Willens, der allein nach Dasein und Fortbestand strebt. Das Individuum ist daher unfrei, Rationales ist abhängig und bedingt von etwas Nicht-Rationalem, der rastlose Wille ist nicht zu befriedigen, das Streben hat nie ein Ende, das Leiden ist unermesslich. Nur die kontemplative Erfahrung der Kunst schafft zeitweilig Erleichterung. Damit geht für Schopenhauer einher, dass die ganze gegenständliche Welt prinzipiell vom erkennenden Subjekt abhängig ist, weil sie nur in Relation zu einem Subjekt erscheinen kann. Unerkennbar ist für das apperzipierende Subjekt das, was die Erscheinung der Welt unabhängig von ihrer Beziehung zum Subjekt ist; die Welt wird so zur Vorstellung. Die apriorischen Gesetzmäßigkeiten des Erkennens – Raum, Zeit, Kausalität – sind im Rahmen der subjektiven Vorstellungswelt demnach nur noch objektiver Schein. Nur der

---

[80] Carl Friedrich Geyer schreibt: „Erkenntnistheoretische Interessen werden dabei [bei Schopenhauer, B. P.] ontologischen untergeordnet, mit ein Grund dafür, daß sich am Ende der Neuzeit so gut wie keine philosophische Rezeption der Annahmen Schopenhauers (jenseits des Mediums der Kunst) konstatieren lässt." Carl-Friedrich Geyer: Möglichkeiten und Grenzen eines historisch-systematischen Diskurses: Metaphysik. In: Willi Oelmüller, Ruth Dölle-Oelmüller, Carl-Friedrich Geyer: Diskurs: Metaphysik. Philosophische Arbeitsbücher Bd. 6. Paderborn, München, Wien, Zürich 1983, S. 46. Im Anhang des Bandes findet sich jedoch eine Aufzählung der Sekundärliteratur über Schopenhauer mit kurzen Inhaltsangaben, in denen der Einfluss Schopenhauers auf die moderne Philosophie, insbesondere bei Horkheimer und Adorno, Erwähnung findet.

eigene Leib ist so als Wille *und* Vorstellung erfahrbar.[81] Liest man jetzt den ‚Tropen'-Roman Müllers, erscheint er tatsächlich wie eine literarische Darstellung der Schopenhauer'schen Theoreme, allerdings mit positiven statt negativen Vorzeichen. Müller schreibt 1921 in ‚Der Denkroman':

„Unsere wichtigsten Fragen sind weder gesellschaftlicher noch psychologisch beschreibender Natur, sondern eben Frage und Antwort; die Welt ist durcherkannt, und wir sind Skeptiker, Auflöser und Verneiner. Aber diese Verneinung selbst im Schopenhauer-Sinne ist nur ein verschämtes, beim Schwanz aufgezäumtes Ja. […] Die Bewegung des die Welt neuerlich aus seinem Geist regenerierenden Menschen [geht] von der wirklichen Neinheit zur wirkenden Jaheit.“[82]

Die entscheidende geistesgeschichtliche Wendung besteht bei Schopenhauer darin, dass Erkennen und Empfinden nicht mehr bei einem rationalen Bewusstsein ansetzen, sondern bei der irrationalen Körperlichkeit. Geist, Bewusstsein und Intellekt sind Produkte der menschlichen Körperlichkeit.[83] Der alles durchdringende Triebwille ist nicht gebunden an Bewusstsein und Vernunft. Das Wesen der Dinge offenbart sich so nicht in Begriffen und Ideen, sondern in Empfindungen, über den Körper:

„Das physisch-biologische Wesen des Menschen, nicht sein intelligibler Geist, wird Medium der Erkenntnis der Welt an sich. Die wahrgenommene äußere Welt ist bei Schopenhauer lediglich ein ‚Gehirnphänomen', die Vorstellung des Subjekts. Dagegen ist der Wille der Weg ins Wesen der Welt.“[84]

Der Wille als Ausgangspunkt des biologischen Lebens macht die Reproduktion zu dessen Mittelpunkt. Schopenhauer sieht die Genitalien als Brennpunkt des Willens, der Mensch als biologisches Wesen kann nicht gedacht

---

[81] Hierzu die Darstellung der Werke Schopenhauers in: Franco Volpi, Julian Nida-Rümelin (Hrsg.): Lexikon der philosophischen Werke. Stuttgart 1988. Artikel ‚Die Welt als Wille und Vorstellung' S. 805–807.
Arthur Schopenhauer: Die Welt als Wille und Vorstellung (1819/1844). Bd. I [WWV I]. In: Lütkehaus, Ludger (Hrsg.): Arthur Schopenhauers Werke in fünf Bänden. Nach den Ausgaben letzter Hand. Bd. 1, Zürich 1988 (Haffmans-Ausgabe).
Arthur Schopenhauer: Die Welt als Wille und Vorstellung (1819/1844). Bd. II [WWV II]. In: Lütkehaus, Ludger (Hrsg.): Arthur Schopenhauers Werke in fünf Bänden. Nach den Ausgaben letzter Hand. Bd. 2, Zürich 1988 (Haffmans-Ausgabe).
[82] Robert Müller: Der Denkroman. Neue Rundschau, 32 (1921), H. 2, S. 14–16. In: Robert Müller: Kritische Schriften III, S. 30 und 31 f.
[83] Siehe hierzu die Ausführungen von Liederer: Der Mensch und seine Realität 2004, S. 24 ff.
[84] Ebd., S. 26.

werden ohne Sexualität. Schopenhauer fungiert so als „einschneidende Quelle für die Neudefinition des Menschen als Naturwesen"[85], was die Fokussierung auf den Körper in der literarischen Anthropologie zur Folge hat.

In Müllers fiktionalem Werk nun wird der Mensch fast durchgängig als determiniertes Naturwesen im Sinne Schopenhauers dargestellt und über seine Physis charakterisiert.[86] Besonders im Roman ‚Tropen' wird Müllers Bezug zu Schopenhauer deutlich, wenn der Protagonist Brandlberger über das physische Erlebnis einer körperlich und geistig erschöpfenden Flussfahrt im Dschungel zu der ihn von da an bestimmenden Erkenntnis gelangt, dass sein Ursprung identisch ist mit dem der tropischen Fauna:

„Tatwamasi: das bist du! Nein, der große deutsche Philosoph hatte doch niemals soviel Wirklichkeit mit seiner Vergeistigung dieses Prinzips gedeckt wie jener alte Inderglaube. Zwischen mir und diesem Leben rings existiert nicht nur vielleicht eine metaphysische, es existiert sogar eine sehr hervorragende, ganz materielle Identität: In der Tat, diese Blume und ich sind weitläufige Vettern."[87]

Die physische Erfahrung der tropischen Natur bewirkt so eine subjektive, bei keinem anderen Individuum identische Erkenntnis. Die Beschreibung der tropischen Natur liest sich wie eine erotisch konnotierte Darstellung des Schopenhauer'schen Willens:

„Feiste Lianenarme halsten die überhängenden Bäume und nährten ein Gefolge von laszive blickenden Blüten. Orchideen spreizten ihre kleinen dicken Rüssel mitten durch die Laubknoten, saftig und geschwellt bogen sich die Schenkel ungewöhnlich geformter Blumen auf handgroße behaarte Blätter herab. Im Wasser trieb eine Welt des kleinen Grauens. Graugrüne Knorpel, wuchernde Blütennarben, Köpfe, die begonnen hatten sich zu spalten und aus deren klaffenden Hirnen es in winzigen spitzen Zungen starrte. Umgekrempelte Lappen, die sich faserten, Finger, zwischen denen Schwimmhäute wuchsen, regungslos lebende Leiber, Leiber von einem un-

---

[85] Christian Liederer: Der Mensch und seine Realität. Anthropologie und Wirklichkeit im poetischen Werk des Expressionisten Robert Müller. Würzburg 2004, S. 27. Liederer weist darauf hin, dass Müller durch den Mach-Nachfolger Friedrich Jodl (1849–1914) in Kontakt u. a. mit der Lehre Schopenhauers gekommen sein könnte. Außer inhaltlichen Übereinstimmungen zwischen den Überzeugungen Müllers und Jodls fehlen hier jedoch die Belege.

[86] Beispiele hierfür werden unter Punkt 3.1 angeführt.

[87] Robert Müller: Tropen, S. 18. Das Schopenhauer-Zitat findet sich hier, nicht wie Liederer 2004, S. 45, postuliert, im Vorwort.

heimlichen, unbeurteilbaren Leben, mit Spuren von Menschenähnlichkeit und Zügen, die nach Entwicklung drängten."[88]

Die Natur wird hier anthropomorphisiert, der Mensch wird zur pflanzlichen Fortentwicklung, das Leben wird unbeurteilbar und entzieht sich einer rationalen Erkenntnis, die Sinne unterliegen einem Synkretismus – „Zungen starren". Der Ingenieur Brandlberger als Ich-Erzähler, der seiner Profession gemäß im fiktiven Vorwort als „analytisch" geschildert wird, der seine Erlebnisse „scharf und umfassend" in einem „Dokument"[89] niedergelegt hat, betrachtet in diesem Textausschnitt die tropische Fauna mit einem überraschend sensitiv-schöpferischen Blick, er schildert die Natur und sein Erlebnis in einer mit Poesie und Metaphorik hoch aufgeladenen Sprache. Die äußeren Eindrücke – in diesem Fall das Schwülwuchernd-Erotische des Dschungels – formen und verändern hier den naturwissenschaftlichen Blick Brandlbergers, der zwar das Leben nun nicht mehr analysieren kann – es ist unbeurteilbar geworden –, aber aus diesem Erleben der unzergliederbaren, nicht in ihre Bestandteile aufzulösenden Natur zu einem neuen, tieferen Ich-Erlebnis kommen kann:

„Hopp, wie meine Gedanken sprangen! Wie mein Gehirn in rasend fallender Kurve die große Schleifenbahn des Lebens nahm! Nun saß ich also hier und fühlte, daß der Äquator tatsächlich ein glühender Reifen ist, der durch die Eingeweide hindurchgeht. Ich muß gestehen, ich saß mit einer leisen, satten Verliebtheit da. War es sonderbar, mein Verhältnis zu dieser Umgebung hatte einen erotischen Beigeschmack."[90]

Müller geht es dabei nicht um eine Bloßstellung des Intellekts, sondern um die Einsicht, dass das Zulassen der Triebe und des Irrationalen und dessen, was normalerweise jenseits des Erlebnishorizonts liegt, fruchtbar zu machen ist für die Weiterentwicklung des Menschen. In seinen publizistischen Schriften (s. Kap. 3 dieser Arbeit) führt er dies auch postulativ-programmatisch an. Insgesamt gelangen die aus der westlichen Hemisphäre stammenden Protagonisten des ‚Tropen'-Romans durch die physischen Erfahrungen ihres Dschungelaufenthalts – zu denen neben den Strapazen der

---

[88] Robert Müller: Tropen, S. 16 f.
[89] Alle drei Zitate ebd., S. 7.
[90] Ebd., S. 21 f. In seinen frühen publizistischen Werken vertritt Müller die Ansicht, dass ein Land den darin lebenden Menschen formt. Brandlberger verändert sich dementsprechend unter dem Einfluss des Dschungels.

Reise auch Fieber, Wahnvorstellungen, Hunger, geschlechtlicher Verkehr mit den Eingeborenen und Töten gehören – zu einer Erweiterung ihres Bewusstseins. Der Triebwille gelangt, zumindest bei Brandlberger und Jack Slim, zu einem Austausch, einer Symbiose mit dem Intellekt und führt zu einer Höherentwicklung beider Männer. Dieses Zulassen des Irrationalen, das auf Schopenhauers Willenslehre zurückgeht, wird zur tragenden Säule in Müllers anthropologischem Konzept, das wiederum seine Konzeption des neuen Menschen bedingt. Die Anerkennung des Willens als unhintergehbares Lebensprinzip führt bei Müller jedoch nicht zur Verneinung des Triebes und der Welt, sondern zu einer Bejahung des Lebens in all seinen Facetten, die, macht man sie sich möglichst umfassend bewusst, zur Entwicklung des neuen Menschen beitragen.

Als erstes Ergebnis kann somit gelten, dass Müllers Überzeugungen metaphysisch bedingt sind. In den Lehren Nietzsches finden sie ein weiteres Standbein.

2.1.2   Nietzsche

Nietzsche formt Schopenhauers oben vorgestellte Lehre in eine lebensbejahende Theorie um. Seine philosophische Vorgehensweise steht jenseits der Schulphilosophie, folgt keinem etablierten philosophischen System. Als Philologe verfügt er über genaue Kenntnisse der antiken griechischen Texte; so entwickelt er seine Überzeugungen auch aus den philosophischen Gedanken Heraklits, der sich bekämpfende, antagonistische Kräfte und Triebe als lebensformend vorstellte und den ‚Krieg‘ (der Elemente gegeneinander, nicht unbedingt den der Menschen) als Ursprung allen Lebens ansah. Für Nietzsche ist nun der ‚Wille zur Macht‘ das nicht mehr hintergehbare Lebensprinzip. Alles organische Leben unterliegt diesem Prinzip, das mannigfaltige Triebkräfte bezeichnet, die einen ‚Kraftüberschuss‘ zur Machtbereicherung einsetzen. Jeder Trieb braucht so einen Antagonisten, an dem er sein Machtvolumen erproben und gegebenenfalls erweitern kann. Alle Macht strebt nach Expansion – Vernichtung, Erweiterung, andere Triebe unterdrücken, die eigene Triebkraft erweitern sind der Antrieb des ‚Willens zur Macht‘ und damit des Lebens allgemein. Menschliches Verhalten erscheint so bedingt durch die verschiedenen in ihm waltenden und nicht an sein Bewusstsein gelangenden Triebkräfte, durch den ‚Willen zur Macht‘. Menschliche Handlungen werden daher affektiv und unbewusst gesteuert – sie ‚passieren‘. Die menschliche Sichtweise der Welt kann demnach nur eine perspektivistische sein: Jeder Mensch, jedes Lebewesen sieht die Welt aus dem eigenen, begrenzten, von je verschieden starken Triebkräften geleiteten und gestalteten Horizont, eine absolute ‚wahre' Sicht ist nicht möglich. Jeder Standpunkt beinhaltet seine Negation, nichts ist absolut gesetzt. Entsprechend zwiespältig und uneinheitlich präsentiert sich Nietzsches Lehre: Es findet sich kaum eine Aussage, die er nicht selbst auch negiert hätte. Einzig seine Überzeugung der Existenz des ‚Willens zur Macht' – und damit verbunden Perspektivismus und Morallehre – hat Bestand und erscheint als Grundpfeiler seiner Überzeugung. Der menschliche Standpunkt ist nicht zu überwinden, letzte Wahrheiten sind nicht zu erlangen. Der Sinn der Wissenschaft liegt nach Nietzsche nicht im Erkennen eines außerhalb des Menschen liegenden metaphysischen Prinzips, sondern im Erkennen des Menschen selbst.

Seit der kopernikanischen Wende ist der Gottesbegriff problematisch geworden. ‚Gott' kann als unbewiesenes außermenschliches Prinzip nicht mehr als regelsetzend gelten, der Mensch kann nicht mehr als Stellvertreter Gottes auf Erden ein außerhalb des Lebens liegendes teleologisches Konzept verfolgen. Nietzsche entlarvt die christliche Moral nach dem ‚Tod' Gottes als Lügenmoral; er nennt sie „Heerdenmoral"[91] oder Sklavenmoral, die sich speist aus der Furcht davor, ein Individuum könnte sich besser, mächtiger, kraftvoller zeigen als die Masse. Die unhinterfragte christliche Moral dient dazu, nichts Außergewöhnliches zuzulassen, alle Unterschiede zu nivellieren. Alles, was sich über die Masse erhebt, ist verdächtig. Das moralische ‚gute Gewissen' führt jedoch zu einem persönlichen Gefühl der moralischen Überlegenheit und kann so als Lüge entlarvt werden. Im Gegensatz zur christlichen Moral steht die Herrenmoral, die sich selbst Maßstäbe setzt; und hier kommt Nietzsches Lebensbegriff und der ‚Übermensch'[92] zur Darstellung: Nach Nietzsche gibt es kein Gut und Böse, das jenseits menschlicher Setzung existiert. Das, was der christliche Glaube als ‚gut' vorschreibt, entpuppt sich als Werkzeug der Regression, da es den Menschen klein und

---

[91] Friedrich Nietzsche: Götzendämmerung, ‚Die vier großen Irrthümer' 8, in: Giorgio Colli, Mazzino Montinari: Friedrich Nietzsche. Kritische Studienausgabe Bd. 6, S. 82 ff. (Im Weiteren KSA + Band-Nr.).

[92] Nietzsche präsentiert seine Lehre vom Übermenschen bezeichnenderweise nicht in der Form einer theoretischen Abhandlung, sondern in dem Prosastück ‚Also sprach Zarathustra', KSA Bd. 4. Die Entstehung der Lehre wird durch den Prediger Zarathustra dargestellt, der im Laufe der Erzählung Stück für Stück zu den postulierten Überzeugungen gelangt und sie dadurch plausibel macht.

schwach hält und seine Fortentwicklung hemmt. Die vorgegebenen Werte dienen dazu, die Menschheit krank zu machen:

„Die Guten *müssen* Den kreuzigen, der sich seine eigne Tugend erfindet! Das *ist* die Wahrheit! [...] Den *Schaffenden* hassen sie am meisten: den, der Tafeln bricht und alte Werthe, den Brecher – den heißen sie Verbrecher. Die Guten nämlich – die *können* nicht schaffen: die sind immer der Anfang vom Ende: - - Sie kreuzigen Den, der neue Werthe auf neue Tafeln schreibt, sie opfern *sich* der Zukunft, – sie kreuzigen alle Menschen-Zukunft! Die Guten – die waren immer der Anfang vom Ende. – "[93]

Der Übermensch, den Nietzsche postuliert, ist dagegen maximal gesund, er bringt die ‚große Gesundheit'. Er glaubt an keinen Gott, an kein außermenschliches Prinzip. Der Wert des Lebens ist dessen Vollzug. Alles, was dem Gelingen des Lebens dient, wird anerkannt als ‚gut' – und hierzu gehört die Überwindung der Schwächeren. Der Übermensch hat gelernt, seine widerstreitenden Triebe zu kultivieren, zu zähmen, nicht durch eine vorgegebene Moral, sondern durch Kunst, Musik, Politik, Kultur, intellektuelle Betätigung. Zerstörerische Triebe können so umgepolt werden zu Trieben, die den Lebensvollzug bereichern, die ‚blonde Bestie' im Menschen kann gezähmt werden. Der Übermensch ist ein bewusster Mensch. Er weiß um den Kampf der Triebkräfte in ihm und versucht, das ‚Böse', Machtergreifende der starken Triebe für sich zu nutzen. Er ist autonom, aber nicht in einem idealistischen Sinn, der Geist und Körper getrennt sieht, sondern in der Bedeutung eines konsequenten Selbstbezugs:

„[...] das, was *Menschen der Macht und des Willens* von sich verlangen können, giebt ein Maß auch für das, was sie sich zugestehen dürfen. Solche Naturen sind der Gegensatz der Lasterhaften und Zügellosen."[94]

Leib beinhaltet die Seele und bedingt seelische Reaktion, Leib und Seele können daher nicht getrennt voneinander gedacht werden. Was dem Leib zustößt, ist für die Seele Gewinn, sei es Freude oder Leid. Um sich maximal entfalten zu können und größtmögliche Bewusstheit über sich zu erlangen, muss der Übermensch an seine Grenzen und über sie hinweg gehen. Er muss sich allen erdenkbaren Situationen aussetzen, muss alle Erfahrungen

---

[93] Friedrich Nietzsche: Also sprach Zarathustra, KSA Bd. 4, S. 266. Hervorhebungen im Original.
[94] Friedrich Nietzsche: Nachlass 1887/88, 11/153, KSA Bd. 13, S. 72. Hervorhebungen im Original.

machen, alle Angst überwinden, ins ‚Hochgebirge‘ und in die ‚Wüste‘ gehen. Hier ist Nietzsche Experimentalphilosoph – um sich zu optimieren und zu ‚großer Gesundheit‘[95] zu gelangen, muss der Mensch alles, was möglich ist, an sich ausprobieren, nach dem Maßstab der Hypothesenbildung und des Experiments[96]. Nach Nietzsche ist es so möglich, dass der Mensch sich selbst überwindet, sich selbst bessert, wenn er nur die als krank machend erkannte christliche Moral hinter sich lässt und zu einer „Umwerthung der Werte“[97] kommt. Der Übermensch, der sich sein eigenes lebensformendes Moralprinzip schafft, der es fertig bringt, von einem von unterschiedlichen, sich bekämpfenden Trieben bestimmten „Dividuum“[98] zu einem einheitlichen Wesen zu gelangen, das seine antagonistischen Bedingungen meistern kann, ist derjenige, der in einer Welt ohne Gott das Überleben des Menschen sichern kann. Dabei ist dem Übermenschen das ‚Du wirst gethan‘, sein Determinismus, stets bewusst – aber er kann ihn zum Positiven wenden. Um nun zum Übermenschen zu gelangen, muss der Mensch sich in drei Schritten ‚verwandeln‘. Zarathustra predigt als ersten Schritt die Wandlung vom Kamel, das dem ‚Du sollst‘ folgt, zum Löwen, der das Prinzip ‚Ich will‘ verfolgt, und schließlich zum Kind, das ganz im ‚Ich bin‘ lebt. Daraus folgt die spielerische Lebensauffassung des Übermenschen: Leben als zufälliges Prinzip, das ohne Zwang geschieht und nach gesetzten Regeln ausgeführt wird. Im Spiel werden Überwindung und Gewinn zum Maßstab des Gelingens, im Lebensspiel des Übermenschen ebenso. Erkenntnis wird für den Übermenschen zum ‚Durchschauen des Spiels‘, zur kritischen Bewusstwerdung seiner selbst. Zarathustra selbst ist dieser Übermensch noch nicht. Am Ende der Erzählung ist der Prediger aber sicher, dass dieser Übermensch sich entwickeln wird:

„Mein Leid und mein Mitleiden – was liegt daran! Trachte ich denn nach *Glücke*? Ich trachte nach meinem *Werke*! Wohlan! Der Löwe kam, meine Kinder sind nahe, Zarathustra ward reif, meine Stunde kam: – Dies ist *mein* Morgen, *mein* Tag hebt an: *herauf nun, herauf, du großer Mittag!*"[99]

---

[95] Friedrich Nietzsche: Menschliches Allzumenschliches, KSA Bd. 2, S. 17.

[96] Siehe ders.: Morgenröthe, KSA Bd. 3.

[97] Siehe ders.: Ecce homo, ‚Warum ich so weise bin‘, KSA Bd. 6, S. 266. Ebenso: Nietzsche: Zur Genealogie der Moral, KSA Bd. 5, S. 364.

[98] Ders.: Menschliches Allzumenschliches, KSA Bd. 2, S. 76.

[99] Ders.: Also sprach Zarathustra, KSA Bd. 4, S. 408.

Nietzsches Philosophie wurde hier so ausführlich dargestellt, weil die expressionistische Postulierung des ‚neuen Menschen' sowie das intellektuelle moderne Weltbild sich eng an dessen Überzeugungen anlehnen und ohne diesen Hintergrund nur unzureichend nachvollzogen werden können. Nietzsches Zarathustra und seine Lehre vom ‚Willen zur Macht' überwinden Schopenhauers Negativstarre und fordern einen aktiven Weltbezug: „Statt der passiven ästhetischen Negation sollen neue Werte des Lebens, der schöpferische Vitalismus selbst, gesetzt werden."[100] Diesen aktiven Weltbezug setzt Robert Müller in seinem Aktivismus um, und auch in seinem literarischen Werk kommt er zum Tragen. Besonders evident erscheint dies im ‚Tropen'-Roman: Müller geht es in diesem Werk „um die Steigerung der menschlichen Möglichkeiten unter Rückgriff verschollener Eigenschaften"[101]. Der neue Mensch steht dabei, wie bei Nietzsche auch, nicht als Ergebnis am Ende der Entwicklung, er ist in Brandlberger ansatzweise angelegt und wird – so Brandlbergers Ansicht – in seinen Nachkommen mit der Indianerin Zana verwirklicht werden.[102] Im Zuge seiner Dschungel-Erfahrungen kommt Brandlberger ebenfalls zu einer Umwertung aller Werte:

„Ich habe gelernt, alle Sentimentalitäten dranzugeben und bin im Begriffe, falsche Gemütswerte auszurotten."[103]

In den Kunstwerken des indianischen Malers Kelwa sieht Brandlberger ein neues Weltbild zum Ausdruck kommen; er plant, ihn in der Welt außerhalb des Dschungels bekannt zu machen und durch die Kunst zu einer neuen Weltsicht zu gelangen:

„Ich würde Pamphlete schreiben, eine neue Theorie aufstellen, das Fleisch im Menschen erlösen, diese oft angekündigte Auferstehung endlich einmal stattfinden lassen! Und ich würde eine neue unantastbare Menschlichkeit begründen, eine gesunde unsentimentale Humanität, bei der auch einmal einer draufgehen dürfte. Leben links und Leben rechts, Leben auf

---

[100] Liederer: Der Mensch und seine Realität, S. 42.
[101] Ebd., S. 47.
[102] Durch das Vorwort ist jedoch bekannt, dass Brandlberger später umkommt, Nachkommen seinerseits werden nicht erwähnt. Liederers These, die Herausbildung des neuen Menschen werde so zur Aufgabe des Lesers, ist daher sehr plausibel.
[103] Robert Müller: Tropen, S. 243.

allen Seiten, Leben mit und gegen das Leben! Die Bewegung macht den Atem rein. Wie diese Luft sich köstlich schnappen ließ!"[104]

Das schöpferische, emphatische Leben wird adäquat abgebildet in der Kunst des Indianers, die so zu einer metaphysischen Instanz wird[105], aber nicht in einem Ästhetizismus stehen bleibt, sondern für das Leben wirksam wird – wie vom Erzähler Brandlberger etwas überzogen dargestellt, nicht nur in ‚Pamphleten', sondern auch im Ausleben einer ‚unsentimentalen Humanität'. Dass es für dieses Leben keine gesetzte, allgemein gültige Realität gibt, sondern diese in unzähligen verschiedenen Perspektiven und Schattierungen existiert, legt Robert Müller zum Beispiel seinem Protagonisten Jack Slim in den Mund:

„Wir haben's als erste herausbekommen, daß es keine Realitäten gibt, und wir sind auch die ersten, die alle jeweils neuen erfinden!"[106]

Auf publizistischer Seite ist es Robert Müller selbst, der diese Einsicht ausspricht:

„Nur eine Wahrheit, die sich bewegt, ist gebrauchsfähig; eine Wahrheit, die innehält, fällt zu Boden. Was ist Wahrheit? Wahrheit ist, zu einer Wahrheit zurecht kommen."[107]

Auch der Traum gelangt in diesem Sinne zu einem Realitätsstatus, ist er doch eine mögliche Perspektive im Welt-Zugriff. Wiederum ist es Jack Slim, den Müller diese Ansicht vertreten lässt:

„Träumen Sie stark? ... Ja ja, ich weiß, Sie verachten den Traum. Sie misstrauen den Resten, die davon in Ihrer Erfahrung zurückgeblieben sind. Das tut jeder. Aber tun Sie es nicht. Es wird Ihnen dann manches selbstverständlicher werden und Sie werden sich unerklärliche Dinge von innenheraus geschmeidig machen."[108]

---

[104] Robert Müller: Tropen, S. 85.
[105] Siehe Liederer: Der Mensch und seine Realität, S. 34 ff.
[106] Robert Müller: Tropen, S. 194.
[107] Ders.: Politische Phantasie. Belgrader Nachrichten, 19.5.1916. In: ders.: Kritische Schriften I, S. 235.
[108] Robert Müller: Tropen, S. 194.

Ein weiterer Nietzsche-Bezug in ‚Tropen' ist das Indianerfest, das auf 24 Seiten[109] ausführlich geschildert wird und ein Kernstück der Erzählung bildet. Wie in Nietzsches früher Schrift ‚Die Geburt der Tragödie aus dem Geist der Musik'[110] erscheint das Rauschhafte über den durch Musik und Tanz in Trance versetzten Leib als Weg zu einem Absoluten, die Erfahrung der Entgrenzung als Voraussetzung zu einem gesteigerten Erkennen.[111] Brandlberger, zu Beginn des Festes noch ganz analytisch und distanziert, stellt daher auch fest:

„Diese rätselhafte Rhythmik ahmte den Pulsschlag unseres Blutes nach, nicht den komplizierten Prozeß unseres ornamentalen Gehirns."[112]

Im Laufe des Festes ergreift Brandlberger dieser Rhythmus, der ihm die Erkenntnis beschert:

„Die Pace ergreift mich, ich bin mitten in der Pace, ich wohne mit Schaudern dem Urtanz bei. Die Pace, die Pace fällt es mir ein, wir haben die Pace nicht mehr, Europa hat die Pace verloren, dies ist das große unheilbare Leiden!"[113]

In einem resümierenden Blick würdigt Müller dann 1922 den großen Einfluss, den Nietzsche auf ihn und seine Zeitgenossen ausgeübt hat:

„Unsere Generation, wenn sie einmal ihre Geschichte schreibt, würde wohl doch bei Nietzsche beginnen, bei Aufschwungsgedanken, Weltbild-Umstellung und optimistischem Willen zur Diesseits-Änderung nicht bloß ökonomischer Art."[114]

2.1.3 Mach

Ebenfalls von großem Einfluss auf die Literaten des frühen 20. Jahrhunderts war der Physiker und Philosoph Ernst Mach, dessen öffentliche Vorträge und die Schriften ‚Die Analyse der Empfindungen und das Verhältnis des Physischen zum Psychischen' sowie ‚Populärwissenschaftliche Vorlesungen' in Wien sehr zur auch außeruniversitären Verbreitung seiner Theorien bei-

---

[109] Robert Müller: Tropen, S. 86–101.
[110] Friedrich Nietzsche: Die Geburt der Tragödie aus dem Geist der Musik, KSA Bd. 1.
[111] Hierzu insbesondere Liederer: Der Mensch und seine Realität, S. 59.
[112] Robert Müller: Tropen, S. 87.
[113] Ebd., S. 88.
[114] Robert Müller: Zwei Generationen vor uns. Prager Presse, 13.1.1922, S. 5 f. In: ders.: Kritische Schriften III, S. 83–89, hier S. 85.

trugen.[115] Mach führt die naturwissenschaftliche Erkenntnis auf die Zusammenhänge zwischen Sinnesdaten zurück. Alle Erfahrung der empiri-
schen Welt beruht nach Mach in der sinnlichen Wahrnehmung zeitlich und
räumlich verbundener Zusammenhänge.[116] Nur Sinnesempfindungen exi-
stieren unzweifelhaft. So postuliert Mach eine Einheit von Ich und Welt: Indem die Empfindungen der äußeren Welt Körper und Geist gleichermaßen
betreffen, hängen Körperliches und Geistiges untrennbar zusammen, ver-
schmelzen auf der einen Ebene Physis und Psyche und auf einer anderen
Empirie und Mensch. Die cartesische Trennung von ‚res cogitans‘ und ‚res
extensa‘ erscheint obsolet, die Annahme eines selbstständigen Ichs und einer
objektiven Welt wird unhaltbar. Dazu schreibt Robert Müller:

„Das cartesische ‚ich denke also bin ich‘ stellte an die Spitze alles Funk-
tionierens diesen selbstverständlichen Einheitsakt. Der Individualismus ward
die gegebene weltanschauliche Parallele zur rapiden Entwicklung des reinen
und abstrakten Denkens. Mit und nach Mach aber war es gerade das Denken, das diese vorausgesetzte Einheit auflöste. Wer denkt, wird heute das
Ich wegdenken müssen. Es ist unmöglich, es länger aufrechtzuerhalten. So
bleibt uns nur die Alternative, uns des Denkens zu entledigen, um im
Nichtdenken wieder die Lebenseinheit und Evidenz zu spüren; oder das
Denken mit einer Evidenz zu versöhnen, die seiner früheren und roheren
Stufe noch eigen war.“[117]

Erkenntnistheoretisch bedeutet dies, dass es eine vom Menschen unabhängige Erkenntnis nicht gibt; die je unterschiedliche subjektive psychische
Vorstellungswelt determiniert die Erfahrung. Das ‚Ich‘ existiert nur noch als
endliches Bündel von Empfindungen, alle Erfahrung ist relativ und eine

---

[115] Siehe hierzu Uwe Spörl: Gottlose Mystik in der Literatur um die Jahrhundertwende, Paderborn 1997. Hier Kapitel 1.2.8 ‚Ernst Machs Analyse der Empfindungen‘, S. 65–68.
Ernst Mach: Beiträge zur Analyse der Empfindungen. Die Analyse der Empfindungen und das
Verhältnis des Physischen zum Psychischen. Jena 1886/1900, sowie Ernst Mach: Populärwissenschaftliche Vorlesungen. Leipzig 1926.
[116] Ernst Mach: Erkenntnis und Irrtum. Skizzen zur Psychologie der Forschung. Leipzig 1905.
Siehe hierzu den entsprechenden Artikel in: Franco Volpi, Julian Nida-Rümelin (Hrsg.): Lexikon der philosophischen Werke. Stuttgart 1988, S. 231, sowie ebd. S. 53 zu: Ernst Mach: Beiträge zur Analyse der Empfindungen. Die Analyse der Empfindungen und das Verhältnis des
Physischen zum Psychischen. Jena 1886/1900.
[117] Robert Müller: Der Orientale, 1921. In: ders.: Rassen, Städte, Physiognomien. Kulturhistorische Aspekte. Robert-Müller-Werkausgabe Bd. IV, 1992. S. 64.

Frage der Perspektive. Machs „Das Ich ist unrettbar"[118] wird zur Formel seiner Zeit. In der zeitgenössischen ästhetischen Mach-Rezeption kommen vier Punkte in besonderem Maße zum Tragen:

„1. die Flüchtigkeit, Veränderlichkeit und Permeabilität des Ich als Folge der Diffusion des Ich in Empfindungen [...]; 2. gleichzeitig hierzu die Absolutsetzung der Subjektivität infolge der Rückführung aller Erkenntnis und Welterfahrung auf die subjektiven Sinne; 3. die Gleichwertigkeit von Traum und Wirklichkeit, Sein und Schein; und 4. Sprachreflexion"[119].

Die ‚Unrettbarkeit des Ich' deutet Müller nun aber keineswegs als etwas Negatives (wie es von Mach selbst auch nicht negativ gemeint und nur vielfach von anderen so ausgelegt wurde). Die Ich-Dissoziation bedeutet für ihn im Gegenteil die Bedingung der Möglichkeit einer polyperspektivischen Erfahrung, die Legitimation einer paradoxen Weltsicht, in der es möglich ist, etwas gleichzeitig mit seinem Gegenteil zu denken und auch disparate Empfindungen zuzulassen, also insgesamt zu einem breiteren Empfindungs- und Erfahrungsspektrum zu gelangen. In ‚Tropen' lässt Müller seinen Erzähler folgerichtig räsonieren:

„Plötzlich fühlte ich mich und meine Umgebung unwahrscheinlich; ich entäußerte mich spielend des Weltmittelpunktes, der in mir lag, ich begriff mit erkalteten Nerven die Gleichgültigkeit meiner Person und meines Aufenthaltes: denn unter mir gab es eine Welt, die auf eigenartige Weise eigene Gewitter und Elementarereignisse erzeugte, wenn ein Mensch außerhalb ihrer Grenzen nicht rudern konnte und ihren Gang störte [Brandlberger versucht zu rudern und wirbelt dabei das schlammige Wasser auf, was ihn zu dieser Ideenkette veranlasst, Anm. B.P.]. Vielleicht entstanden auch meine Gewitter, wenn ein fremdes Wesen ungeschickt war – wer konnte in diesem Augenblick darauf schwören, darauf oder auf sein Gegenteil? Vielleicht konnte Gott nicht rudern? Aber wie gleichgültig war dann Gott, wie gleichgültig war jedes Ich, jeder Geist! Eine fröhliche somnolente Verlassenheit kam mich an, ich fühlte mein kniffliches altes Ich vergehen und löste mich in eine unendliche, von keiner bewußten Einheit zusammengehaltene Empfindlichkeit für das heftige selbstische Leben ringsum auf."[120]

---

[118] E. Mach: Beiträge zur Analyse der Empfindungen. Die Analyse der Empfindungen und das Verhältnis des Physischen zum Psychischen. Jena 1886/1900, S. 17.
[119] Christian Liederer: Der Mensch und seine Realität, S. 19.
[120] Robert Müller: Tropen, S. 25.

Müller lässt aber nicht nur seine Protagonisten diese Auflösung des Ich am eigenen Leib erleben, er äußert sich auch wiederholt in seinen publizistischen Werken zu diesem Thema[121]. In ‚Tropen‘ und ‚Camera obscura‘ führt diese Ich-Dissoziation bei den handelnden Figuren zu der Fähigkeit, sich gedanklich teilweise in den Gegenspieler hineinversetzen zu können – „Mein Kopf war während dieser Tage nichts als eine Filiale des phänomenalen Denkorganismus, den Slim in seinem Schädel barg"[122] – oder ihn sogar telepathisch zu manipulieren (so Jack Slim in ‚Camera obscura‘), was nicht nur in der zunehmenden nervösen Spannung des modernen Menschen, sondern eben auch in der oben geschilderten Annahme eines nicht fest umrissenen Ich begründet ist.

2.1.4   Freud und der psychiatrische Diskurs

Die sich im frühen 20. Jahrhundert manifestierende Hinwendung der Künstler zur Darstellung der Ich-Empfindungen des Subjekts findet ihre Entsprechung in der Medizin, die sich nun vermehrt mit dem Wesen und den Krankheiten der menschlichen Seele beschäftigt. Die Psychoanalyse erlebt einen Aufschwung, ihre Erkenntnisse beeinflussen wiederum die Werke der Künstler. Im damaligen psychiatrischen Diskurs werden die Symptome des Irrsinns, der Hysterie oder auch der Schizophrenie diskutiert[123], nervöse Leiden und Nervenkrankheiten hatten ‚Konjunktur‘. Anders als die Mediziner sahen die Expressionisten in der (mentalen) Krankheit, im Wahnsinn, jedoch eine Erweiterung des Ichs, das sich durch die pathologischen Zustände von der rigiden bürgerlichen Moral befreien kann und durch jene zu einer höheren Bewusstseinsstufe gelangt. In den oben ausschnittsweise ausgeführten Theorien Nietzsches und vor allem Machs liegt die von vielen Künstlern vertretene Meinung begründet, dass *jedem* seelischen Zustand ein gleichberechtigter Status bei der Formung des subjektiven Selbstverständnisses zukommt. In Bezug auf die Seele und zum Teil auch auf den Körper[124] gibt es keine Einteilung in ‚krank‘ und ‚gesund‘. Als exemplarisches Beispiel sei wieder Brandlberger zitiert:

---

[121] Dies wird im Folgenden unter Punkt 3.1 ausgeführt.

[122] Robert Müller: Tropen, S. 142.

[123] Von Medizinern wie Emil Kraeplin oder Eugen Bleuler. Siehe hierzu die detaillierten Ausführungen von Thomas Schwarz: Robert Müllers Tropen, S. 153 ff.

[124] So ist es für den Erzähler Brandlberger das malarische Fieber, das ihn zu höherer Erkenntnis kommen lässt. Vgl. Tropen, S. 193: „In meinem pythischen Wahnsinn ist Tiefe."

„Irrsinnig wollten sie nun zur Abwechslung einmal sein und waren es auch, und irrsinnig wollte auch ich sein, und, Gott verdamme mich, die Geschichte entwickelte sich! War es nicht an und für sich schon eine verrückte Idee, Irrsinn zu simulieren! Es geht, es geht! Endlich sind wir vom Verstande erlöst! Wir lösen uns in das wildeste Denken auf. Die Worte tanzen wie Götter, jeder Klang hat einen meilenweiten Geruch nach Himmel oder Hölle, der Wortegeist ist in uns gefahren, im Wortschwall sprudeln wir die Welt noch einmal hervor. Und dennoch sind wir nicht irrsinnig. Wollt ihr es bewiesen sehn? Wir können vernünftig sein. Doch scheint es uns nicht wünschenswert. Wir sind seliger im Irrsinn. Adieu, Räson, öffne dich, flackernde Nacht der Intellekte!"[125]

Als Ursache zahlreicher psychischer Störungen hatte der in Wien praktizierende Siegmund Freud die starke Triebunterdrückung durch den herrschenden rigiden, Sexualität negierenden Moralkodex ausgemacht. Seine einflussreichen Werke wie ‚Die Traumdeutung' (1900), ‚Zur Psychopathologie des Alltagslebens' (1901), ‚Totem und Tabu' (1912/13), ‚Jenseits des Lustprinzips' (1920) und ‚Das Unbehagen in der Kultur' (1930)[126]führten zu einer neuen Sicht auf Trieb und Sexualität, wurden grundlegend für die Psychiatrie und beeinflussten auch die künstlerischen Positionen der Kreativen, die diese Introspektion des Seelischen zu ihrem bevorzugten Untersuchungsobjekt machten:

„Die psychische Krise als literarisches Thema fokussiert nun statt traditionellen Konflikten, wie etwa dem zwischen einem Subjekt und dessen sozialer Umwelt, das intrapersonale Problemfeld des Ich, seiner Bewusstseinsphänomene und die Frage nach seiner Beschaffenheit bzw. seiner Inkonsistenz und seiner Grenzen."[127]

Freud zeigt die Bedeutung des Unbewussten für das Subjekt. Auch er gelangt zu der Feststellung, dass es kein ‚Ich' als psychische Einheit gibt. Es gibt kein autonomes Ich mehr, es erscheint aufgerieben zwischen dem strengen Über-Ich und dessen Moralforderungen und dem Es, seiner animalischen Triebnatur. Das Ich „zerflirrt"[128], wie Robert Müller konstatiert.

---

125 Robert Müller: Tropen, S. 193.
126 Siegmund Freud: Gesammelte Werke in 15 Bänden. Frankfurt a. M., 1999.
127 Christian Liederer: Der Mensch und seine Realität, S. 19.
128 Robert Müller: Der Orientale, 1921. In: ders.: Rassen, Städte, Physiognomien. Kulturhistorische Aspekte. Robert-Müller-Werkausgabe Bd. IV, 1992. S. 64.

Auch die Ergebnisse der ‚Traumdeutung‘, in der Freud die Wirkungsweisen der Traumsymbolik als Verdichtung und Verschiebung definiert, was in der Poesie den Stilmitteln der Metapher und Metonymie entspricht, haben große Bedeutung für Dichtung und Literaturwissenschaft erlangt.[129]

2.2 Der naturwissenschaftliche Hintergrund

2.2.1 Darwin und die Biologie

Ursächlich für diese unter Punkt 2.1 angeführten geisteswissenschaftlichen Positionen, die den Menschen nicht mehr „primär als seelisch-intelligibles Gottesgeschöpf" begreifen, sondern als „Körperwesen", als „homo natura"[130], ist eine Naturwissenschaft: die Biologie. Die anthropologische Sicht auf den Menschen ändert sich einschneidend mit dem Aufkommen von Evolutionstheorie, Genetik und Zytologie. Im frühen 19. Jahrhundert finden die biologischen Naturwissenschaften Verbreitung: Das Leben wird entdeckt als System der Selbstreproduktion, die ontogenetische Vorstellung der Vorbildung der Lebewesen im Keim (Präformation) wird abgelöst von K. F. Wolffs Vorstellung einer Epigenese[131], man entdeckt den Zellkern und erforscht die Zell- und Zellkernverschmelzung[132]. Besonders die Zytologie ändert das Bild vom Menschen im 19. Jahrhundert, noch deutlicher als die Evolutionstheorie bewies sie des Menschen „unbedingte Zugehörigkeit zur Tier- und Pflanzenreihe. Hier wurde eine Identität von Mensch und Natur formuliert."[133]

Charles Darwin veröffentlicht 1859 sein Werk ‚On the Origin of Species‘[134]. Dass diese Theorie über den Ursprung der Arten auf ein breites In-

---

[129] Siehe hierzu Liederer, S. 21, bes. Anm. 2.

[130] Alle Zitate ebd.

[131] K. F. Wolff bezeichnete so die heute veraltete Vorstellung der Entwicklung des Organismus durch dauernde Neubildung, ohne Steuerung durch erbliche Faktoren.

[132] Die Zellbiologie beginnt 1665 mit Robert Hooke, der den Begriff ‚Zelle‘ prägt. Zu Beginn des 19. Jahrhunderts betrachtet Franz Meyen die Zelle als Elementareinheit der Pflanzenorgane. 1839 entdeckt Theoder Schwann, dass Pflanzen *und* Tiere aus Zellen bestehen. 1855 bestätigt Rudolf Virchow die These, dass jede Zelle aus einer anderen entsteht.

[133] Wolfgang Riedel: „Homo Natura": literarische Anthropologie um 1900. Berlin, New York 1996. S. 165. In seiner Habilitationsschrift widmet sich Riedel diesen biologischen Zusammenhängen, die Liederer in ‚Der Mensch und seine Realität‘ ab S. 20 aufgreift.

[134] Charles Darwin (1859): Über die Entstehung der Arten durch natürliche Zuchtwahl. Nachdruck der Ausgabe von 1929. Darmstadt 1988. Im Original: On the Origin of Species by

teresse stieß, lässt sich daran ermessen, dass Darwins Buch noch am Tag der Erscheinung vergriffen war. Innerhalb kurzer Zeit folgten sechs Neuauflagen. Der Forscher beschreibt hier den Kampf und die Konkurrenz aller Individuen innerhalb einer Art und der verschiedenen Arten gegeneinander als Motor der Evolution, wobei die bestmögliche Anpassung an einen Lebensraum einen evolutionären Vorteil bietet. Als Hauptmechanismus fungiert die Selektion, die Stärksten überleben und wirken sowohl artbildend als auch artverändernd. Die große Bedeutung, die diese Theorie für das moderne Denken hat, muss nicht betont werden.

Robert Müller hat insbesondere die ‚survival of the fittest'-These Darwins kritisch rezipiert und ihr in Bezug auf den Menschen zum Teil widersprochen.[135] Seine anthropologischen Überlegungen zur Menschheitsentwicklung beschreibt er zum Beispiel in der publizistischen Schrift ‚Konkurrenz- und Assistenzpolitik' von 1918: Übertrage man den Darwinismus und dessen Grundsätze ‚struggle for life' und ‚survival of the fittest' in die Politik, so führe dies zwangsläufig zum Krieg. „Der Impuls des darwinistischen Politisierens aber ist die Kraft, der Vorsprung, die Assimilations- und Unterwerfungsfähigkeit."[136] Krieg habe die Menschheit aber immer wieder in ihrer Entwicklung zurückgeworfen, daher sieht er den Beistandstrieb und das karitative Verhalten des Menschen als wichtiger für dessen Fortentwicklung an. Allein die Mitleidsfähigkeit habe den Intellekt vorangebracht:

„Ohne den schweren auslesenden Kampf der Menschheitsgeschichte wären wir vielleicht heute noch auf der Tierstufe; aber ebenso sicher ist, daß ohne den Liebes- und Allgemeintrieb des Menschengeschlechts gerade das Wesentliche und Vorgeschrittene unseres Zustandes nicht erreicht worden wäre."[137]

Entscheidend für die Wirkung Darwins und der Biologie für die Literatur ist die Revolution im Menschenbild, die in dieser Naturwissenschaft ihren Ursprung hat. Naturpathos und Lebensmystik als vorherrschende Gestaltungs-

---

Means of Natural Selection. The Preservation of Favoured Races in the Struggle for Life. London 1859.
[135] Unter anderem in: Robert Müller: Konkurrenz- und Assistenzpolitik, Österreichisch-Ungarische Finanzpresse, 14.9.1918. In: Kritische Schriften II, Werkausgabe, Paderborn 1995, S. 194–201.
[136] Ebd., S. 196.
[137] Ebd., S. 199.

elemente in der Literatur nach 1900 sind grundgelegt in der ästhetischen Rezeption der „nachromantischen Naturphilosophie"[138], die auf diese naturwissenschaftlichen Fakten zurückgeht.

2.2.2   *Einstein und das veränderte physikalische Weltbild*

Von großer Bedeutung für den wissenschaftlichen Fortschritt von Beginn der bewussten Menschheitsgeschichte an waren die Erkenntnisse der Naturforscher.[139] Das Beobachten, Einordnen und Deuten der Naturphänomene hatte von jeher nicht nur Einfluss auf das aktuelle Weltbild einer Gesellschaft, es begründete es auch und begründet es bis heute. Umstürzend für das kosmische und religiöse Verständnis der den Menschen umgebenden Welt war der Wechsel vom ptolemäischen zum heliozentrischen Weltbild, im 16. Jahrhundert vorgestellt von Nikolaus Kopernikus in ‚De Revolutionibus Orbium Coelestium'. Drei Jahrhunderte und viele Schlachten zwischen Kirche und Wissenschaft später formuliert Herrmann Ludwig Ferdinand von Helmholtz 1847 den allgemeinen Energieerhaltungssatz, in dem die Erhaltung der Energie als allgemeines Naturgesetz berechenbar wurde.[140] Gottfried Benn wertet diese Tatsache folgendermaßen:

„Man vergegenwärtige sich, daß bis zu diesem Tage die Welt für die Menschheit nicht begreifbar, sondern erlebbar war, daß man sie nicht mathematisch-physikalisch anging, errechnete, sondern als Gabe der Schöpfung empfand, erlebte, als Ausdruck des Überirdischen nahm."[141]

Das physikalische Weltbild ebenfalls maßgeblich verändert hat Albert Einstein. 1905 veröffentlichte er (neben anderen wichtigen Werken) die Schrift ‚Zur Elektrodynamik bewegter Körper', die als ‚Spezielle Relativitätstheorie' bekannt wurde; 1916 folgte die ‚Allgemeine Relativitätstheorie'. Dabei relativiert Einstein mitnichten alles – er sieht die Naturgesetze als invariant an und geht der Frage nach, welche physikalischen Größen abhängig vom Be-

---

[138] Wolfgang Riedel: „Homo Natura": literarische Anthropologie um 1900. S. 86.

[139] Bekanntlich waren diese Naturforscher anfangs identisch mit den Philosophen – die Suche nach den bestimmenden Prinzipien des Lebens spaltete sich erst am Beginn der Moderne in Geistes- und Naturwissenschaften.

[140] Anklänge an Nietzsches ‚Ewige Wiederkehr des Gleichen', die er in ‚Also sprach Zarathustra' den Prediger postulieren lässt, sind sicher nicht zufällig – ein Beispiel, wie die naturwissenschaftlichen neuen Erkenntnisse Eingang finden in die geistige Bewältigung der Welt.

[141] Gottfried Benn: Nach dem Nihilismus. 1932. In: ders.: Gesammelte Werke. Essays und Reden. In der Fassung der Erstdrucke. Frankfurt am Main 1997, S. 223–232. Hier S. 225. Zitiert nach Christian Liederer: Der Mensch und seine Realität, S. 16.

trachter und den Umständen der Betrachtung sind. Sein umstürzendes Verständnis umfasst Zeit und Raum, die nun nicht mehr subjektunabhängig vorgestellt werden.[142] „Alles Bestehende, alle Festigkeit sind nach Einsteins Theorie zeitbedingt und können daher mit jedem zeitlichen Wandel, in jeder Bewegung wieder aufgehoben werden."[143] Zahlreiche Belege für die immense Wirkung der Einstein'schen Relativismustheorie auf Müller lassen sich sowohl in seinen publizistischen Schriften als auch in seinem literarischen Werk finden.[144] Die Diskursivität, die in seinem fiktionalen Werk fast immer durch essayistische Verfahren oder durch Darstellung des Geschehens aus unterschiedlichen Perspektiven (ganz speziell in ‚Der Barbar') gegeben ist, exemplifiziert diesen Standpunkt der Relativität auf der Verfahrensseite der Texte, ebenso wie die dort oft zum Erzählprinzip avancierende Paradoxie. Außerdem lässt Müller seine Protagonisten über diese relative Welteinstellung räsonieren. So stellt Jack Slim in ‚Tropen' fest:

„Wir sind zu einer synthetischen Lebensform gekommen. Den Kombinationen ist freier Spielraum gelassen, die Kombination ist das Merkmal dieser Zeit."[145]

Grundlegend für die philosophischen Überzeugungen und die Sicht auf das Leben insgesamt wurden so die umwälzenden Erkenntnisse der Naturwissenschaften, die die (westliche) Welt säkularisiert hatten.

---

[142] Die vollständige Geschichte der Physik kann und soll hier natürlich nicht dargestellt werden, zur Einordnung allerdings trotzdem einige Daten: Noch vor Einstein und dessen Spezieller Relativitätstheorie formuliert der Physiker Hendrik Anton Lorentz die Transformationsgleichung. Bei der nach ihm benannten Lorentz-Transformation eines Viererortsvektors werden die Ortskoordinaten mit der Zeitkoordinate vermischt. Deshalb ist im Rahmen der Relativitätstheorie keine absolute Gleichzeitigkeit räumlich getrennter Ereignisse mehr definiert. 1904 meint Jules Henri Poincaré, dass in Inertialsystemen (= Bezugssystemen, in dem sich jedes Objekt mit Masse, auf das keine Kraft wirkt, gleichförmig geradlinig bewegt, in dem also das Newton'sche Trägheitsgesetz uneingeschränkte Gültigkeit besitzt) die Naturgesetze gegenüber den Lorentz-Transformationen invariant sein müssen. 1895 entdeckt Wilhelm Conrad Röntgen die Röntgenstrahlung, die u. a. nie geahnte Einblicke in den menschlichen Körper ermöglicht, 1896 entdeckt Antoine Henri Becquerel die Radioaktivität, 1900 begründet Max Planck die Quantentheorie, 1905 formuliert Walther Nernst den 3. Hauptsatz der Thermodynamik.

[143] Stephanie Heckner: Die Tropen als Tropus, S. 54.

[144] Ausführlichere Besprechung finden diese Bezüge in den Punkten 3 und 4 dieser Arbeit, in denen Müllers Werk mit den hier vorgestellten Denkmodellen in Bezug gebracht wird.

[145] Robert Müller: Tropen, S. 201.

Die Welt nicht als göttliche creatio ex nihilo, sondern als natürlicher, nachvollziehbarer Entwicklungsprozess – Robert Müller fasst die daraus resultierenden Gefühle und seine Antwort 1923 eindrucksvoll zusammen:

„Religion schuf ein Weltbild. Wissenschaft zerstörte es, ohne eines dafür auf die Dauer geben zu können. Was bleibt, wenn das Blut noch gesund in unseren Adern rollt, uns nur der Kopf leerwimmelt von Überzeugungslosigkeit? Das Bekenntnis zum Leben, und zwar, da Leben Anwendung aller Mächte ist, Fortschritt im subjektiven Sinne. [...] Niemand kümmert sich: da nimmt der Mensch es in die Hand. Sinn? Den gebe ich. Philosophie des l'act pour l'act. Ungenügend und doch, bei unserer geistigen Konstitution, das einzig Mögliche."[146]

2.3 Die gesellschaftspolitische Debatte

Neben wissenschaftlichen Theorien und Erkenntnissen sind für einen umfassenden Epochenbegriff auch zeitgenössische politische Diskurse und das sich darin entfaltende Zeitgeschehen zu berücksichtigen. Die Umbruchzeit, in die Müller sein Werk setzte, spiegelt sich naturgemäß in diesem wider. Das Wilhelminische Zeitalter erscheint zerrissen:

„Um die Jahrhundertwende liegt über Deutschland ein explosives Gemisch aus Endzeitstimmung und Fortschrittsglauben, aus technischem Schub und gesellschaftlichem Stillstand, aus Aufbruch und Niedergang. Das junge Reich strebt zu neuen Ufern und igelt sich dabei in Traditionen ein, greift nach den Sternen und erstarrt unter der Pickelhaube."[147]

Die Bevölkerung wächst in raschem Tempo, die Städte ebenso. Die Technologisierung des täglichen Lebens schreitet vor allem in den Städten rasant voran. Mit Kolonialismus, Krieg und Revolutionsgeschehen werden im Folgenden die gesellschaftlichen Prozesse zur Sprache kommen, die – neben den natur- und geisteswissenschaftlichen Einflüssen – für das politische, künstlerische und gesellschaftliche Selbstverständnis Müllers maßgeblich sind.

---

[146] Robert Müller: Keyserling in Wien. Das Tage-Buch 4 (1923), 10.3.1923, S. 327–330. In: ders.: Kritische Schriften III, S. 140 f.
[147] Jörg-Uwe Albig: Als Kaiser der Letzte. In: Geo Epoche Nr. 12, Deutschland um 1900. Hamburg 2004. S. 52.

2.3.1 Kolonialismus

Kaiser Wilhelm II., der noch in den frühen 80er Jahren des 19. Jahrhunderts im Gegensatz zu seinen europäischen Nachbarn keine imperialistischen Bestrebungen hegt, wandelt seine Meinung – unter dem öffentlichen Druck, wegen sozialer Spannungen im Land, aus außenpolitischen Beweggründen; Historiker diskutieren die Gründe kontrovers –, und zur Jahrhundertwende war „ein Kolonialimperium zusammengerafft, das fast sechsmal so groß war wie das Mutterland"[148]. Robert Müller reiht sich nach seinem Amerika-Aufenthalt als junger Publizist in die Reihen derer ein, die den deutsch-österreichischen Expansionsdrang befürworteten. Auch in Österreich gab es eine Debatte über die Möglichkeiten der Expansion. Müllers frühe Kolonialpropaganda gründet sich auf die Positionen Friedrich von Bernhardis, Friedrich Heys und Paul Rohrbachs.[149] Die Gedanken Müllers zu einer imperialistischen Neuaufteilung der Welt beinhalten einen „deutschen Kolonialisationsgürtel am Äquator" zusammen mit den „holländischen Besitzungen Sumatras und Javas" und weiteren Südseeinseln.[150] Österreich erhält „kulturstrategische Aufgaben"[151]. Großmachtbestrebungen und Österreich als Retter der (kulturellen) Welt – Thomas Schwarz diagnostiziert in seiner Dissertation, „[g]emessen an den Forderungen Robert Müllers kann man selbst das weitreichende Kriegszielprogramm des ersten deutschen Kriegskanzlers Bethmann Hollweg vom September 1914 mit einem gewissen Recht als gemäßigt bezeichnen"[152]. Der Kolonialismus spielt in der Zeit vor dem Krieg in Müllers publizistischem Werk eine sehr große Rolle. Der sich darin äußernde Enthusiasmus nimmt zum Teil allerdings so unrealistische Züge an, dass Thomas Schwarz konstatiert:

„Indem Robert Müller die ganz ‚normale' Wunschproduktion seiner Zeit immer weiter zuspitzt, treibt seine Essayistik auf einen Punkt zu, an dem die

---

[148] Andreas Kölln: Massaker in der Omaheke. In: Geo Epoche Nr. 12, Deutschland um 1900. Hamburg 2004. S. 139.

[149] Die historischen Stichwortgeber Müllers und die zeitgenössische Kolonialismusdiskussion zeichnet Thomas Schwarz facettenreich nach in: Robert Müllers Tropen, Kap. 3.3.1, Koloniale Propaganda und Kulturimperialismus, S. 73–77, und Kap. 3.3.2, Expansion als Selbstzweck: Müllers imperialistische Disposition, S. 77–82.

[150] Robert Müller: Was erwartet Österreich von seinem jungen Thronfolger? (1914). In: ders.: Gesammelte Essays, S. 5–81. Zitate S. 21 ff.

[151] Ders.: Der jüdische und der christlich-soziale Gedanke in Österreich (1914). In: ders.: Kritische Schriften I, S. 174–180. Zitat S. 180.

[152] Thomas Schwarz: Robert Müllers Tropen, S. 77. Hier auch detaillierte bibliographische Angaben zu Werken zur Kriegszielpolitik des kaiserlichen Deutschland.

imperialistische Vernunft in Wahnsinn umschlägt und als solche bloßgestellt wird."[153]

Schwarz überträgt dies interessanterweise nun als Methode auf Müllers poetisches Verfahren allgemein:

„Diese Lesart seiner Essays als koloniale Phantasien, sagen wir ruhig ‚Halluzinationen‘, kann dazu beitragen, Müllers poetisches Verfahren, das immer wieder auch als Dekonstruktion beschrieben wird, genauer zu verstehen. Es zeichnet sich dadurch aus, dass dieser Autor die ökonomischen Mittel eines Diskurses inflationiert, bis sich ein subversiver Effekt ergibt und der Diskurs von innen heraus gesprengt wird."[154]

Müller würde durch Übertreibungen die philosophischen Reflexionen des ‚Tropen‘-Romans ins Lächerliche ziehen „und als Wahn vorführen. In Müllers Roman ist die Schatzhöhle letztlich genauso inhaltsleer wie die Philosopheme seiner Exotisten."[155] Diese These ist nicht von der Hand zu weisen, schildert Müller die oft wechselnden Einstellungen seiner Helden doch nicht selten mit unverhohlener Ironie. Doch er will erkennbar mehr, als einen Diskurs mit dessen eigenen Mitteln ad absurdum zu führen. Gerade die philosophischen Reflexionen bilden den Boden dessen, was die Figuren dann handelnd umsetzen. Dies verkennt Schwarz. Dass Müller vor den tatsächlichen Auswirkungen des Kolonialismus – Schwarz schildert beispielsweise Gewaltexzesse der Kolonialherren an der einheimischen Bevölkerung – die Augen nicht verschließt und diese durchaus kritisch darstellt, zeigt sich u. a. an den Gewaltszenen in ‚Tropen‘ und in dem im fiktiven ‚Tropen‘-Vorwort vorweggenommenen Ende Brandlbergers, der wenige Jahre nach Fertigstellung seines ‚Tropen‘-Manuskripts bei dem Versuch, eine Freilandkolonie im südamerikanischen Dschungel zu gründen, bei einem Indianeraufstand ums Leben kommt. Der Roman verhilft rebellischen Indianern zu einem Auftritt und macht so die Ziele der Kolonialisten zumindest fragwürdig[156]:

„An strategischer Stelle, am Romananfang, ruft dieser Text ein Wissen über Zustände auf, deren Kenntnis es dem interessierten Zeitgenossen er-

---

[153] Thomas Schwarz: Robert Müllers Tropen, S. 78.
[154] Ebd.
[155] Ebd.
[156] Vgl. ebd., S. 89. Zu den damaligen Freiland-Projekten ebd., S. 84.

laubt haben dürfte, das erzählte Geschehen in den Zusammenhang von extremen kolonialen Gräueln und antikolonialer Resistenz einzuordnen."[157]

Der interessierte Zeitgenosse wird allerdings mit großer Wahrscheinlichkeit einen exotistischen Abenteuerroman, der in faszinierenden Landschaften die (erotischen) Erlebnisse der Urwaldreisenden ausbreitet, erwartet haben. Auf diese Diskrepanz und die ambivalente Haltung Müllers zum Kolonialismus, in deren Folge der kolonialismusbegeisterte Publizist dem kritisch reflektierenden Literaten ins Wort zu fallen scheint, wird an geeigneter Stelle noch eingegangen werden. Müllers ,Tropen' demontieren jedenfalls den Mythos des heroischen Kolonialherren sowie des überlegenen Wissenschaftlers à la Koch-Grünberg; die Reisenden haben am Ende keine Kontrolle über das Geschehen, außer Brandlberger sind alle Weißen tot, er selbst wird am Ende seiner physischen und psychischen Kraft von einer Indianerin wieder in die Zivilisation gebracht. Auch in anderen literarischen Werken Müllers sind kolonialistische Unternehmungen nicht von Erfolg gekrönt (,Inselmädchen') oder werden in einer Weise dargestellt, dass man an deren Ernsthaftigkeit zweifeln muss (Krumkas Versuch der Verwirklichung eines Jungenabenteuer-Traums in ,Flibustier').

Eng verknüpft mit dem Kolonialismusdiskurs, eventuell sogar von diesem ausgehend, ist die zeitgenössische Debatte über Rassenfragen. Wie Schwarz darlegt, kam es in den Kolonialgebieten zu Rassenmischungen, was allerdings von den westlichen Befehlshabern verurteilt wurde – man fürchtete eine Schwächung der eigenen (politischen) Position und der eigenen Rasse durch den gemischten Nachwuchs:

„Im anthropologischen Diskurs dieser Zeit setzte sich eine Auffassung durch, die besagte, dass die Vermischung mit den Wilden aus eugenischen Gründen zu unterbleiben habe. Und das ist der diskursive Modus, mit dem Müllers *Tropen* brechen."[158]

Durch Robert Müllers Werk zieht sich ohne Ausnahme die Frage nach der perfekten Rasse, und diese ist bei ihm immer ein Konglomerat. Der Ausdruck ,Rassigkeit' bezeichnet bei ihm keinen Reinheitsgrad, sondern ist be-

---

[157] Thomas Schwarz: Robert Müllers Tropen, S. 100. Schwarz weist außerdem darauf hin, dass Müller das ,Rohmaterial' für seinen ,Tropen'-Roman bei Theodor Koch-Grünberg vorfindet, der mehrere Forschungsreisen in den Dschungel unternommen und darüber Bücher veröffentlicht hatte (u. a. Schwarz S. 106).
[158] Ebd., S. 132.

zogen auf ein gewisses geistig-körperliches Optimum, dem sich der ‚Rassige‘ wie zum Beispiel die Figur des Jack Slim annähere oder das er verkörpere.[159] Dieser perfekte gemischte Mensch liegt Müllers Entwurf des expressionistischen neuen Menschen zugrunde, was in Punkt 3.1 Darstellung finden wird.

2.3.2 Kriegsgeschehen

Die Kriegseuphorie[160] vor und zu Beginn des Ersten Weltkrieges hatte auch Robert Müller erfasst, der wie viele andere Intellektuelle an eine reinigende, kathartische Wirkung der Kampfhandlungen glaubte. Er ist für den Krieg, weil er zu diesem Zeitpunkt in ihm als einer natürlichen kulturellen Ausdrucksweise die Möglichkeit sieht, den Menschen weiterzuentwickeln: „Der Krieg kommt aus dem Blute in die Welt“[161], schreibt er 1912 in ‚Apologie des Krieges‘; dabei ist der Krieg „nicht als solcher wünschbar, sondern in seinen ethischen Erscheinungen und in seiner Produktivität“[162]. Daher müsse der Intellekt, der für die „Höherentwicklung oder natürliche [...] Nach-

---

[159] Robert Müller setzte seinen Maßstab dabei bei sich selbst an. Er war groß, schlank und trieb viel Sport. Seine Zeitgenossen äußern sich immer wieder beeindruckt von ihm: „Dieser unwahrscheinliche Wiener, in Gestalt und Gesichtszügen ein Wikinger mit Späherblick, auf ewigem Lugaus die ganze Erscheinung, griffbereit der Mensch, unerbittlich anfassend, aufs schärfste prüfend, analysierend, zusammensetzend den Geist ...“ (Arthur Ernst Rutra: Pionier und Kamerad. In: Die Literarische Welt 3, Nr. 34, Berlin 1927, S. 1. Wieder im Sammelband von Kreuzer und Helmes Expressionismus – Aktivismus – Exotismus, S. 314–318. Hier S. 314). In seinem Nachruf auf Müller beschreibt auch Robert Musil den Freund: „Er war damals [bei Kriegsende, Anm. B. P.] ein schlanker, hochgewachsener Mann, der sich im Ausgang der Zwanzig oder Anfang der Dreißig befinden mochte, aus zähem Draht gebaut, mit einem aufmerksam, sachlich und freundlich spähenden Kopf, dessen Profil die Angriffskraft eines Raubvogels hatte; er sah weit eher einem Leichtathleten gleich als einem Schriftsteller“ (Robert Musil: Robert Müller. In: Prager Presse 4, Nr. 224, Prag 3.9.1924, S. 4 ff. Wieder in: Robert Musil: Tagebücher, Aphorismen, Essays und Reden, hrsg. von Adolf Frisé, Hamburg 1955, S. 747–750. Hier zitiert aus o. a. Sammelband S. 296).

[160] Zur Kriegseuphorie und zur historischen Situation um 1914 siehe Günter Helmes: Robert Müller: Themen und Tendenzen seiner publizistischen Schriften, insbesondere Kapitel 2.3, Kriegseuphorie 1914 und Antimilitarismus, S. 81–86. Helmes zieht hier das Resümee: „Während der Kriegsjahre wird der militaristisch-imperialistischen Ideologie und Praxis des Deutschen Kaiserreichs kein ernsthafter Widerstand entgegengesetzt. Im Gegenteil ist es zumindest für die ersten Kriegsjahre kennzeichnend, daß der übergroße Teil der bürgerlichen Intelligenz – mit welch unterschiedlichen Motiven auch immer – diese Ideologie und ihre Praxis, den Krieg selbst, befürwortet und publizistisch stützt“ (S. 85).

[161] Robert Müller: Apologie des Krieges, Der Ruf H 3, 1912. In: ders.: Kritische Schriften I, S. 45.

[162] Ebd., S. 49.

holung der Art"[163] zuständig sei, diesem zustimmen. In seiner Polemik gegen Karl Kraus und dessen pazifistische Einstellung – ‚Karl Kraus oder Dalai Lama. Der dunkle Priester. Eine Nervabtötung' – sieht er in seiner Zeit den beginnenden Konflikt zwischen westlicher und östlicher Ideologie, in dem man sich tatkräftig, also kriegerisch, begegnen müsse:

„Ich betrachte es als eine der mir gesetzten Aufgaben, meine Generation auf den mit ihrem Eintritt in die Weltgeschichte beginnenden Entscheidungskampf zwischen Orient und Okzident aufmerksam zu machen. Der friedliche Ausgleich ist unmöglich und wäre ethisch wertlos. […] Spätere Geschichtsforscher werden diese Zeit als den Rüstungstermin vor dem großen Zusammenstoß der Kulturen im Tibet des Dalai Lama erkennen."[164]

Dieser prognostizierte ‚clash of civilisations' ist für Müller zum Teil erwünscht, weil er ihn als auslesend und vermischend betrachtet und der Konflikt die (gefühlte) Bedrohung aus dem Osten zurückdrängen könnte. Müllers Befürwortung des Krieges steht demnach immer unter den Vorzeichen kultureller und anthropologischer Prämissen und Zielsetzungen. Bevor Müller selbst in die Kampfhandlungen eintritt[165], ist er der Überzeugung, dass Krieg ein probates Mittel zur Entwicklung des neuen Menschen ist. Dies sowie großer Tatendrang und Optimismus finden ihren Ausdruck im letzten Satz seiner Polemik gegen Karl Kraus:

„Da wir gesund sind, lasset uns lachen mitten im Krieg! Um die Erscheinung der Zeit in eine These zu fassen, möchte man sagen: Sehet, dem Intellekt geht das Herz auf!"[166]

2.3.3 Revolution und Resignation

Diese Kriegseuphorie und damit der Glaube an den Krieg als Mittel zur Erneuerung der Menschheit halten der Realität jedoch nicht stand. Müllers Freund Rutra erinnert sich an ihn:

---

[163] Robert Müller: Apologie des Krieges, Der Ruf H 3, 1912. In: ders.: Kritische Schriften I, S. 45.

[164] Ders.: Karl Kraus oder Dalai Lama. Der dunkle Priester. Eine Nervabtötung. Torpedo 1, 1914. In: ders.: Kritische Schriften I, S. 165.

[165] Zu Müllers Kriegs-Biographie siehe Stephanie Heckner: Die Tropen als Tropus, S. 32 ff.

[166] Robert Müller: Karl Kraus oder Dalai Lama. Wie oben, S. 170. Müller verbindet seine Kriegsbegeisterung gerade nicht mit dem Anti-Intellektualismus, den die imperialistischen Propagandavereine sich zu eigen gemacht hatten.

„Als der Krieg kam, meldete er sich wiederholt, trotz verstümmelter Hand, als Freiwilliger und machte den italienischen Feldzug mit. Bis die Wandlung auch aus ihm, dem fanatischen Abenteuer- und Kriegsanhänger einen radikalen Pazifisten machte. Tief erschüttert kam er vom furchtbaren Morden am Isonzo zurück, entschlossen zur Desertion, wenn er zurück müsste."[167]

Schon 1916 distanziert Müller sich von diesem Krieg. In ‚Frontleute' und ‚Isonzobibel' beschreibt er seine Fronterfahrung und seine Desillusionierung. Die furchtbare Realität negiert die Theorie; Müller sieht im Krieg kein schaffendes Prinzip mehr, sondern nur noch ein zerstörerisches. Die Soldaten „sterben fabrikmäßig"[168], das Sterben erscheint sinnentleert. In ‚Isonzobibel' fragt er: „Die Seele schrie, es gäbe einen Sinn zu dem allen, es müsse einen Sinn geben; wie und wo ist dieser Sinn?"[169]

In dem Kapitel ‚Der Leutnant' des Essays ‚Rassen, Städte, Physiognomien' schildert er seine Kriegs-Desillusionierung nüchtern:

„Ich habe nie aufgelegte Feigheit erlebt. Aber wir waren eigentlich stets todesbang. Und so habe ich mir den modernen Helden gut angesehen. Es war immer Kummer in seinem Gesichte, Ödigkeit, Verlassenheit. Dann dieses Gefühl, wenn Befehl kommt ‚bis zum letzten Mann', und man weiß, keine Reserve; Artillerie schießt nicht oder zweimal in der Viertelstunde; und im Befehl steht was von der großen Ehre, die zuteil wird, und man liest darin das Wohlgefallen des Kommandos rückwärts über die eigene Härte, seine moralische Arbeitsleistung, seinen trockenen Planwillen; spürt, wie man nur ein wandelndes Gewehr ist: dann ist man eisern an die Stelle geklemmt, man lacht über die Verkennung, die Einschätzung, der man menschlich ausgesetzt ist, schimpft, ironisiert, ekelt sich vor dem todsichern Tode, der sofort daherschwirren wird und hat, gebückt, wie man deckungshalber vorschriftsmäßig ist, keine edle Haltung und kein schönes Gesicht; man ist ein Haufen Unglück und Zerrissenheit. Aber man raucht Zigaretten. Ißt die letzte Faser Rindfleisch, um nicht hungrig zu sterben, entleert sich so prak-

---

[167] Arthur Ernst Rutra: Pionier und Kamerad. In: Die Literarische Welt 3, Nr. 34, Berlin 1927, S. 1. Wieder im Sammelband von Kreuzer und Helmes Expressionismus – Aktivismus – Exotismus, S. 314–318. Hier S. 317.

[168] Robert Müller: Frontleute. Die Schaubühne, Nr. 17, 27.4.1916, S. 402–405. In: ders.: Kritische Schriften I, S. 205–208. Hier S. 206.

[169] Ders.: Isonzobibel. Die Neue Rundschau, 27, Bd. 1, 1916, S. 546–552. In: ders.: Kritische Schriften I, S. 208–214. Hier S. 209.

tisch wie möglich und in der leisen Hoffnung, daß der an den Fingern abzu-
zählende Bauchschuß dann doch noch lebensmöglich ausgehen werde
[…].“[170]

Bis zum 30.9.1918 blieb Müller beim Kriegspressequartier beschäftigt,
von Januar 1918 bis Januar 1919 leitete er außerdem die Zeitschrift ‚Österreichisch-Ungarische Finanzpresse‘[171]. Die militärkritischen Beiträge in diesem Blatt verfasste Müller unter dem Pseudonym ‚civis‘. In dem politischen
Leitartikel ‚Friedensersatz‘ vom 16.2.1918 schreibt er:

„Unter Kulturmenschen schützt sich der am besten, der zuerst die Waffe
senkt, sich exponiert und gleichsam an die Stufen eines neutralen Forums
flieht, eine ‚Flucht an die Öffentlichkeit des Planeten‘. Diese Selbstaufgabe
[…] ist der stärkste Panzer. Niemand wird einen Wehrlosen angreifen.
Wenn man es genau bedenkt, beginnt von dieser Handlungsweise an eine
neue moralische Ordnung für den Verkehr von Staaten.“[172]

Im Folgenden stellt Müller jedoch resigniert fest, dass die Welt diese Meinung nicht teilt.

Die Jahre 1918 bis 1920 gehören zu den publizistisch ertragreichsten
Müllers, neben zahlreichen Artikeln erscheinen drei Essaybände.[173] Zwischen 1915 und 1918 veröffentlicht Müller in mehr als einem Dutzend Zeitschriften.[174] Nach Beendigung des Kriegsdienstes ruft Müller unter den
Eindrücken der Revolution 1918 die Geheimgesellschaft ‚Die Katakombe‘
ins Leben, die im Dezember 1918 zum ‚Bund der geistig Tätigen‘ umgewan-
delt wird. Als sich abzeichnet, dass dieses Projekt auf politischer Ebene
nicht den erwünschten Erfolg hat, gründet Müller am 28.7.1919 die Literarische Vertriebs- und Propagandagesellschaft m.b.H. Dieser später ‚Literaria‘
genannte Konzern entwickelte sich schnell vom Zeitschriftenvertrieb zu einer der größten und einflussreichsten Sortimenter- und Großbuchhändler-

---

[170] Robert Müller: Der Leutnant (1919). In: ders.: Rassen, Städte, Physiognomien. Paderborn
1992. S. 198–218, hier S. 214 f.
[171] Alle Angaben nach Heckner, Tropen als Tropus, hier S. 35.
[172] Robert Müller: Friedensersatz. Österreichisch-Ungarische Finanzpresse, 16.2.1918. In:
ders.: Kritische Schriften II, S. 42.
[173] Ders.: Macht. Psychopolitische Grundlagen des gegenwärtigen Atlantischen Krieges (1915),
Österreich und der Mensch (1916), Europäische Wege. Im Kampf um den Typus (1917). Diese Essays sowie die Schrift ‚Was erwartet Österreich von seinem jungen Thronfolger?‘ (1914)
wieder in: Robert Müller: Gesammelte Essays. Paderborn 1995.
[174] Siehe dazu Heckner: Die Tropen als Tropus, S. 36 f.

firmen Wiens.[175] Doch es zeigt sich, dass Müller auch auf dieser merkantilen Basis seinen geistigen Ideen, die immer mehr dem Kommerz untergeordnet werden, nicht den gewünschten Einfluss verschaffen kann; er tritt am 10.8.1923 aus dem Unternehmen aus. Am 9.1.1924 ließ Müller dann seinen ‚Atlantischen Verlag' ins Handelsregister eintragen, mit dem er alle seine i-deellen Hoffnungen verband. Die schwierige Wirtschaftslage und Müllers zu großzügige Konzeptionierung des Verlags, in Verbindung mit seinem freigiebigen Mäzenatentum, verhinderten allerdings einen wirtschaftlichen Erfolg des Verlages – und somit auch die Verwirklichung der Zielsetzung, durch ihn geistig wirken zu können.

Zu konstatieren ist also ein erheblicher Wandel in der politischen Einstellung Müllers; er durchläuft eine Entwicklung vom Kriegsapologeten zum radikalen Pazifisten. Die auf den Krieg folgenden politischen Umstürze und die daraus sich ergebende Situation machen aus Müller einen Aktivisten, der auch und gerade nach dem Scheitern der Revolution im November 1918 seine aktivistische Zielsetzung weiter verfolgt – dabei passt er seine Maßnahmen den historischen Gegebenheiten immer wieder an. 1922 versucht er in einer Rückschau auf die anfängliche Kriegseuphorie und die Hinwendung zum Pazifismus[176] eine Erklärung für diese Entwicklung, die er aus den verschiedenen Lebensidealen der Generationen ableitet. Die ihm vorhergehende Generation bezeichnet er als individualistisch, seine Generation jedoch sehne sich nach Gemeinschaft. Dieser Gemeinschaftsdrang habe sich zur Kriegseuphorie gesteigert. Die natürliche Entwicklung vom „scheinbaren Patrioten" zum „radikalsten Revolutionär"[177] sieht er in einem gemeinsamen Wir-Gefühl begründet.

---

[175] In allen Einzelheiten beschreibt diese Vorhaben Stephanie Heckner unter der Überschrift ‚Müllers aktivistische Unternehmungen', ebd., S. 143–164.

[176] Wie fast immer bei Müller ergeben sich diese Reflexionen aus einer Buchbesprechung, hier aus einer Rezension von Maxim Gorkis ‚Die Zerstörung der Persönlichkeit'. Robert Müller: Individualismus und Millionität. Prager Presse 2.6.1922, S. 5 f. In: ders.: Kritische Schriften III, S. 95–100.

[177] Beide Zitate Robert Müller: Individualismus und Millionität. Prager Presse 2.6.1922, S. 5 f. In: ders.: Kritische Schriften III, S. 96.

3 Der Publizist Robert Müller: Überzeugungen

In seinen publizistischen Werken äußert sich Robert Müller von Beginn an nicht nur als politischer Kommentator, sondern stellt darin auch seine künstlerischen und literaturtheoretischen Überzeugungen dar. Sein biologistisch-anthropologisches Bild vom Menschen als Geist- *und* Triebwesen fundiert und begründet dabei sowohl seine politische als auch seine wirkungsästhetische Einstellung. Anhand von Müllers Äußerungen in seiner Publizistik werden nun seine Ästhetik, seine Poetologie und sein Aktivismus nachvollzogen.

3.1 Der Expressionismus und der neue Mensch

„Wenn die Religion, Wissenschaft und Moral (die letzte durch die starke Hand Nietzsches) gerüttelt werden, und wenn die äußeren Stützen zu fallen drohen, wendet der Mensch seinen Blick von der Äußerlichkeit ab und *sich selbst zu*. Die Literatur, Musik und Kunst sind die ersten empfindlichsten Gebiete, wo sich diese geistige Wendung bemerkbar macht in realer Form. Diese Gebiete spiegeln das düstere Bild der Gegenwart sofort ab, sie erraten das Große, was erst als ein kleines Pünktchen nur von wenigen bemerkt wird und für die große Menge nicht existiert."[178]

Wassily Kandinsky formuliert hier 1912 den Grund für die schon genannte Hinwendung des Expressionismus zur Darstellung der menschlichen Seelenzustände und ihrer Imponderabilien. Dieses ‚Innere' des Menschen transportiert eine Weltanschauung[179], die gleichermaßen Gesellschaftskritik und Gesellschaftsutopie darstellt. In den zeitgenössischen theoretischen Expressionismusentwürfen wird folgerichtig nicht primär eine auf das Werk

---

[178] Wassily Kandinsky: Über das Geistige in der Kunst, EA München 1912. 10. Auflage Bern 1952, S. 43. Hervorhebungen vom Autor. Wie Friedrich Markus Hübner 1920 feststellt, wirkten die Schriften Kandinskys (‚Über das Geistige in der Kunst' und ‚Der Blaue Reiter') „mit ungeahnter Schnelligkeit in die Breite". In: Europas neue Kunst und Dichtung. Berlin 1920. Zitiert aus: Otto F. Best (Hrsg.): Theorie des Expressionismus. Stuttgart 1976, Ausgabe 1982, S. 37–51. Hier S. 40.

[179] So Friedrich Markus Hübner 1920 in ‚Expressionismus in Deutschland': Im Gegensatz zum Impressionismus sei der Expressionismus „eine Norm des Erlebens, des Handelns, umfassend also der Weltanschauung". In: Europas neue Kunst und Dichtung. Berlin 1920. Zitiert aus: Otto F. Best (Hrsg.): Theorie des Expressionismus. Stuttgart 1976, Ausgabe 1982, S. 37–51. Hier S. 37.

fixierte Kunsttheorie formuliert, sondern ein Bild des zukünftigen Menschen beschworen. Otto Best erläutert:

„Die Stelle der Theorie einer ästhetisch progressiven Kunst nimmt jene der progressiven Idee vom ‚neuen Menschen‘ ein, als programmatisch-propagandistischer Wandlungs- und Erlösungsruf. Statt ästhetischer Ver-wirklichung – ethische Gesinnung.“[180]

Die Kunst der Zeit versucht, der Ich-Krise zu begegnen, indem sie ein neues Menschenbild postuliert. Der ‚neue Mensch‘ soll auf einer geistig höheren Ebene die lebensweltlichen Unzulänglichkeiten überwinden und so zu einer sozio-kulturellen Verbesserung dieser Lebenswelt beitragen. Der ‚neue Mensch‘ wird beschrieben als derjenige, der seine Zeit erkennt. Die meisten Menschen täten dies nicht, stellt Alfred Döblin 1918 fest:

„Die Zeit dringt verschieden tief in unsere Poren ein. Man glaube nur nicht, daß die blanke glatte Hingabe an die Zeit die Regel und das Gewöhn-liche wäre. Die wenigsten Menschen erleben ihre Zeit, das muß hart festge-stellt werden, die meisten Menschen sind geschäftlich tätig und haben keine Zeit für ihre Zeit.“[181]

Der ‚neue Mensch‘ der Expressionisten dagegen soll die Welt nicht passiv rezipieren, er soll ein „schöpferisch-engagiertes Weltverhalten“[182] zeigen. Die Grenzen des rein Künstlerischen werden so überschritten, expressioni-stischer Weltbezug ist wirkender Weltbezug. Der ‚neue Mensch‘ ist daher kein von außen festgelegter Charakter, sondern ein von innen her Fühlen-der, ein Expressionist seiner Umwelt, der fähig ist, die „in Konventionen erstarrte Gesellschaft des Wilhelminischen Kaiserreiches“[183] zu wandeln und zu erneuern.

Robert Müller hat sich intensiv mit den Theorien des Expressionismus auseinandergesetzt und in zahlreichen Schriften das für ihn gültige Bild des ‚neuen Menschen‘ beschrieben. Dieses Bild ist bei Müller nicht zu trennen vom Grundgedanken der Rassenmischung, der für ihn unentbehrlich zur

---

[180] Otto F. Best (Hrsg.): Theorie des Expressionismus. Stuttgart 1976, Ausgabe 1982. Einlei-tung S. 18 f.
[181] Alfred Döblin: Von der Freiheit eines Dichtermenschen. Die neue Rundschau, 29. Jg., 1918 Bd. 2. In: Otto F. Best (Hrsg.): Theorie des Expressionismus. Stuttgart 1976, Ausgabe 1982, S. 27–37, hier S. 31 f.
[182] Stephanie Heckner: Die Tropen als Tropus, S. 45.
[183] Ebd., S. 49.

Fortentwicklung der Menschheit ist. Ganz im Sinne seiner frühen propa-
gandistischen Einstellung zum Krieg bezeichnet Müller den ‚neuen Menschen' als Soldaten und gibt in der Schrift ‚Das Kompliment der Neuen' von
1912 eine Charakteristik:

„Harte Güte und unsentimentale Milde, der Instinkt zu unumgänglicher
Disziplin, der Schwung der Nüchternheit, der an der Poesie der nackten
Tatsachen ausholt, prädestinieren den Soldaten des neuen Lebens. Und über
alledem liegt der keusche Schmelz des täglich frommen Staunens über die
sonnige Einfalt der Welt-Schöpfung. Ein Siegfried-Idyll breitet sich über
Fabriksdächer und Maschinenräume, über Paläste aus Ziegel, Marmor und
Stein, und Paläste aus Laub und Reisig, über Blüten aus lebendigem Safte
gleicherseits, wie über Blüten aus Stahl und Eisen, wenn der Mensch von
morgen mit den geschweißten Erbstücken seiner Kultur hinauszieht, um die
Zukunft nach seinem Bilde zu zwingen und den Grenzpfahl kommender
Zeiten aufzurichten."[184]

Dieses frühe Zeugnis von Müllers Einstellung zu Mensch und Welt ist in
mehrerer Hinsicht bemerkenswert. Zum einen denkt er schon hier Disparat-
tes zusammen („Harte Güte", „unsentimentale Milde", „Schwung der
Nüchternheit"), was auf seine in den literarischen Werken benutzte Technik
der Paradoxie hinweist, wobei die Rationalität aber ausdrücklich zum Programm gehört. Technik wird in Verbindung gebracht mit der Schöpfung, sie
ist Weltbestandteil wie auch die Natur („Blüten aus lebendigem Safte", „Blüten aus Stahl und Eisen"). Alles emaniert aus einer Quelle. Technik gehört
zur (westlichen) menschlichen Kultur und befähigt den „Mensch von morgen", zukunftsgestaltend zu wirken. Die Welt erscheint als vom Menschen
formbar, veränderbar. Voraussetzung für diese Überzeugung Müllers ist seine Annahme vom ‚Chaos', das am Weltbeginn steht und das einem sich
ständig wechselnden Formwillen unterworfen ist (auch hier finden sich Anklänge an Schopenhauer'sches Gedankengut). Die Ausformungen des Chaos
sind die je verschiedenen Kulturen. Am Ende der Schrift fasst Müller sein
‚Kompliment' zusammen: „Nur die Rebellennatur ist produktiv."[185]

---

[184] Robert Müller: Das Kompliment der Neuen. Der Ruf, H. 1, 1912, S. 2–4. In: ders.: Kritische Schriften I, S. 25 f. Da Müllers publizistische Texte relativ wenig bekannt sind, legitimie-
ren sich zum adäquaten Verständnis seiner Positionen und der sich daraus ergebenden Argu-
mentationsführung dieser Arbeit die recht ausführlichen Zitate aus seinem Werk.
[185] Ebd., S. 26.

Die Widerstände, die der Mensch bei dieser Fortentwicklung zu überwinden hat, werden dabei nicht in erster Linie als Hemmnisse gesehen, sondern als Überwindungsanreiz. Wenn Müller in ‚Spätlinge und Frühlinge‘ das Bild vom Niagarafall, der nach einer Turbine schreit, verwendet, dann um zu verdeutlichen: „[W]as an Widerstand da ist, nützt als Triebkraft."[186] Dieses Prinzip wird er später auf seine Literatur übertragen: Der Gebrauch von Paradoxien, die nicht mehr klar zu umreißende Handlungsführung, die teilweise Verweigerung einer Sinnherstellung durch den Erzähler und andere konventionelle Lektüregewohnheiten brechende Stilmittel[187] sollen dem Leser als Hemmnis bewusst werden und ihn zum ‚Selbstdenken‘ und zur geistigen Weiterentwicklung antreiben. Das Flüchten in ein unerreichbares Idyll und das Verdammen der modernen Technik bezeichnen für Müller einen Rückschritt, der nicht in die Zeit passt: „Der idyllische Rousseau war ja ersichtlich ein Erschöpfungszustand."[188] Auch Krankheit wird in dieses lebenserweiternde Paradigma aufgenommen:

„Alles Kranke, falsch Orientierte, lasterhaft Exzessive in uns ist unsere Hoffnung, ein grandioses Reservoir von Kräften, denen nur Kultur mangelt, eine angemessene kongeniale Kultur."[189]

Wichtig für die Entwicklung des „Lebenstypus" ist dabei „[p]roduktive Psychologie und Technik"[190], die dem Individuum je gegebene Umwelt. Die moderne Zeit mit ihrem schnelleren Lebensrhythmus und der Vielzahl von Gestaltungsmöglichkeiten fordert nach Müller vom Menschen eine „nervöse Elastizität":

„Inmitten der Gefahren der Kultur braucht es einen ganzen Menschen, alle Sinne müssen blank sein, überall strotzt es von Gefährlichkeit, es werden wilde Ansprüche an Sinn, Nieren und Nerven gestellt, wie ehemals, als man noch hinter jedem Busche den Feind vermuten konnte, und man kampfbereit auf den Zehen ging, mit sprungfertigen Waden. Diese harte Schule, die ihn sehnig und helläugig machte und seine Nerven bis zu jenem Wahnsinn spannte, für den damals der Begriff: denken aufkam, hat den

---

[186] Robert Müller: Spätlinge und Frühlinge. Der Ruf, H. 2, 1912. In: ders.: Kritische Schriften I, S. 27.
[187] Eine Auseinandersetzung mit diesen Stilmitteln Müllers folgt in Punkt 4 dieser Arbeit.
[188] Robert Müller: Spätlinge und Frühlinge. Der Ruf, H. 2, 1912. In: ders.: Kritische Schriften I, S. 8.
[189] Ebd., S. 28 f.
[190] Beide Zitate ebd., S. 29.

Menschen zum überlegenen Geschöpf gemacht, seine Rasse verbessert und verzähigt, seinen Willen entwickelt, seine Aktionsmöglichkeit erweitert. Es ist sehr wahrscheinlich, daß die nervöse Elastizität unseres heutigen Durchschnittsorganismus gleich hohe Steigerungsmotive in sich birgt."[191]

Hier huldigt Müller also noch den Darwin'schen Theorien ‚struggle for life' und ‚survival of the fittest' als Fortentwicklungsprinzip, das als Motor nun die Unwägbarkeiten der modernen Welt hat. Der Mensch als ständigen Gefahren ausgesetztes Mängelwesen ist nach Müller zur Fortentwicklung gezwungen, um den Konkurrenzkampf zu bestehen. Müllers Anthropologie wird so grundlegend für seinen Aktivismus, den er durch die Notwendigkeit begründet, den Menschen zum neuen Menschen fortentwickeln zu müssen. Dieser hat sich den modernen Zeiten anzupassen, um hier überlebensfähig zu sein und einen „zweiten Sprung vorwärts"[192] unternehmen zu können. In einer Kritik von Otto Soykas Romanhelden aus dem Jahr 1913 skizziert er den neuen Menschen als eine Fortentwicklung des sich in der bestehenden Gesellschaftsordnung nicht mehr heimisch fühlenden modernen Menschen. Müller setzt hier beim Körperlichen an:

„Die programmatische Neuheit des gebildeten Mitteleuropäers ist eine physiologische Reformidee. Die neuen Menschen werden etwas weniger magenkrank sein. Aus ihren sogenannten schlechten Nerven, ihrer sensitiven Natur werden sie Kapital zu schlagen haben und ein Energiequantum ins Arbeitsfeld werfen. Wenn die körperlichen Umstände erst einmal rangiert sind, beginnt das neue Leben. Was sonst an den Neuen symptomatisch ist, muß füglich in diesem Leben als Inhalt stehen."[193]

Diesen Inhalt präzisiert Müller im weiteren Schriftverlauf. Der neue Mensch wird

„sich in jenen Anstrengungen als neu offenbaren, die eine bessere, geräumigere Gesellschaft heraufführen sollen. Kein neuer Mensch ohne neue Gesellschaft! Soll ja der Neuling nicht eine Ausnahme, sondern der zukünftige Durchschnittstypus sein. Aber erst wenn eine bessere Gesellschaft mit ökonomischem Talent die Güter: Zeit, persönliche Freiheit, sinnliches

---

[191] Robert Müller: Spätlinge und Frühlinge. Der Ruf, H. 2, 1912. In: ders.: Kritische Schriften I, S. 29.
[192] Ebd.
[193] Robert Müller: Neue Helden. Saturn 3, H. 10. In: ders.: Kritische Schriften I, S. 79.

Glück und Selbstachtung weise verteilt hat, ist auch der physiologischen Bedingung des neuen Menschen genug getan."[194]

So kommt er zu der Zusammenfassung, „[u]nd die Leiber werden aristokratisch mit bürgerlichen Nerven und freimütigen demokratischen Seelen"[195].

Müller verbindet seine Vorstellung vom neuen Menschen nicht nur mit dem menschlichen Individuum allein, mit dessen Körper und Geist, sondern knüpft diese expressionistische Leitidee schon zu Beginn seiner publizistischen Tätigkeit an die Vorstellung einer Reform der Gesellschaftsordnung. Interessanterweise spricht er hier, als Literaturkritiker, in einem politisch ganz anderen Ton als in seinen kriegsapologetischen Schriften, in denen er der Demokratie und damit dem Volk die Fähigkeit zu vernünftiger, kluger Machtausübung abspricht, und auch nach dem Krieg spricht er sich in seinem Aktivismus im Gegensatz zu Kurt Hiller stets für eine Führung der (geistig) Besten aus. Das ‚Demokratische‘ der hier angesprochenen Seelen ist daher nicht als Propagierung der gleichnamigen Regierungsform auszulegen, sondern bezeichnet eher eine gewisse (psychische) Freiheit von Einschränkungen und Zwängen der Wilhelminischen Ära.

Die relativistische Weltsicht, in der das logische tertium non datur nicht mehr gilt und in der Standpunkte keinen absoluten, sondern einen subjektiven Wahrheitsgehalt haben und die Müller sich als geistige Strömung der Zeit zu eigen gemacht hat[196], befähigt dabei auch den neuen Menschen, in der modernen Gesellschaft zu bestehen:

„[E]rst dieser Reflexionsmensch ist imstande, die Zeit, die nicht zurückgerückt werden kann, zurückzurücken. Er denkt Gedanken wider sie selbst, er schafft das Paradox, diese fünfte Dimension, in der die Zeit normal zu sich selber verschoben wird, wenn sie im Gehirn einen Gedanken zugleich mit seinem Gegenteile formt. Dieser Mensch hat das große Erlebnis seines Geschlechts, den Zweifel, nicht vergessen, aber er hält mit peinlicher Sorgfalt, mit einer Art boshafter und pedantischer Strenge an dem System von gut, gesund und vernünftig fest."[197]

---

[194] Robert Müller: Neue Helden. Saturn 3, H. 10. In: ders.: Kritische Schriften I, S. 79.
[195] Ebd.
[196] Siehe Kapitel 2 dieser Arbeit.
[197] Robert Müller: Contre-Anarchie. Saturn 4, H. 1, 1914. In: ders.: Kritische Schriften I, S. 103.

Dieser neue Mensch, 1914 in ‚Contre-Anarchie' beschrieben, hat dann 1915 im Roman ‚Tropen' seinen ersten Auftritt.[198] Die Vernunft ist dabei ebenso ein Teil von ihm wie seine nicht länger verleugnete und unterdrückte Triebnatur. Die expressionistische Malerei habe den neuen Menschen zuerst benannt. Er ist es, der nun politische Reformen anstößt:

„Losgelöst aus Verträglichung und notwendiger sozialer Auswalzung [...] sagen sich soziale und staatspolitische Umbildungen als Kundgebungen einer neueuropäischen Seele an, die sich seit mehr als einem Jahrzehnt in der bildenden Kunst verlautbart."[199]

Nach Müller ist es die Bewegung der Bevölkerung in die großstädtischen Zentren, die diesen neuen Menschentyp hervorbringt.[200] Mithin nennt er damit wieder eine anthropologische Kategorie, die diese moderne Entwicklung bedingt. Der Mensch passt sich seiner jeweiligen Umgebung an und entwickelt sich ihr entsprechend, und damit ist die expressionistische Nervenkunst der adäquate Ausdruck ihrer Zeit.

Mit der Gründung der ‚Katakombe' und dem Versuch, über den ‚Bund der geistig Tätigen' seinen Ideen zu realpolitischem Einfluss zu verhelfen, rückt der Aktivismus und dessen Programmatik in den Mittelpunkt von Müllers publizistischem Interesse. Nach der gescheiterten Revolution vom November 1918 wendet er sich vermehrt linken politischen Theorien zu – das Ideal des neuen Menschen sieht er nun im Bolschewiken und Sozialisten: „Der Sozialismus ist schon der neue Bürger, intellektuell – technoid – artistisch – akrobatisch – kinetisch (auch vom Kino)."[201]

„Das Ich mischt die Karten und ist am Geben"[202] – dieser „Egozentralismus"[203] ist 1920 Müllers abschließende Definition des neuen Menschen.

---

[198] Die vorhergehenden literarischen Werke Müllers, ‚Irmelin Rose', ‚Das Grauen' und ‚Das Bett', thematisieren eher den modernen Menschen, der mit der ihn umgebenden Umwelt nicht zurechtkommt.

[199] Robert Müller: Die europäische Seele im Bilde (1917). In: ders.: Kritische Schriften II, S. 18.

[200] Dies legt er 1918 dar in ‚Im Kampf um den Typus': „Wichtiger als Geschichte siegreicher Nationen ist die Entwicklung vom offenen Land zur Großstadt, denn auf diesem Stadtwege ändert sich die menschliche Seele, das Nervensystem, die gesamte geistige Kapazität" (Kritische Schriften II, S. 104).

[201] Robert Müller: Die sozialistische Gesellschaft (1918). In: ders.: Kritische Schriften II, S. 271.

[202] Ders.: Das moderne Ich. Der Merker, H. 18, 15.9.1920. S. 453–455. Wieder in: Der neue Merkur, 4. Jg., H. 9, 1920/21, S. 646 f. Zitat aus: ders.: Kritische Schriften II, S. 476.

[203] Ebd.

Aber von den frühesten Überlegungen an konnte man sehen, dass er dieses „moderne Ich" immer als gesellschaftlich formend und politisch involviert imaginiert.

3.1.1 Bemerkungen über die Kunst

Die frühesten überlieferten Äußerungen Müllers über seine Auffassung von Kunst liegen in einem Brief des Jahres 1910 vor, den er von Amerika aus an seinen jüngeren Bruder Erwin schrieb. Nachdem er dem Ratsuchenden[204] seinen relativistischen Wahrheitsbegriff von Nietzsche ausgehend („Du darfst schon Nietzsche lesen!") erklärt („... eine Reihe von Punkten, die das Leben wie ein ausgerissenes Zitat nach beiden Seiten hin offen lässt ..."[205]), beschreibt Müller das Kunstwerk als „ein Plus im Leben des Verstehenden"[206]. An der Einheit ‚Kunstwerk' hätten sowohl der Kunstschaffende als auch der Kunstrezipient Anteil, denn „[e]in Kunstwerk existiert erst durch seine Betrachter"[207]. Kunst führt dabei zu einer Höherentwicklung dessen, der Kunst schafft oder empfängt:

„Ein Kunstwerk ist immanente Lebensmöglichkeit. In dem Augenblicke da Du als Genießer vor Bild, Wort oder Ton stehst, ob Künstler oder Empfänger, repräsentierst Du einen Lebenstypus von höherem Range."

Diese Zweckästhetik ist von allgemeiner Natur und begründet den ‚Wert' eines Kunstwerks. Müller fährt fort:

---

[204] Dabei erweist sich der knapp dreiundzwanzigjährige Müller als einfühlsamer Menschenkenner. Diese Menschenkenntnis und Fähigkeit zur Empathie wird auch später für seine psychophysische Figurenzeichnung im literarischen Werk zu konstatieren sein, weshalb hier nun als Beleg eine Passage aus dem erwähnten Brief folgt: „Ich will Dir was sagen, Erwin. Du bist 17 Jahre krank. Krank am Edelscharlach der Reflexion. Deine Natur zeugt unverwendete Überschüsse. Daraus sammelt sich diese drängende wollüstige Sehnsucht der Überfülle, jene Sehnsucht, die nach dem starken schönen Leben schreit. Erwin, diese große Krankheit ist der Passionsweg der Menschheit zur Entwicklung – und die ersten Stationen sind die schwersten auf diesem Wege. Hast du ein Baby gesehen? Es ist weich, rotrunzlig, empfindlich, wie wund, nicht wahr, und es hat Hunger und schreit schreit – ein Baby ist Dein Gehirn. Es ist so rührend wie ein junger Vogel mit seinen herzzerbrechenden Flügelstumpen. Es ist so schwierig und unzufrieden und gärend wie ein Menschheitsvogerl nur sein kann." Eine sehr treffende Beschreibung (post)pubertärer Verzweiflung. Siehe Robert Müller: Brief an Erwin vom 26. Mai 1910. In: ders.: Briefe und Verstreutes. Paderborn 1997. S. 21.
[205] Beide Zitate Robert Müller: Brief an Erwin vom 26. Mai 1910. In: ders.: Briefe und Verstreutes, S. 18.
[206] Ebd., S. 19.
[207] Ebd.

„Die biologische Entwicklungsklimax erfährt für die Dauer dieses Zustandes eine neue Sprossel. Du mit dem Kunstwerk als Komplex bist der eigentliche Wert. Die Achtung vor dem Kunstwerk ist die vor Deinem Erleben. [...] Der Strom des Lebens braust durch die Bewusstseinsklamm."[208]

Kunstzweck sei daher die Erweckung eines gesteigerten Lebensgefühls, womit für Müller eine Reflexion auf die je eigene Existenz verbunden ist: „Wenn das Lebenstum durch das Nadelöhr des Bewußtseins geht ist das Himmelreich des Daseins erreicht."[209]

Und obwohl die Kunst keine konkreten Ziele verfolge („Die Sache selbst will's nie und nimmer. Man selber hat eine Sache zu wollen"[210]), wirke sie, indem sie Kräfte binde und entbinde. Müller charakterisiert die Kunst als „Kraftüberschuß jenseits der Logik"[211] und somit als „Neuschöpfung"[212], im Gegensatz zur Vorstellung der Kunst als Nachahmung der Natur folglich als aus dem Inneren des schaffenden Künstlers drängendes (dieses Innere ausdrückendes und so Energien freisetzendes) Werk. Welchen Stellenwert lässt Müller der Kunst also zukommen? Indem laut Müller Kunst einen Kraftüberschuss transportiert, der auf dem Weg beiderseitiger Reflexion auf den Betrachter übergeht, trägt sie zu einer biologischen Höherentwicklung des Menschen bei – Kunst lässt quasi das Gehirn wachsen, reifen (siehe Anm. 209) und führt zu einer vermehrten Geistigkeit, zu schärferem Denken, zu einer größeren Bewusstseinskapazität. Diesem Anspruch muss also die schon im Voraus höhere geistige Entwicklung des Künstlers entsprechen; eine Überzeugung, die Müller später in seinem publizistischen Werk so auch formuliert. Der Künstler als ein der Menschheit geistig voranstehendes Individuum erhält einen großen Stellenwert. Doch schon in diesem frühen Zeugnis warnt Müller den Bruder vor dem Nur-Künstlertum, schon hier ist für ihn die Verwurzelung des Künstlers in der Mitte des tätigen sozialen Lebens Voraussetzung dafür, dass dieser etwas Relevantes zu sagen hat: „Soziale Tüchtigkeit spricht nicht gegen Künstlertum."[213] Und für Mül-

---

[208] Robert Müller: Brief an Erwin vom 26. Mai 1910. In: ders.: Briefe und Verstreutes, S. 18.
[209] Ebd., S. 21.
[210] Ebd., S. 23.
[211] Ebd.
[212] Ebd., S. 22.
[213] Ebd., S. 26.

ler kann ein gesunder, künstlerisch schaffender Geist nur in einem gesunden Körper stecken:

„Vergiß nicht, etwas Körper-Kultur zu treiben. Es ist für Deine Entwicklung wichtig. Niemals verstehe ich, warum Künstler, die dem Edlen das Wort reden, meist so vernachlässigte Leiber haben."[214]

Dieser enge Bezug zur alltäglichen Lebenswelt, den Müller der Kunst zuschreibt, zeigt sich ebenfalls an seiner Schätzung der Technik als einer der Kunst gleichwertigen menschlichen Höchstleistung. In der schon zitierten Schrift ,Spätlinge und Frühlinge' von 1912 zeichnet er das Bild der Maschine als Kunstwerk:

„Eine tüchtig und nett gehende Maschine hat es mit allen feinen Künsten der Welt und allen delikateren Sensationen zu tun. Da ist Musik Rhythmus Proportion Figur und Erfindung, Farbe, soviel man will, Humanität und intuitives Talent, Stil und eine virtuose Beherrschung aller Menschenmöglichkeiten."[215]

Die wichtigen Eckpfeiler der Kunsttheorie Müllers sind in den Jahren 1912/13 errichtet, schon in den frühesten Überlegungen beschreibt er Kunst als eine dem Leben dienende und aus dem Leben ,strömende' Vitalitätskategorie. Da nach Müller der Künstler keine Facetten des Lebens verdrängen, verschweigen oder nicht beachten kann, ist seine Einstellung gegen den eskapistischen Exotismus eine logische Folgerung aus seinem Kunstverständnis.[216] Kunst ist für ihn aus dem Leben kommend, in das Leben wir-

---

[214] Robert Müller: Brief an Erwin vom 26. Mai 1910. In: ders.: Briefe und Verstreutes, S. 26.

[215] Robert Müller: Spätlinge und Frühlinge. Der Ruf, H. 2, 1912. In: ders.: Kritische Schriften I, S. 28. Diese Technikgläubigkeit bleibt nicht ungebrochen. 1913 schreibt Müller in ,Vernunft oder Instinkt' gegen den blinden Glauben in die Technik, wie er ihn in Amerika erlebt haben könnte: „Um den Amerikanismus, Hybris und Hydrokephalie des Glaubens an menschliche Errungenschaft, zur Schrumpfung zu bringen, wird auf die Dauer des nächsten Jahrzehnts eine Art ,Konträramerikanismus' verwendet werden müssen. Konträramerikanismus ist in ungezwungenem Sprachstil etwa durch die Haltung gegeben = Na, na, oder: Auch diese Suppe wird nicht so heiß gegessen, wie sie gekocht ist." Robert Müller: Vernunft oder Instinkt. Der Ruf, H. 4, 1913. In: ders.: Kritische Schriften I, S. 60.

[216] „[D]er Riesenhumbug, der idiotische Nachtfalterfang, die salonfähige Blamage, die moderne Zimperlichkeit, das ist die potemkinsche Stimmung des Exotismus. Jeder Schafskopf, der einmal seekrank geworden ist, hat davon die üppigsten und verzehrendsten Tropen zurückbehalten. In Wirklichkeit sind das alles nur Landstriche, in denen Eisenbahnen gebaut, Malariasümpfe trockengelegt, ungeheure ertragnisreiche Prärien kultiviert, Metalladern exploitiert und ein paar Schwarze oder Gelbe gehenkt werden müssen." Robert Müller: Karl Kraus oder Dalai

kend. Kunst steht noch vor der reflektierenden Erkenntnis (im ‚Brief an Erwin' beschreibt Müller, wie der Künstler *nach* der Schaffung des Kunstwerks gleichsam zurücktritt und reflektiert), daher bedinge der Inhalt die Form und umgekehrt:

„Inhalt ist Form. Diese These ist künstlerischer Apriorismus. Und was wäre in der Kunst nicht apriorisch? Man kann ebensogut sagen, Form ist Inhalt."[217]

Das, was der expressionistische Künstler dabei darstellt, ist „die Welt als Vorstellung", sind nicht „materielle Verhältnisse"[218], sondern zeigt die Welt als geistigen Zustand:

„Beim Expressionismus beginnt Psychismus. Die Natur ist nur als Seele da, nicht metaphysisch, sondern physiologisch, optisch, unmittelbar."[219]

Kunst wird so zum Medium, das die durch Naturwissenschaft und Technik geformte Welt erklärt und transportiert. Kunst schafft ein zureichendes Weltbild.[220] Dies bedingt nun, dass das exemplifizierte Weltbild immer ein

---

Lama. Der dunkle Priester. Eine Nervabtötung. Torpedo 1, 1914. In: ders.: Kritische Schriften I, S. 167.

[217] Robert Müller: Die deutsche Ostseele und die russische Form. Der Merker, H. 1, 1.1.1916. In: ders.: Kritische Schriften I, S. 197.

[218] Beide Zitate: Robert Müller: Expressionismus. Belgrader Nachrichten 21.7.1916. In: ders.: Kritische Schriften I, S. 251.

[219] Robert Müller: Die europäische Seele im Bilde. Zum Verständnis des Expressionismus. Das Landhaus, H. 11, 1917, S. 189–193. In: ders.: Kritische Schriften II, S. 18–21, hier S. 18. Müller bezieht sich in dieser Schrift auf expressionistische Malerei. Die These, expressionistische Kunst sei ‚Psychismus', ein Ausdruck der Seele, beschränkt Müller nicht auf die Malerei. Für ihn gilt das ebenso für die anderen Künste – hier drückt er es nur besonders prägnant aus.

[220] Damit gleicht Müllers Kunsttheorie erstaunlich den viel später entwickelten Überlegungen Nelson Goodmans. 1978 legt dieser in ‚Ways of Worldmaking' dar, „daß Wahrheit anders gedacht werden muß denn als Korrespondenz mit einer fertigen Welt. [...] Die vielen Welten, die ich zulasse, sind gerade die wirklichen Welten, die durch wahre oder richtige Versionen erzeugt werden und die diesen Versionen entsprechen." Nelson Goodman: Weisen der Welterzeugung. Frankfurt am Main 1990, EA Frankfurt am Main 1984. S. 118. Jede Weltversion, die die Wissenschaft, der Künste, der Ökonomie, habe ihre je eigene Wahrheit. In ‚Languages of Art. An Approach to a Theory of Symbols' hatte Goodman schon 1968 dargelegt, in den verschiedenen Künsten komme ein kognitives Erkennen zum Ausdruck, das jener der wissenschaftlichen Erkenntnis gleichwertig sei (Nelson Goodman: Sprachen der Kunst. Entwurf einer Symboltheorie. Frankfurt am Main 1995). Auf dem Gebiet der Kunsttheorie hat Goodman eine revolutionäre Wirkung entfaltet. Seine Erkenntnis, dass die Exemplifikation einen bedeutenden Anteil hat daran, wie Kunstwerke funktionieren, wurde grundlegend für das Verständnis abstrakter Kunst und ist nichts anderes als Robert Müllers Vorstellung von der „Welt als Vorstellung", in der sich eine Seele über das Medium des Kunstwerks exemplifiziert. Eine

epochegebundenes ist. Im Nachvollzug können spätere Generationen die Kunst (und damit die Welt) der Vorhergehenden zwar verstehen, wichtiger ist für Müller jedoch die Darstellung der aktuellen Welt. Dies kommt schon in dem bereits hinlänglich erwähnten Brief an Erwin zum Ausdruck, wenn Müller dem Bruder zu neuen Büchern rät und von den Klassikern meint, sie verdürben die „Frische des Geschmackes. Man fängt mit den neuen Methoden des Lebens an, und interessiert sich besser erst nachher für die Entwicklung."[221] Klassiker haben für Müller allenfalls eine historische Berechtigung, und nur unter dem Aspekt, dass relevante Kunst dann eine Bedeutung behält, wenn sie das Paradigmatische ihrer Zeit adäquat exemplifiziert[222], kann er sagen: „Nur was einmal wirklich aktuell war, ist für ewig aktuell"[223]. Was für Müller den Wert der Kunst ausmacht, ist demnach, dass man an ihr die gesellschaftliche Entwicklung nachvollziehen kann.[224] Ein Verständnis für die Historie der Entwicklung trägt zum Verständnis der aktuellen Situation bei. Dabei hat Kunst aber nicht allein abbildenden Charakter, sie zeigt die Umstände nicht nur, sie verändert sie auch, wirkt durch Sichtbarmachung auf sie ein:

„Die wesentliche Kunst ist das ratifizierende Bewußtsein der Änderungen, Kunst ist revolutionär."[225]

So hoch Müller die Kunst auch schätzt, im Zuge der politischen Ereignisse der Nachkriegszeit relativiert Müller seine Überzeugung von deren Einflusspotenzial. Die realen Nöte nach 1918 lassen ihn in ‚Geltung der Kunst' im Jahr 1919 nun zu dem Schluss kommen:

Untersuchung der expressionistischen Kunsttheorien und der Kunstphilosophie Goodmans wäre hier sicher ertragreich.

[221] Robert Müller: Brief an Erwin vom 26. Mai 1910. In: ders.: Briefe und Verstreutes. Paderborn 1997. S. 25.

[222] „[E]in altes Buch ist nur gut, wenn es die damalige Aktualität ganz hergibt und auf die heutige Hunger macht, aber im übrigen ist es für unser Leben heute gänzlich unverwendbar." Robert Müller: Kino und Bühne. Der Anbruch, 1, H. 9, 1918, S. 6 f. In: ders.: Kritische Schriften II, S. 171–173. Hier S. 172.

[223] Ebd.

[224] Ebendiesen Gedanken äußert auch Kandinsky. Er beginnt seine Schrift „Über das Geistige in der Kunst' mit den Sätzen: „Jedes Kunstwerk ist Kind seiner Zeit, oft ist es Mutter unserer Gefühle. So bringt jede Kulturperiode eine eigene Kunst zustande, die nicht mehr wiederholt werden kann." Wassily Kandinsky: Über das Geistige in der Kunst, EA München 1912. 10. Auflage Bern 1952, S. 21.

[225] Robert Müller: Kino und Bühne. Der Anbruch, 1, H. 9, 1918, S. 6 f. In: ders.: Kritische Schriften II, S. 171–173. Hier S. 172.

„Die Kunst ist zum Leben, ja zur Kultur nicht unbedingt notwendig.
[...] Zur Kunst gehört edler Leichtsinn und Phantasie, es gibt aber eben
auch Menschen sowohl ohne Phantasie, als auf einer Phantasie auf Schie-
nen. [...] Aber das ist gewiß, daß die Kunst diejenige Angelegenheit ist, die
verwaltungstechnisch am längsten unerledigt bleiben darf. Zuerst kommen
in der Kulturpolitik Licht, Luft, Speise, Trank und Wohlfahrt; zuerst kommt
der Schienenstrang, der zur Oper führt; dann kommt die Oper; denn auf jener prompt funktionierenden Verkehrsbahn kann ich auch anderes besor-
gen."[226]

Ist dies nun resignativ? Der Satz, Kunst sei zum Leben nicht notwendig,
hört sich vordergründig so an, wenn man Müllers Kunstenthusiasmus der
frühen Jahre kennt. Statt hier eine generelle Absage an die Kunst zu sehen,
muss man zum Verständnis auf Müllers Überzeugungen von der menschlichen Gesellschaftsordnung zurückgreifen. Für ihn ist die große Masse nämlich nicht oder nur unzureichend auf eine derart hohe geistige Ebene zu heben, dass sie in der Lage wäre, die Menschheit fortzuentwickeln. Für die
Masse ist die Sicherung des materiellen Lebens primär; das Ideelle der Kunst
ist dabei in der Tat „nicht unbedingt notwendig". Nach Müller dient Kunst
dem Volk in erster Linie zur Zerstreuung. Der geistigen Elite ist es vorbe-
halten, relevante Kunstwerke verstehend zu rezipieren und sich durch sie
auf eine höhere geistige Ebene zu versetzen – im glücklichsten Fall zieht die
Masse ein bisschen nach.[227] Dieses elitäre Gesellschaftsverständnis hat Müller vor dem Krieg in seinen Theorien zur Rassenmischung dargelegt, es
kommt hier wieder zum Vorschein. Dass er trotzdem an der Hoffnung,
auch die Masse könne durch Kunst gebildet werden, festhält, wird sich im
Weiteren an seinem Programm des Aktivismus zeigen.

---

[226] Robert Müller: Geltung der Kunst. Aufschwung 1, Nr. 7, 1919, S. 2–4. In: ders.: Kritische
Schriften II, S. 411.
[227] Dieses Verständnis von Gesellschaft und Kunst kommt auch bei Kandinsky ganz explizit
zum Ausdruck: „Ein großes spitzes Dreieck in ungleiche Teile geteilt, mit der spitzesten, klein-
sten Abteilung nach oben gewendet – ist das geistige Leben schematisch richtig dargestellt. Je
mehr nach unten, desto größer, breiter, umfangreicher und höher werden die Abteilungen des
Dreiecks. Das ganze Dreieck bewegt sich langsam, kaum sichtbar nach vor- und aufwärts, und
wo ‚heute' die höchste Spitze war, ist ‚morgen' die nächste Abteilung, d. h. was heute nur der
obersten Spitze verständlich ist, was dem ganzen übrigen Dreieck eine unverständliche Faselei
ist, wird morgen zum sinn- und gefühlvollen Inhalt des Lebens der zweiten Abteilung." Wassily Kandinsky: Über das Geistige in der Kunst, EA München 1912. 10. Auflage Bern 1952,
S. 29.

3.1.2   Der Dichter als Teil der Gesellschaft

Nach diesen Ausführungen zur Ästhetik Müllers interessieren nun seine Gedanken zur Literatur und zu dem diese Literatur schaffenden Dichter, sie stehen in engem Zusammenhang mit seiner Konzeption von Expressionismus und dem Ideal des neuen Menschen.[228] Das neue Lebensgefühl, das insbesondere die Künstler und Intellektuellen zu Beginn des 20. Jahrhunderts erfasst hatte und in die Schlagworte ‚Leben' und ‚Tat' gefasst wurde, drückte sich sowohl in der poetischen Programmatik als auch in der Konzeption eines bestimmten Dichtertyps aus. Müller beschreibt diese zukunftsfreudige, technikaffirmative Einstellung 1912 in ‚Das Kompliment der Neuen':

„Eine freudig-ernste Bejahung des tätigen Lebens bricht sich Bahn und rückt die nächsten Dinge wieder zunächst, auf daß wir ihre Freunde würden. Der Mut, den Dingen ins Gesicht zu sehen, weitet sich zum allumfassenden Ja, bezieht das Fragwürdigste und Grausigste, das Nüchternste und das Skurrilste in denselben Kreis des Seins."[229]

Aus dieser Einstellung heraus ist es nach Müller für den darstellenden Künstler ein Muss, tabulos alle Bereiche des Lebens zur Sprache zu bringen, sich den real existierenden Umständen dieses Lebens zuzuwenden. Kann in dieser von Tätigkeit und schnellem Lebensrhythmus geprägten Welt der poetische Dichter von Relevanz sein? Müller verneint dies 1912. Dichtung, die in entfernte poetische Wunschwelten entführt, wird von Müller abgelehnt. In ‚Spätlinge und Frühlinge' spricht er reiner Dichtung eine Wirksamkeit ab und bekennt sich zu der Figur des Antonio aus Goethes ‚Torquato Tasso': Die wahren Bücher hat stets ein Antonius gemacht. [...] Und die schlechtesten Köpfe waren es nicht, die ihren Argwohn über den Dichter-Tasso nicht verhielten. Platon und Nietzsche kennen eine bessere Art des Wortes, als die des Dichters. Es ist nicht wahr, was man den Dichtern Wirksames nachgesagt hat."[230]

Der Geschichtsschreiber und der Philosoph als diejenigen, die durch die Darstellung des Zeitgeschehens und durch die Versuche, Fragen zu klären,

---

[228] Erläutert unter 3.1.

[229] Robert Müller: Das Kompliment der Neuen. Der Ruf, H. 1, 1912, S. 2–4. In: ders.: Kritische Schriften I, S. 25.

[230] Ders.: Spätlinge und Frühlinge. Der Ruf, H. 2, 1912. In: ders.: Kritische Schriften I, S. 32.

die der Mensch seinem Dasein stellt, zur Lebensbewältigung beitragen, sind wirkungsmächtiger als der nach Müllers Vorstellung offenbar nicht die Probleme seiner Zeit hinreichend thematisierende Dichter. Die vergangene Zeit war Poesie, jetzt lebe und wirke man Prosa, postuliert Müller ebenfalls 1912 in der Schrift ‚Hymnus'. Eine Anti-Ästhetik des Hässlichen soll dazu beitragen, das Leben unverfälscht und ungeschönt in das Bewusstsein zu holen:

„Aber beileibe, die Prosa von heute hat keine Poesie im Leibe, Gott sei Dank. Das bedeutet, sie hat ihre eigene. Es ist ja alles so ganz anders, so unverschämt neu. Man hat so viel Mut zu schlechtem Geschmack, zur brutalsten Ästhetik, zum Noch-Nicht-Geschehenen. Zum Noch-nie-Dagewesenen. Zum Amen der Möglichkeiten. Wir haben ja alles. Alles hat uns. Amen!"[231]

In der Schrift ‚Hans Sachs' wird deutlich, was genau Müller den Poeten vorwirft. Er beschreibt die historische Figur des Schuhmachers Hans Sachs als Handwerker, der aus einer niederen sozialen Stellung heraus „das Leben in dieser Gesellschaft" kannte und daher „wußte, worauf es in der Kunst ankam; nicht auf jenes Temperament, das gegen alle gesellschaftliche Sitte und Gebühr wie ein verwöhnter Bube um sich schlug, sondern wie jenes, das in der Muße einer praktischen Arbeit [...] von dem heimlich emsigen, naiv ehrlichen Drang beseelt war, diese Gesellschaft über sich selbst hinauszuheben."[232]

Der Nur-Künstler habe keine Verbindung zum Leben, sei „ein Rückschritt"[233]. Festzuhalten ist hier, dass Müller Literatur als Medium sieht, das im Idealfall eine gesellschaftliche Bedeutung hat, das aktiv zu einer Besserung beitragen sollte. Müller formuliert hier einen normativen Anspruch, von dem er auch in späteren Jahren nicht abrücken wird und dem er sich selbst verpflichtet weiß.

Mit diesem Anspruch einer geht die Annahme vom Dichter als dem am höchsten entwickelten Individuum innerhalb einer Gesellschaft:

„Es liegt im Wesen der großen Dichter als der Fortgeschrittensten unter uns, daß sie die biologische Weiterbildung zuerst von allen am eigenen Leibe

---

[231] Robert Müller: Hymnus. Das musikfestliche Wien. Sonderheft zu: Der Ruf, H. 1, 1912. In: ders.: Kritische Schriften I, S. 44 f.
[232] Beide Zitate: Robert Müller: Hans Sachs. Der Strom 2, 1912/13. In: ders.: Kritische Schriften I, S. 53.
[233] Ebd.

verspüren, als einen Krampf, als eine qualenreiche Geburtsstunde des Lebens, als ein Wehenbett niederkommender Dinge und Formen."[234]

Das Ziel ist für Müller „die Geschmeidigkeit des menschlichen Geistes"[235], was er 1914 in ‚Contre-Anarchie' an der Figur des Aschenbach aus Thomas Manns Novelle ‚Der Tod in Venedig' festmacht. Indem Aschenbach zuchtlos war und doch zuchtvoll, würdevoll und anständig sein wollte, habe er erstmals das Paradox des modernen Menschen verkörpert. Die Anerkennung dieses paradoxen Zustandes führt nach Müller nun zu der gewünschten ‚Geschmeidigkeit des Geistes', was aus dem Paradox nicht nur eine literarische, „sondern eine existentielle Kategorie"[236] mache:

„Es [= das Paradox, B. P.] ist nicht eine Form, sondern ein Zustand, eine Simultaneität widersprechender Zustände, ein synthetischer Zustand. Das Paradox gestattet dem Geistigen allein jene Entschiedenheit, die es sich kraft seiner fortwährend regen Analyse des Bewußtseins verbieten würde."[237]

Durch das Paradoxe akzeptiert man Disparates, und da es in Müllers Theoriegebäude kein Richtig oder Falsch im logischen Sinne gibt, erlangt man durch die Anerkennung dieses ‚synthetischen Zustandes' die Freiheit zu handeln. Das Paradox als Voraussetzung der Tat wird so, als existenzielle Kategorie, zur Bedingung einer aktivistischen Einstellung. Als poetische Kategorie ist es unerlässlich zur Erlangung des erforderten elastischen, erhöhten Zustandes des Geistes, der wiederum die Bedingung dafür ist, dass aktivistisches Gedankengut rezipiert werden kann, was letztendlich dann zur gewünschten Fortentwicklung der Gesellschaft führt. In der Kampfschrift gegen Karl Kraus definiert er 1914 das Paradox als probates zeitgenössisches Erkenntnismittel und verteidigt es:

„Das Paradox ist keineswegs ein Bösewicht, wie der brave Untertanenverstand es haben will. Es ist vielmehr ein therapeutisches Mittel, um Schiefheiten durch eine Zurückverschiebung ins Grade zu heilen. Es ist kein Luxus, sondern eine Notwendigkeit; oft eine Notwehr, die freilich nicht einen Ehrgeizigen, sondern etwas Allgemeines durchsetzen soll. Das Paradox dient dazu, die Gesundheit mit Ungesundem zu beweisen. In einem Zeital-

---

[234] Robert Müller: Contre-Anarchie. Saturn, 4, H. 1, 1914. In: ders.: Kritische Schriften I, S. 105.
[235] Ebd., S. 107.
[236] Ebd.
[237] Ebd.

ter der Ungesundheit gilt nur das Ungesunde. Wie wolltest du da das Gesunde beweisen, als indem du es paradox sagst, die Leute mit ihren eigenen Schlichen betrügst?"[238]

Ganz im Sinne dieser Gedanken gestaltet Robert Müller zu dieser Zeit den ,Tropen'-Roman als literarische Ausarbeitung dieser Theorie vom Paradox, indem er das Paradox hier als poetologisches Prinzip einsetzt. Dieses poetologische Prinzip ist auch die Grundlage für Müllers Glauben an eine Wirksamkeit von Literatur, da eine rein rationale Betrachtung der Welt die Menschheit nicht weiterbringen würde. Zu einseitig wäre eine solche Sichtweise, die alles Disparate, alles Unwägbare ausschließen würde. Müller äußert 1916 die Überzeugung,

„daß die großen politischen Umwälzungen, die menschlichen Fortschritte der Gesellschaftsbildung und der Weltgeschichte nicht nur eine Angelegenheit des rechnenden Verstandes sind, sondern auch eine gewisser poetischer Kräfte, die das Gesamtleben der Völker wie der Einzelnen durchzieht"[239].

Die poetischen Kräfte, die so zu einer der anthropologischen Voraussetzungen menschlicher Entwicklung werden, treten im frühen 20. Jahrhundert nach Müller insbesondere in der Form des Paradoxes in Erscheinung. Der relative Wahrheitsbegriff, der von der Wissenschaft herrührt, findet hierin seinen geistigen und gesellschaftlichen Ausdruck.

Stilistisch geht nach Müller mit dieser neuen Sicht eine knappe, präzise Ausdrucksweise einher, in der ganze Komplexe mit einem Wort umrissen werden[240], charakterisiert durch „Spannung und Kürze"[241]. Eine Konzentration auf das Wesentliche findet statt, Redundanz wird vermieden:

„Der Gedanke ist von vorneherein perspektivisch verkürzt, summarisch artikuliert, er lässt Selbstverständliches fallen, eine gewisse Klassizität ist unverkennbar. Die Impressionisten schrieben dividierend einzelne Sätze. Bei den Expressionisten stehen seitenlang gedrungene, verschlungene Prosa-

---

[238] Robert Müller: Karl Kraus oder Dalai Lama. Der dunkle Priester. Eine Nervabtötung. Torpedo 1, 1914. In: ders.: Kritische Schriften I, S. 149.
[239] Ders.: Mitteleuropa. Belgrader Nachrichten, 7.5.1916. In: ders.: Kritische Schriften I, S. 221.
[240] Siehe ders.: Die europäische Seele im Bilde, 1917. In: ders.: Kritische Schriften II, S. 20.
[241] Ebd., S. 21.

satzbilder ohne Absätze, motivisch gearbeitete lange Passagen wie aus den Zeiten der klassischen Literatur."[242]

Der expressionistische Sprachstil wurzelt demnach in der anderen, neuen, gesteigerten Wahrnehmungsart und -fähigkeit des Expressionisten. Es sind diese Fähigkeiten des hochkonzentrierten Denkens und des ‚antibürgerlichen' Sehens[243], die auch den expressionistischen neuen Menschen auszeichnen – und in der Person des expressionistischen Künstlers zumindest eine Annäherung erfahren.

Müllers poetologische Überzeugung, nach der ein literarisches Werk ein agitatives Telos transportieren müsse, gewinnt in der Schrift von 1918 ‚Aus Anlaß des „Ketzer von Soana". Eine Auseinandersetzung' an Kontur. Er favorisiert hier den politischen Roman, der „den Menschentypus überhaupt zum Gegenstand"[244] habe und aktivistisch sei. Er erklärt:

„Ihm [dem Roman, Anm. B. P.] liegt nicht so sehr eine freudenspendende, künstlerische, formkulturliche Absicht zugrunde, als eine im hohen Sinn demagogische; er ist Verführung zu Zukünften, Lebensgestaltung nicht für die Kontemplation, sondern für den Akt, Darstellung als Aufruf."[245]

Der Roman wird hier beschrieben als aktivistisches Werkzeug, das rein „passive Verhalten des schöpferischen Menschen, des Künstlers"[246] – verortet im vorexpressionistischer Künstlertyp – wird vehement abgelehnt. Dieser

---

[242] Robert Müller: Die europäische Seele im Bilde, 1917. In: ders.: Kritische Schriften II, S. 20. Auf die von Müller postulierte These der Nähe von Klassik und Expressionismus kann im Rahmen dieser Arbeit nicht näher eingegangen werden, sie böte einer Untersuchung aber sicher eine interessante Perspektive. Zu definieren wäre hierbei der Begriff von Klassik, den Müller seiner Annahme zugrunde legt. Widerspruchsfrei ist seine Einstellung hier – wie in so vielen Bereichen – nicht. 1922 beschreibt er in ‚Zwei Generationen vor uns' (Kritische Schriften III, S. 87) diesen antiken Stil negativ als voll von „verwickelten Abhängigkeiten" und charakterisiert so die Schreibart der Dichtergeneration vor dem Fin de Siècle.

[243] In ‚Die europäische Seele im Bilde', Kritische Schriften II, S. 19 f., erläutert Müller dieses antibürgerliche Sehen des Expressionisten: Während das Publikum in einem Bild „eine abgebildete Nachricht; ein Feuilleton, einen Artikel, einen Roman, vielleicht ein Märchen" sehen wolle, interessiere dies den Expressionisten nicht – dieser wolle *„das Farbengesicht der Welt"* erleben, das Leben, das er ausdrücken wolle, spiegle sich in ihm „als Form und Farbe" (Hervorhebungen vom Autor). Das expressionistische Sehen ist so ein intuitives und kein nachrichtliches.

[244] Ders.: Aus Anlaß des ‚Ketzer von Soana'. Eine Auseinandersetzung'. Der Anbruch, 1, H. 7, 1918, S. 6–8. In: ders.: Kritische Schriften II, S. 121.

[245] Ebd.

[246] Ebd., S. 122.

Künstlertyp sei nicht mehr ernst zu nehmen. Auch wenn der aktivistische Roman auf künstlerischer Ebene nicht die höchsten Stufen erreiche, sieht Müller ihn als einzig gültige, relevante literarische Form zeitgenössischen Schreibens:

„Der Versuch aber, schöpferisch am Menschen selbst zu sein, lieber ihn selbst als das Buch zu runden und zur Vollkommenheit zu individualisieren, ist heute der einzig wirklich heroische und darum unbedingt ebenbürtig dem Künstlerischen an und für sich, an dem er vorbeistreift."[247]

Aktivismus und Kunst stehen in diesen Ausführungen Müllers nicht mehr getrennt nebeneinander. Eine Auswirkung der expressionistischen Kunst auf die Gesellschaft ergibt sich nach seiner Hoffnung demnach aus dem zur ‚Vollkommenheit' gerundeten Subjekt, das in dieser Kunst ein Erkenntnismittel sieht. Kunst als lediglich schöne Flucht vor dem Alltag – gegen diese Auffassung des Schöpferischen wehrt sich Müller energisch. In diesem Sinn fasst Müller auch die aktivistischen Zeitschriften als zur Literatur gehörend auf:

„Hefte von Rubiners ‚Zeitecho' oder Hillers ‚Zielbücher' müssen einmal auch in der Literaturgeschichte, die einfach Geschichte des Menschen geworden sein wird, bestehen, denn sie geben ganz den Menschen aus, der heute um sich selbst ringt, und gestalten ihn auch für den rein Schauenden gewaltiger und umfänglicher, als selbst das in sich vollendete Kunstwerk."[248]

Alle Schriften, in denen sich Müller kritisch mit den literarischen, bildnerischen, musischen Kunstwerken seiner Zeit auseinandersetzt, geraten daher zu einer umfassenden Menschen- und Kulturanalyse. In einer Besprechung des Theaterstücks ‚Armand Carrel' von Moritz Heimann schätzt er besonders, dass dieses Werk eine gesellschaftliche Vorstellung des Autors transportiere. Es münde „nicht im Ausgang von Geschehnissen, sondern in Ideen, Aperçus, Sentenzen"[249]. Der Dichter wird zum Analysator gesellschaftlicher Bewegungen mit erkenntnisvermittelndem Impetus. Als ein positives Beispiel hierfür sieht Müller Otto Flake, dem er bescheinigt, „sich aus einem Konversationserzähler großer Art und lateinisch vornehmen Ge-

---

[247]Robert Müller: Aus Anlaß des ‚Ketzer von Soana'. Eine Auseinandersetzung'. Der Anbruch, 1, H. 7, 1918, S. 6–8. In: ders.: Kritische Schriften II, S. 122.
[248] Ebd.
[249] Ders.: ‚Armand Carrel' und sein Autor. Der Neue Merkur 5 (192/22), H. 5, S. 139. In: ders.: Kritische Schriften III, S. 26.

schmackes zum Romanpropagandisten"[250] entwickelt zu haben. Das Buch sei nun wichtig, das nach „dem großen Moment der Erneuerung" greife und das „Erlebnis" sei. Romanzen, Abenteuer- und Schicksalsromane seien nicht dazu geeignet, dies zu leisten. Die „Bewusstseinsfragen"[251], die sich aus dem neuen relativistischen Weltbild (Müller geht hier auf Schopenhauer und Einstein ein) ergeben haben, sollen nach Müller im Roman der zeitgenössischen Moderne verhandelt werden. Er müsse Ausdruck eines neuen Abschnittes der Seele sein, was nicht mit „lesebuchartigen Verläufen"[252] zu bewerkstelligen sei. Der geistige Mensch als Typus, den Otto Flake in seinem Roman ‚Nein und Ja' darstellt, brauche „aktuelle und Zeitereignisse" nur als „Auslösungsmotive für die zerebrale Bewegung, die in ihm herrscht"[253]. Dies macht Flakes Werk nach Müller zum richtigsten und wichtigsten zeitgenössischen Roman. Gezeigt werde die Bewegung „des die Welt neuerlich aus seinem Geist regenerierenden Menschen von der wirklichen Neinheit zur wirkenden Jaheit"[254]. Hiermit ist Müllers Einstellung zum Roman umrissen, dessen hervorstechende neue Stilmerkmale er 1922 in ‚Zwei Generationen vor uns' anschaulich erläutert. Im Gegensatz zu seinen Vorgängern, so Müller, kehre der junge (zeitgenössische) Schriftsteller „den selfmade-man des Wortes hervor", der nicht aus altem Bildungsschatz seine Vergleiche hole, sondern „aus der brutalsten Wirklichkeit" seine ganz neuen Metaphern kreiere. Jede „Vorherbewusstheit", jede Bezüglichkeit auf Vergangenes wird abgelehnt; der Fremdwortgebrauch sei hoch, aber nicht des Bildungsbezuges, sondern der „Urbedeutung im Sinne seines spezifischen dialektischen Reizes" wegen. Der Satzbau verliert alle Behäbigkeit:

„Die Syntax ballt sich, das Telegramm färbt ab, die Bestandteile zucken noch vom rohen Leben, und aus dem rohen Leben, der Praxis, der Technik, der Naturwissenschaft werden die Vergleiche geholt statt aus dem humanistischen Bildungsschatz."[255]

---

[250] Robert Müller: Der Denkroman. Neue Rundschau 32, 1921, Bd. 1, S. 110 f. In: ders.: Kritische Schriften III, S. 30.

[251] Alle drei Zitate ebd.

[252] Ebd., S. 31.

[253] Beide Zitate ebd.

[254] Ebd., S. 32.

[255] Alle fünf Zitate aus Robert Müller: Zwei Generationen vor uns. Prager Presse, 13.1.1922, S. 5 f. In: ders.: Kritische Schriften III, S. 87.

All dies verdeutliche, dass an die Stelle des Schönen „das Wollen"[256] getreten sei. Der Autor wird zur „sozialen Erscheinung"[257], er hat eine „Mission zur Bildung einer öffentlichen Meinung"[258]. Und immer wieder muss der Relativismus als „Philosophie der Zeit"[259] in den Werken zum Ausdruck kommen:

„Gewiß sind wir tatsachenhungriger als je ein Geschlecht vor uns; aber unter einer Tatsache, die erzählt wird, müssen hundert andere sichtbar werden, die Perspektive erst heiligt die für uns belanglose Einzelheit: denn wir nehmen summarisch wahr, denken übersichtlich, bleiben übersehend in beiderlei Sinn, oder wie man es schlagwörtlich genannt hat: simultan."[260]

Diese Forderungen der Zeit an die Literatur erfüllt nach Müller nun der „Roman-Essay"[261], wobei dem Bereich ‚Essay' mehr Bedeutung zukommt als dem romanhaften Teil eines solchen Buches. Literatur müsse Gedankliches zeigen, um interessant und relevant zu sein. Müller fragt nach dem Warum und antwortet, dass „ein Eindruck von Kraft" nur dann beim Rezipienten verbleibe, wenn dieser Eindruck „von einer großen kritizistischen Beweglichkeit"[262] stamme. Es gibt daher nach Müller keinen Weg hinter den Kritizismus zurück, Nietzsche könne man „nur nach vorwärts"[263] überholen. Der moderne Künstler müsse anordnen, gliedern, reflektieren; Müller selbst könne nicht „sehen ohne zu denken, zu beobachten, ohne sinnvoll zu organisieren"[264], „ich käme mir grundschlecht vor, verlogen im höheren Begriff, wollte ich nur beschreiben und nicht ordnend folgern"[265].

Dieses Ordnen der disparaten, immer schneller aufeinander folgenden Eindrücke, die Simultaneität widersprechender Zustände führt daher zu der Notwendigkeit des *simultanen Sehens* als existenzieller Voraussetzung für den Reflexionsmenschen und das Paradox. Wie wiederholt gezeigt wurde, leitet

---

[256] Robert Müller: Zwei Generationen vor uns. Prager Presse, 13.1.1922, S. 5 f. In: ders.: Kritische Schriften III, S. 88.
[257] Ders.: Okkultistische Romane. Prager Presse, 11.6.1922, S. 5 f. In: ders.: Kritische Schriften III, S. 100.
[258] Ebd.
[259] Ebd., S. 101.
[260] Ebd.
[261] Ebd.
[262] Beide Zitate ebd.
[263] Ebd., S. 102.
[264] Ders.: Europäische Wege. Im Kampf um den Typus. Essays von Robert Müller. Berlin 1917. In: ders.: Gesammelte Essays, Paderborn 1995. S. 238.
[265] Ebd.

Müller also die Position des (relevanten, wirkenden) Dichters in der Gesellschaft wie auch die poetischen Mittel, die diese benutzt, aus dem anthropologischen Zustand des modernen Menschen und der ihn umgebenden Gesellschaft ab. Der Literat kreiert neue Ausdrucksformen, um seine Reflexionen darzustellen; die Reflexionen weisen mit der Darstellung innerseelischer Vorgänge auf gesamtgesellschaftliche Zusammenhänge; diese gesamtgesellschaftlichen Zusammenhänge wiederum bedürfen der Veränderung und so der Tat – und das rezipierende Subjekt ist, durch einen Erkenntnisprozess, der diese Zusammenhänge aufschließt, in die Lage versetzt, diese Tat auszuführen.[266] Bei Robert Müller ist expressionistische Literatur von seiner aktivistischen Einstellung nicht zu trennen.

3.2 Die Darstellung des Aktivismus im publizistischen Werk

Müllers aktivistische Einstellung durchzieht sein gesamtes publizistisches Werk, auch da, wo er sich nicht explizit über den Aktivismus äußert. Seine journalistischen Schriften und Essays überwiegen dabei in quantitativer Hinsicht sein literarisches Schaffen um ein Vielfaches.[267] Wiederholt wurde in der Forschung zu Müller konstatiert, dass dieser Schriftsteller seine Werke „unbedingt intentional, auf Wirkung und Veränderung der geistigen und gesellschaftlichen Realität drängend"[268] verfasst habe. „Wirkungslosigkeit ertrug er nicht"[269], schrieb Robert Musil in seinem Nachruf zu Müller. Der tagesaktuellen Journalistik oder dem zumindest zeitnahen Essay bescheinigte Müller einen höheren Wirkungsgrad als den langsamer und in geringerem Umfang rezipierten epischen Werken. In seinem Selbstverständnis als Schriftsteller *und* Aktivist liegt es begründet, dass er wirken will[270], und so

---

[266] So jedenfalls ist die optimistische Theorie Robert Müllers, die er immer wieder schreibend unter Beweis zu stellen versucht.

[267] Stephanie Heckner zählt im Rahmen ihrer Dissertation außer den Essays über 500 Zeitungs- und Zeitschriftenartikel, von 1910 bis 1924 habe Müller in 39 verschiedenen Zeitschriften publiziert. Vgl. S. Heckner: Die Tropen als Tropus, S. 125, sowie die Chronologie zur publizistischen Tätigkeit Müllers in Heckners Anhang S. 181 ff.

[268] Michael M. Schardt: Nachwort zu ‚Bolschewik und Gentleman'. In: Robert Müller: Irmelin Rose – Bolschewik und andere verstreute Texte. Paderborn 1993, S. 210.

[269] Robert Musil: Robert Müller. Prager Presse 4, Nr. 224, Prag 3.9.1924. In: Robert Musil: Tagebücher, Aphorismen, Essays und Reden, hrsg. von Adolf Frisé, Hamburg 1955. Zitat aus: Helmut Kreuzer und Günter Helmes (Hrsg.): Expressionismus – Aktivismus – Exotismus, S. 302.

[270] Vgl. Punkt 3.1.2.

äußert Müller sich nicht nur literarisch, sondern tritt vor allem auch mit kultur- und gesellschaftspolitischen Artikeln und Essays an die Öffentlichkeit. Seine Kritik gilt dabei nicht ausschließlich der Politik oder den gesellschaftlichen Gegebenheiten, er analysiert ebenso die eher passive Einstellung der zeitgenössischen ‚Geistigen‘:

> „Der reine europäische Geistige ist Passivist. Aktivist ist er nur, insofern er sich etwa von seiner Vornehmheit heruntersteigend gestattet, in den Hexenkessel der zivilen Tatkraft einzufahren."[271]

Müller kritisiert hier vor allem den mangelnden Willen zur Tat vieler Intellektueller. Angesichts der katastrophalen staatlichen und gesellschaftlichen Zustände im und nach dem Krieg[272] wird die aktivistische Thematik in seinem journalistischen Schaffen immer vordringlicher. Vorgezeichnet wird diese Thematik allerdings schon in den frühesten publizistischen Artikeln; so schreibt Müller 1912 in ‚Das Kompliment der Neuen‘ vom „Mensch[en] von morgen", der „hinauszieht, um die Zukunft nach seinem Bilde zu zwingen und den Grenzpfahl kommender Zeiten aufzurichten"[273]. Das expressionistische Bild des neuen Menschen ist das des Aktivisten, der seine Umwelt durch seine Taten ihm gemäß formt. Das das Chaos[274] formende „Kulturelle" wirke dabei als „tüchtige Kraftentfaltung der reinsten Lebenstriebe"[275]. 1913 zieht Müller die Gleichung der Welt als Tat und der Tat als Willen.[276] Dieser Wille entspringt dabei nicht der Vernunft, sondern eher dem ethischen Instinkt des Menschen. Der Aktivismus bei Müller leitet sich

---

[271] Robert Müller: Bolschewik und Gentleman (1920). In: ders.: Irmelin Rose – Bolschewik und andere verstreute Texte. Paderborn 1993. S. 195.

[272] Wolfgang Rothe beschreibt diese Zustände im Vorwort seiner Sammlung aktivistischer Pamphlete ‚Der Aktivismus 1915–1920‘: „[...] seinerzeit die komplette Desillusionierung nach dem patriotischen Taumel von 1914, der entsetzliche Hunger, das Massensterben an der Front, nach dem Waffenstillstand weiterhin materielles Elend und zudem das Umschlagen des äußeren Krieges in einen inneren, einen mörderischen opferreichen Bürgerkrieg – das alles hatte eine revolutionäre Situation geschaffen, als dessen Ausdruck sich der Aktivismus verstand". Wolfgang Rothe (Hrsg.): Der Aktivismus 1915–1920. München 1969. S. 8. Rothe weist in diesem Vorwort auch auf Robert Müller und dessen Sichtweise des Aktivismus als Abspaltung des Expressionismus hin (S. 14).

[273] Beide Zitate Robert Müller: Das Kompliment der Neuen. Der Ruf, H. 1, 1912, S. 2–4. In: ders.: Kritische Schriften I, S. 26.

[274] Nach Müller ist das ‚Chaos‘ das weltbedingende Prinzip; alles Geformte, Erschaffene gründe hier.

[275] Beide Zitate Robert Müller: Spätlinge und Frühlinge. In: ders.: Kritische Schriften I, S. 29.

[276] Vgl. ders.: Vernunft oder Instinkt. Der Ruf H. 4, 1913. In: ders.: Kritische Schriften I, S. 60 f.

demnach aus einer seiner Meinung nach ursprünglicheren Bewusstseins-schicht des Menschen her. Aktivismus als das aus dem Willen folgende ethi-sche Handeln ist für Müller so eine grundlegende menschliche Kategorie und geht rein rationalem Handeln voraus.

3.2.1 Theorie und Programmatik

1910 veröffentlichte Heinrich Mann in der ‚Neuen Rundschau' seinen Essay ‚Geist und Tat', was „als eine Art Initialzündung" für den Beginn des Akti-vismus gelten kann.[277] Kurt Hiller eröffnete mit diesem Text 1915 sein er-stes ‚Ziel'-Jahrbuch. Robert Müller behandelt den Aktivismus explizit 1918 in der Schrift ‚Die Geistrasse'; Kurt Hillers zweites ‚Ziel'-Jahrbuch ‚Tätiger Geist' wird hier zum Aufhänger für eine gründliche Analyse und Erklärung dieser Bewegung. Er bestimmt den Aktivismus als die „nächste geschichtli-che Aufwärtsbewegung der Gesellschaft"[278] und als „Emotion seelischer Grundtatsachen wie die Gotik oder die Aufklärung", die aus der „Not der Geistigen an der Zeit" herrühre:

„Er [der Aktivismus, Anm. B.P.] zentriert das Leben neu, und zwar nicht ohne seine Wirkung unkontrolliert zu lassen wie der Dichter, von dem er abstammt, sondern mit einer entschieden undichterlichen Absicht, an Ort und Stelle zu wirken."

Indem der Aktivist das „Kunstwerk der Umwelt" forme, sei er wie der Dichter schöpferisch. Doch das dichterische Werk sei bis heute wirkungslos geblieben; daher propagiert Müller hier das *„manifestierende* Buch", das „die Welt ändern und Menschensinn bekehren soll". In dieser bekehrten Welt wäre eine „Zwiesprache zwischen Denker und Denkendem"[279], also zwi-schen Schreibendem und Rezipierendem, möglich. Das Werkzeug der Gei-stigen ist demnach das Manifest, wobei der Verfasser dieser agitierenden Schriften dichterische Ambitionen den aktivistischen unterordnet:

„Der *Aktivist opfert sich für den Dichter auf*, im besonderen für den Expres-sionisten. Er ist das fliegende Korps des Expressionismus. Die neuen Bü-cher werden kaum gelesen, nur besprochen, zuwenigst nicht richtig gelesen;

---

[277] So Wolfgang Rothe in dem unter Anm. 1, S. 68 schon zitierten Vorwort aus seinem Akti-vismus-Sammelband (hier S. 7). Für eine ausführliche historische Darstellung des Aktivismus verweise ich auf Rothes sehr informative Ausführungen.

[278] Robert Müller: Die Geistrasse. Daimon, H. 4, 1918, S. 210–213. In: ders.: Kritische Schrif-ten II, S. 156.

[279] Alle sieben Zitate ebd., Hervorhebung vom Autor.

die neuen Bilder werden falsch gesehen. Um eine Welt zu ermöglichen in der die Treuherzigkeit des Expressionisten ohne Gefahr für seine Person und sein Werk unbestochen bleiben kann, verzichtet der Aktivist auf das eigene Kunstwerk. Von seiner Resignation genährt, ergießt er sein Temperament in die sichtbarsten und unmittelbaren Formen aktuellen Daseins."[280]

In der Forschung wird bisher lediglich der erste Teilsatz zitiert und die Behauptung Müllers, der Aktivist verzichte auf das eigene Kunstwerk. Aber warum dieser Verzicht? Interessant ist daher die hier mitzitierte Begründung Müllers: Die „Entwicklungswinke"[281] des Expressionisten werden nicht richtig verstanden und laufen so ins Leere, können gesellschaftlich nicht wirksam werden. Indem der Aktivist sie den Rezipienten nun erläuternd näher bringt, öffnet er ihnen die Augen für die Zielsetzung dieser Kunst – die Darstellung einer neuen Weltform. Aufgabe der Aktivisten sei daher, „die Welt bessernd so vorzubereiten, daß jene ‚Weltauflösung-Weltsynthese', das heißt die Kulturdämmerung alles Heutigen eintreten kann"[282]. Müller sieht den Aktivisten daher als

„Abspaltung des Expressionismus: seine rechte Hand. Er sucht zu vereinfachen, sucht die Politik mit den natürlichen Mitteln des künstlerischen Schaffens auf die Höhe der höchsten schöpferischen Werke zu heben."[283]

Die Politik soll sich in Stil und Zielsetzung dem künstlerischen Ideal annähern, und der Aktivist ist derjenige, der dies vermitteln müsse. Er sporne die „*Vergeistigung*"[284] an – und

„[n]ur zu diesem Zwecke schreibt der Aktivist. Der Aktivist will: 1. Gut schreiben. – Er schreibt ausgezeichnet. 2. Gutes schreiben. – Er schreibt Dinge, die ebenso genießbar, erbaulich als herzensfreundlich gemeint sind. 3. Er will das Gute *schreiben*. – Erst von hier an entsteht ihm der Widerspruch des Bürgers und dessen Korrelats, des Dichters. Aber der Aktivist will Aktivistisches nur so lange schreiben, als es notwendig ist, die Menschen zu erziehen, bis sie Aktivisten sind. Aktivisten untereinander gibt es nicht.

---

[280] Robert Müller: Die Geistrasse. Daimon, H 4, 1918, S. 210-213. In: ders.: Kritische Schriften II, S. 156 f. Hervorhebung vom Autor.
[281] Ebd., S. 157.
[282] Ebd., S. 156.
[283] Ebd.
[284] Ebd., S. 158. Hervorhebung vom Autor.

Dichter untereinander gibt es. Aktivisten gibt es nur nach außen hin; untereinander sind es Dichter."[285]

Hier zeigt sich, dass die vorher postulierte Spaltung zwischen Expressionist und Aktivist im Grunde keine ist. Auch der schreibende Aktivist sieht sich als Künstler – mit dem expliziten Auftrag, diese Kunst als wirkende auch zu einer solchen Wirkung zu bringen. Nur die intendierte Außenwirkung macht aus dem Dichter einen Aktivisten; dabei sieht Müller in der Wirkabsicht keinen Unterschied zwischen Politiker und Dichter:

„Die aktivistische Literatur ist vor allem eine Lektüre für Politiker und Dichter: also für alle. Denn jeder reine, sittliche, in den Anlagen unverdorbene Mensch ist ebenso Politiker wie Dichter, jeder."[286]

Eine weitere Forderung ist, dass „an die Stelle der Vorherrschaft einer Herrenrasse [d. i. Adel, Anm. B. P.]" die politische Führung durch eine „umfassende Meisterrasse"[287] tritt.

Müller sieht jedoch auch die Grenzen, an die der Aktivismus als politisch unorganisierte Agitationsform, die nicht an der Regierung beteiligt ist, stößt. Der Aktivismus habe "noch keine gewählten, bloß geborene Vertreter und noch keine Körperschaft, in denen diese sprechen könnten"[288]. So kommt er zu der Einschätzung des Aktivismus als „Pathos zu einer Politik"[289].

Nach der Revolution formierte sich am 16.11.1918 der ‚Bund der geistig Tätigen'[290], in dem Robert Müller Gründungsmitglied war. Kontakte bestanden unter anderem zu dem ‚Politischen Rat geistiger Arbeiter' unter Kurt Hiller in Berlin, dem ‚Politischen Rat geistiger Arbeiter' unter Heinrich Mann in München sowie dem ‚Rat geistiger Arbeiter' unter Lujo Brentano, der ebenfalls in München ansässig war. Mit der Gründung des Bundes verband sich die Hoffnung der Aktivisten, in einer neu formierten Räteregierung unmittelbar politisch tätig werden zu können, um „dem Geiste überall

---

[285] Robert Müller: Die Geistrasse. Daimon, H. 4, 1918, S. 210–213. In: ders.: Kritische Schriften II, S.158

[286] Ebd., S. 159.

[287] Beide Zitate ebd., S.159

[288] Ders.: Die neue Erregung. (Aktivismus). Die Waage, Nr. 38, 21.9.1918, S. 615–619. In: ders.: Kritische Schriften II, S. 216.

[289] Ebd.

[290] Vgl. hier die kenntnisreichen Ausführungen Stephanie Heckners in ‚Die Tropen als Tropus', S. 146 ff.

– überall auch in der Politik – Gehör zu verschaffen"[291]. Die Forderungen der Aktivisten des ‚Bundes' werden in Form eines Entwurfes veröffentlicht, sie sollen kein dogmatisches Programm zementieren, sondern „bloß Richtung und Weg"[292] andeuten. Die Programmpunkte[293] umfassen dabei alle Belange der Gesellschaft und der Politik. Erste Forderung ist dabei die Überwindung des Krieges und die Vorstellung der Erde als „Wirtschaftsganzes"[294], deren letzte Konsequenz eine Abschaffung der nationalen Grenzen ist („Schaffung der vereinigten Staaten der Erde"[295]). Innenpolitisch soll dem Individuum größtmöglicher Freiraum gewährt werden, statt eines Parteienparlamentes soll ein Volksausschusswesen in einem Fachparlament alle interessierten Gruppen vertreten. Frauen wird ein Wahlrecht zuerkannt, die gesellschaftlichen Gruppen sollen proportional zu ihrer Größe Einflussmöglichkeit haben, es muss Religionsfreiheit herrschen. Das Wirtschaftswesen wird als sozialistisch ausgerichtet gedacht, der Rechtsstaat soll vor allem ethisch urteilen und sich ansonsten so weit wie möglich zurückziehen – dem Verbrechen wird durch die Besserung der sozialen Lage der Boden entzogen. In Bezug auf das Sexualleben wird dem Staat jegliche Einflussnahme auf die geschlechtlichen Beziehungen abgesprochen, der Nachkommenschaft muss besondere Fürsorge von dem Einzelnen und dem Staat zukommen. Auch für eine gute Schulbildung soll gesorgt werden (Müller plädiert für eine Abschaffung der Prüfungen – sein Scheitern an den Abiturprüfungen im ersten Anlauf wirkt offensichtlich nach), Geist *und* Körper sind zu bilden. Die Kunst wird gesehen als „neben Philosophie und Religion höchster Ausdruck der Geistigkeit eines Volkes"[296], deren (volks)identitätsstiftende Wirkung für Gegenwart und Zukunft wichtig ist.

---

[291] Robert Müller: Unser erster Aufruf. Der Strahl, H. 1, 1919, S. 2 f. In: ders.: Kritische Schriften II, S. 350.

[292] Ebd.

[293] Der Programmentwurf findet sich unter diesem Titel ebd. S. 350–354.

[294] Ders.: Unser erster Aufruf. Der Strahl, H. 1,1919, S. 2 f. In: ders.: Kritische Schriften II, S. 350. Diese globalisierte Weltsicht umfasste einen Handel ohne Schranken und eine Verteilung aller Güter an alle Menschen – und somit auch eine Rechtfertigung für eine Fortsetzung des Kolonialismus, allerdings unter ‚gerechteren' (wenn dies denn möglich ist) Voraussetzungen.

[295] Ebd., S. 351.

[296] Ders.: Unser erster Aufruf. Der Strahl, H. 1,1919, S. 2 f. In: ders.: Kritische Schriften II, S. 353.

‚Geist' als Ausdruck einer „aus dem inneren Menschen entstehende[n], *zur Politik erhobene[n]* Welt"[297] wird in der ‚Tat' zum Aktivismus.

3.2.2 *Der Aktivismus in der Gesellschaft*

Müller entwickelt diese Theorie des Aktivismus aus dem Scheitern der metaphysischen und naturwissenschaftlichen Weltdeutungssysteme heraus:

„Zwei Aberglaubensysteme brechen jetzt zusammen: das vornehme der christlichen Religion, weil es den Menschen nicht mehr fassen kann, und das andere der Wissenschaft, des Kunstbetriebes und bürgerlichen Fortschrittes, weil es den Menschen nie gefasst hat."[298]

Dieses metaphysische Bedürfnis des Menschen vermag der Aktivismus zu stillen, indem er den Menschen den Glauben an die Veränderbarkeit seiner lebensweltlichen Situation und so die Hoffnung auf eine Besserung der individuellen Lage geben kann. Hier erklärt sich auch der Gegensatz von Politiker, Dichter und Subjekt:

„Der Dichter will das Subjekt ändern; er verzichtet auf die sofortige Änderung des Objektes. Der Politiker, der Sozialist oder Revolutionär etwa ändert nur das Objekt. Der Aktivist ändert das Objekt an Ort und Stelle, um die Änderung des Subjektes zu ermöglichen, zu beschleunigen."[299]

Die in den aktivistischen Programmen proklamierten Ziele setzen aber ein politisch reifes gesellschaftliches Individuum voraus, das „den Princeps entbehren"[300] könne. Diese Reife hat die Gesellschaft laut Müller bisher nicht erreicht – noch müsse sie von oben regiert werden. Die Vertreter des Aktivismus wollen die nicht auf geistiger Höhe stehenden Individuen der Gesellschaft nun zu dieser geistigen Reife führen. Der ‚Bund der geistig Tätigen' organisierte für diesen Zweck öffentliche Vorträge und eine Kunstausstellung im April 1919, um die Gedanken auch breitenwirksam zu inszenieren.

---

[297] Robert Müller.: Geist? Der Strahl, H. 1, 1919, S. 13–16. In: ders.: Kritische Schriften I, S. 356. Hervorhebungen vom Autor.

[298] Ders.: Aktivistische Sätze. Daimon, H. 4, 1918, S. 13–215. In: ders.: Kritische Schriften I, S. 160.

[299] Ders.: Die neue Erregung. (Aktivismus). Die Waage, Nr. 38, 21.9.1918, S. 615–619. In: ders.: Kritische Schriften II, S. 216.

[300] Ders.: Es lebe die Republik! Finanz-Presse, 27.12.1918, S. 1 f. In: ders.: Kritische Schriften II, S. 291.

Oberstes Ziel ist jedoch die konkrete politische Einflussnahme in der Räteregierung:

„In diesem System der Arbeiter-, Soldaten- und Bauernräte aber fehlt doch ein *Rat der geistigen Qualitäten*, der Kulturträger, der Intellektuells oder wie man das nennen will. Der Maschinenhebel – gut; die Kugelspritze – na, gut; die Ackerkrume – gewiß; aber irgendwo in der Gesellschaft muß doch auch der *geistige Heber* besorgt sein."[301]

In Gottfried Benns Essay ‚Das moderne Ich', der für Müller eine „umstürzlerische Bedeutung" hat, sieht dieser die das „grundsätzlich Neue und Wesentliche" zusammenfassende Charakteristik der herrschenden „egoaktiven" Einstellung. Müller leitet hier den Aktivismus aus der neuen Relation von Welt und Ich ab, in deren Zug die „Welt zentripetal vom Ich" abhängt:

„Der politische Aktivismus ist nur eine Folge aus dieser egoaktiven Einstellung; sowie umgekehrt die Kriegs- und Machtraserei des letzten und des laufenden Jahrhunderts eine Folge des die Natur und das Außen zentral setzenden Darwinismus war (oder ist)."[302]

Das Äußere der Welt „als aktiv gesetztes Gleichnis des Ichs" zu sehen, das „bedingungslos autonome [...] Ich" als „Träger alle[n] erlebten Inhaltes" zu setzen, sei „tiefster Aktivismus"[303]. Müllers anthropologische Grundlegung des Expressionismus[304] ist demnach auf den Aktivismus übertragbar.

1921 zieht Müller ein erstes Fazit des Aktivismus und stellt fest, dass das Ziel einer „Geistesherrschaft in Deutschland" vorerst ein „Wunschtraum"[305] bleiben wird. Umso wichtiger werden für ihn die außerparlamentarischen Wirkungsmöglichkeiten:

„Der Publizist, der schreibende Politiker, der (Reform-)Journalist gewinnt um so mehr Einfluß auf das politische Leben, je mehr der Parlamentarismus versagt", [...] an die Stelle der Deputatur, der Abgeordnetenherrschaft, tritt die vermehrte psychische Wirkungsmöglichkeit des Publizisten,

---

[301] Robert Müller: Spartakus und die Lehren daraus. Finanz-Presse 8.1.1919, S. 1 f. In: ders.: Kritische Schriften II, S. 309. Hervorhebungen vom Autor.

[302] Alle fünf Zitate in ders.: Das moderne Ich. Der Merker, H. 18, 15.9.1920, S. 453-455. In: ders.: Kritische Schriften II, S. 476.

[303] Alle vier Zit. Robert Müller: Das moderne Ich. Der Merker, H. 18, 15.9.1920, S. 453-455. In: ders.: Kritische Schriften II, S. 476.

[304] Vgl. Punkt 3.1 dieser Arbeit.

[305] Beide Zitate Robert Müller: Deutschland und der Mensch. Das Tage-Buch, 22.1.1921, S. 67–74. In: ders.: Kritische Schriften III, S. 17.

des ausgewählten, aufgezüchteten, Organ gewordenen Literatoren (wie ihn Kurt Hiller nennt). Die Aktivisten […] werden vermittels des starken, kunstvoll gehobenen Wortes durchdringen, und die politische Klangfarbe des Jahrhunderts bestimmen."[306]

Zu diesem Zweck ist es nach Müller Aufgabe des Aktivismus,

„alle geistigen Menschen ohne Unterschiede der Nation oder Rasse zu einer engeren publizistischen Gemeinschaft gegenüber der planetarischen Gemeinschaft der materiell bewegten Massen zu sammeln"[307].

Im Schreiben sieht Müller also nach wie vor das probate aktivistische Mittel, um die politischen und geistigen Ziele zu erreichen – das Wort wird Tat.

Unter diesen Gesichtspunkt zu zählen sind auch die vielen Rezensionen Müllers, in denen er immer wieder Bücher, Schriften, Theaterstücke und Ähnliches mit aktivistischem oder expressionistischem Inhalt erklärend darstellt und zumeist lobend kritisiert. Er fordert explizit zum lernenden Nachvollzug auf, wenn er beispielsweise nach einer Besprechung des Dramas ,Armand Carrel' resümiert, der Autor Heimann solle die deutsche Literatur formen, „dadurch, daß man ihn unbedingt liest, nachdenkt und nachlernt"[308].

Der Buchhändler, der diese Werke vertreibt, hat laut Müller daher eine Schlüsselstellung inne: Er müsse geistige Bedürfnisse wecken und erzieherisch tätig sein. Damit kommt „der Buchhändler […] im Arrangement der öffentlichen Funktion gleich neben dem Lehrer zu stehen"[309].

Robert Müller verharrte nicht in einem aktivistischen Theoriegebäude. Als Leiter der ,Österreichisch-Ungarischen Finanzpresse' von Januar 1918 bis Januar 1919 weitete er die Kulturberichterstattung in dieser Zeitung beträchtlich aus, die Zeitschrift ,Neue Wirtschaft' gab er 1918 zusammen mit dem jüngeren Bruder Erwin heraus. Die Kontrolle über das geistige Zeitschriftenwesen Wiens erlangte er schließlich mit der Gründung der ,Literari-

---

[306] Robert Müller: Deutschland und der Mensch. Das Tage-Buch, 22.1.1921, S. 67-74. In: ders.: Kritische Schriften III, S. 18 f.

[307] Ebd., S. 19.

[308] Ders.: ,Armand Carrel' und sein Autor. Der Neue Merkur 5 (1921/22), H. 5, S. 139. In: ders.: Kritische Schriften III, S. 27.

[309] Ders.: Kultur des Buchhandels. Literaria-Almanach, Wien 1921, S. 3–6. In: ders.: Kritische Schriften III, S. 41.

schen Vertriebs- und Propaganda-Gesellschaft mbH'[310], später ‚Literaria‘, ebenfalls gemeinsam mit dem Bruder Erwin am 28.7.1919. Dieses Unternehmen, das zu Beginn ein „kleiner Vertrieb literarischer Zeitschriften"[311] war, weitete sich im Laufe der Zeit zu einer der größten Sortimenter- und Großbuchhändlerfirmen Wiens aus:

„[U]m die neuen Ideen zu verbreiten, brauchte man eine fachliche Basis."[312] Unermüdlich versuchte er, die meist teuren geistigen Zeitschriften bei den Händlern zu platzieren, oft vergeblich (wofür nicht nur der hohe Preis verantwortlich sei, nach Müller liege es „auch an der für geistige Nahrung gesperrten Kapazität des Wiener Geistes"[313]).

Die idealistische Ausrichtung der ‚Literaria‘ geriet wegen der merkantilen Anforderungen immer mehr in den Hintergrund. Robert Müller trat daher 1923 aus der Gesellschaft aus und versuchte 1924, mit seinem eigenen Verlag ‚Atlantis‘ die aktivistische Forderung nach geistiger Wirkung umzusetzen. Wie notwendig Werbung und Propaganda für die Wirkung der geistigen Werke ist – schließlich sollen diese gelesen werden –, und wie wichtig für diese Zwecke ein kaufmännisches Verständnis ist, das dem rein Geistigen so nicht konträr gegenübersteht, sondern im Gegenteil dienlich ist, hat Müller schon zu Zeiten der ‚Literaria‘ erkannt. In seinem eigenen Verlag war er nun als Schriftsteller nicht vom Verlagsgeschäft abhängig und konnte daneben die Werke junger Schriftsteller verlegen, die ebenfalls aktivistische Überzeugungen vertraten, so seine Hoffnung. Das Verlagsprogramm bestand aus den ‚Literatur- und Kunstkritischen Neuerscheinungen‘, der ‚Atlantis-Edition‘ und der ‚Aktivistischen Bücherreihe‘[314], wobei die Titel der ‚Atlantis-Edition‘-Romane meist erotischen Inhalt versprachen, so Leser anziehen und die finanzielle Stütze des Unternehmens bilden sollten. Robert Müller hat sich redlich bemüht, seinen Worten im publizistischen Werk Taten folgen zu lassen.

---

[310] Genaue Angaben zu Müllers ‚Literaria‘ finden sich bei Stephanie Heckner: Die Tropen als Tropus, S. 154 ff., zu seinem Wirken im Zeitschriftenwesen ebd., S. 34 ff.

[311] Robert Müller: Literaria. Keine Geschichte mit beschränkter Haftung. Literaria-Almanach 1921. In: ders.: Kritische Schriften III, S. 47.

[312] Ebd., S. 46.

[313] Ders.: Kulturpolitik und Journalismus in Österreich. Prager Presse, 10.7.1921, S. 12 f. In: ders.: Kritische Schriften III, S. 35. Müller meint hier weiter: „Wir stehen vor einem Bilde geistiger Verheerung: die materiellen Umstände sind die Folgen, nicht Ursachen. Dieser Untergangsprozeß spielt sich jedoch nur in Wien und für Wien ab. In der Provinz regt sich starkes und neuschöpferisches, beinahe modernes völkisches Leben."

[314] Vgl. Stephanie Heckner: Die Tropen als Tropus, S. 162 f.

4 Der Praktiker Robert Müller: Aktivismus im literarischen Werk

Nach diesen Ausführungen ist nun zu fragen, inwiefern Müller die aktivistischen Überzeugungen auch in seinem literarischen Werk zum Ausdruck bringt. Während andere Aktivisten wie beispielsweise Kurt Hiller ausschließlich an das aktivistische Postulat im Pamphlet glauben, um ihre Überzeugungen in der Öffentlichkeit zur Wirkung zu bringen, versucht Müller, seine Ziele *auch* durch literarische Werke zu erreichen. Der rezeptionsästhetische Anspruch Müllers, so Stephanie Heckners Fazit, liege darin, dass der Leser aktivistischer Romane

„nach Abschluss des Leseaktes die Essenz des Buches nicht in sich trägt, als habe er sie empfangen, sondern als habe er sie selbst gerade produziert"[315].

Heckner beschreibt am Beispiel der Kommunikation zwischen den Protagonisten des ,Tropen'-Romans, Brandlberger und Slim, wie sich die wirk- und rezeptionsästhetischen Grundsätze Müllers hier konkretisieren.[316] Im Folgenden sollen nun, darüber hinausgehend und diesen Ansatz vertiefend, anhand der erzähltheoretischen Kategorien[317] der Figur, der Handlung, des Erzählers, der narrativen Textstrukturen und der verwendeten poetischen Mittel einige exemplarische literarische Werke Müllers[318] auf ihren aktivistischen Gehalt hin untersucht werden. Getreu Müllers Überzeugung, gemäß derer eine aktivistische Einstellung zu Handlungen führt und Kunst als Dienst am Menschen zu verstehen ist – also erkenntnistheoretisches Interesse beansprucht –, gilt es, seinen Aktivismus auch in den fiktionalen Schriften nachzuweisen. Der Aktivist Müller: War er wirklich bereit, sich dem Expressionismus zu ,opfern', oder überführte er den Aktivismus in einen spezifischen und wirkenden ,Politischen Expressionismus'?

Eine Annäherung an diese Frage bietet vielleicht die Tatsache, dass Robert Müller bis zu seinem Suizid 1924 die Arbeit an seinem literarischen

---

[315] Stephanie Heckner: Die Tropen als Tropus, S. 121 f.

[316] Vgl. ebd., S. 120 ff.

[317] Die Grundlage hierfür bildet das Werk von Matias Martinez und Michael Scheffel: Einführung in die Erzähltheorie, München 1999.

[318] Diese Arbeit muss sich beschränken auf die Untersuchung der Werke ,Tropen', ,Camera obscura', ,Die Politiker des Geistes' sowie ,Flibustier', die einen exemplarischen Ausschnitt aus Müllers literarischem Schaffen und dessen Entwicklung bieten. Eine eingehende Untersuchung weiterer Werke würde die gewonnenen Erkenntnisse allenfalls erhärten, nicht umkehren.

Werk nie eingestellt hat. Ein (leider verschollenes) Romanmanuskript mit dem Titel ‚Geld' lag zum Zeitpunkt seines Todes in der Schublade und sollte zusammen mit den Romanen ‚Tropen' und ‚Die graue Rasse'[319] den Abschluss einer Trilogie namens ‚Atlantis' bilden. Schon zu Beginn seiner literarischen und publizistischen Tätigkeit verteidigt er Ludwig von Ficker gegenüber seine Überzeugung, dass in einer literarischen Erzählung „eine transzendent sich gebende Idee in Figur zu bringen" absolut legitim sei, dass ein fiktionales Werk eine abstrakte Idee transportieren solle:

„Die Sprache ist zum Ausquetschen da, nicht zum petrunken [sic] werden. Und darum sind rationale Stellen in einer Arbeit absolut nicht schlecht oder anfechtbar."[320]

Diese ‚rationalen Stellen' sind es, die für Müller ein literarisches Werk zu einem relevanten Kunstwerk, zu einem ‚Denkroman' machen – der so zu einem Werkzeug des Aktivismus werden kann.

4.1 Die Anthropologie des neuen Menschen als aktivistischer Audruck

Im publizistischen Werk beschreibt Müller seine Vision des neuen Menschen[321] als unabdingbare Voraussetzung für eine Anpassung des Individuums an die moderne Umwelt. Die aktivistischen Forderungen – die Änderung der Gesellschaftsordnung im Hinblick auf bessere, gerechtere, geistigere[322] Lebensbedingungen – sind seiner Meinung nach nur von solchermaßen fortgeschrittenen Menschen in Gang zu bringen und in die Tat umzusetzen.[323] Dieser neue Mensch erscheint in unterschiedlichen Stufen

---

[319] Auch dieses Romanmanuskript ist verschollen, veröffentlicht wurden jedoch die Kapitel ‚Manhattan-Girl' (1920), ‚Brooklyn-Bridge' (1920), ‚Fantoma' (1920), ‚Die bronzene Rasse' (1921) sowie ‚Die graue Rasse' (1922).

[320] Robert Müller: Brief an Ludwig von Ficker, Wien, 4. Dezember 1912. In: ders.: Briefe und Verstreutes, S. 59. Er zitiert im Vorhergehenden Walter von der Vogelweide und bezieht „petrunken" auf dessen mittelalterliche Orthographie; die „Arbeit" bezieht er auf literarische Werke im Allgemeinen und ‚Irmelin Rose' im Besonderen.

[321] Vgl. Punkt 3.1.

[322] Anfangs vertrat Müller noch die Meinung und Hoffnung, die vermehrte Freizeit würde von den Menschen zur geistigen Bildung genutzt werden. Später war er der Ansicht, dass eventuell gewonnene Zeit in der Regel eher mit den Geist destruierenden Tätigkeiten gefüllt und nur zur Zerstreuung, nicht zur Fortentwicklung genutzt werden würde.

[323] Inwiefern Müller sich selbst und seine mitstreitenden Aktivisten als ‚neue Menschen' sieht, vermag ich nicht zu sagen – sicher ist, dass er von einer geistigen Überlegenheit, von einer

seiner Entwicklung und als unfertiger ‚Prototyp' ebenso wie als Figur in Müllers literarischen Werken. Dabei bezeichnet der neue Mensch innerhalb „Müllers Konzept der *Höherentwicklung* und *Vorläufigkeit* anthropologischer Positionen im Entwicklungsfluss"[324] keinen endgültigen Zustand: Da die Umweltbedingungen sich mit und durch den Menschen ändern, wird das menschliche Individuum nach Müller immer einer Entwicklung ausgesetzt sein.

Müllers „triadische[s] Modell"[325] dieser menschlichen Entwicklung[326] geht dabei aus vom ursprünglichen vegetativen Urmenschen, der sich in der westlichen Welt des 20. Jahrhunderts zum rationalen Kulturmenschen entwickelt habe und nun unter Berücksichtigung und Beibehaltung der vorhergehenden primitiv-sinnlichen und geistig-rationalen Entwicklungsstufe den neuen Menschen als vorläufig höchste noch zu erreichende Entfaltungsstufe habe. Wichtig für die menschliche Fortentwicklung ist laut Müller die Wiedergewinnung der sinnlichen Triebstrukturen, die im zeitgenössischen, rational dominierten Menschen, wenn überhaupt, nur unterdrückt vorhanden seien und die es für eine Anpassung an die Moderne zu reaktivieren gelte. Die expressionistische Sichtweise kommt nach Müller diesem vorläufigen Ideal schon nahe. Eine Möglichkeit der Verwirklichung des angestrebten anthropologischen Zustandes, die Umsetzung der aktivistischen Forderung nach dem neuen Menschen im literarischen Werk, liegt nun in der sowohl exemplarischen wie auch ambivalenten Darstellung dieses Typus als Figur in Müllers Prosa. Sein neuer Mensch erscheint hier, wie Christian Liederer erkennt,

„immer *vorläufig*, immer im Sprung auf eine *nächsthöhere anthropologische Entwicklungsstufe*: Er bleibt ewig werdend und dabei poetisches Experimentierfeld, in dem das Dichterwort kreist."[327]

Die Verwirklichung der dritten Stufe, so Liederers plausible Ansicht, liege im Leser selbst: „Die Literatur ist hier bei Müller die letzte Sprosse zur

---

Fortgeschrittenheit in der Entwicklung der Intellektuellen und Künstler ausgeht, die dem Ideal des neuen Menschen zumindest sehr nahe kommt.

[324] Christian Liederer: Der Mensch und seine Realität, S. 151, Anm. 3. Hervorhebungen vom Autor.

[325] Ebd., S. 142.

[326] Neben Schopenhauer, Bölsche und Nietzsche verweist Christian Liederer vor allem auf den Einfluss des Wissenschaftlers Haeckel für diese anthropologische Entwicklungstheorie Müllers. Vgl. Liederer: ebd., S. 135 ff.

[327] Ebd., S. 142. Hervorhebungen vom Autor.

Wirklichkeit"[328] – und wird so zu einem probaten aktivistischen Mittel. Die ambivalente Figurenzeichnung[329] Müllers, welche die Protagonisten auf dem Weg zum neuen Menschen mit positiven und negativen Zügen ausstattet, erzwingt vom Rezipienten im Idealfall kritisches Nachvollziehen und intensive Auseinandersetzung mit der Figur. Müller zeichnet keine Identifikationsfiguren und erlaubt so eine Deutungsoffenheit, die den Leser fordert. Im Folgenden werden die Protagonisten der Romane ‚Tropen‘, ‚Camera obscura‘, ‚Flibustier‘ und des Dramas ‚Politiker des Geistes‘ auf diese These hin untersucht.

4.1.1   Auf dem Weg zum neuen Menschen in ‚Tropen‘

Der Roman ‚Tropen‘ beginnt mit einem fiktiven Herausgeber-Vorwort und folgt damit formal einer etablierten Tradition, die dem folgenden Text einen (imaginären) Authentizitätsstatus zuschreibt. Seinen ersten großen Roman führt Müller so *nicht* als Fiktion ein, sondern als (ebenfalls imaginäre) Aufzeichnungen eines Ingenieurs mit Wahrheits- und Tatsachenanspruch.[330] Der Protagonist Hans Brandlberger wird in diesem Vorwort als Autor der folgenden ‚Urkunden‘ und Erzähler seiner authentischen Erlebnisse vorgestellt. Der fiktive Herausgeber erwähnt gleich eingangs die Diskrepanz zwischen dem „nicht eben heroische[n] oder auch charakteristische[n] Name[n]"[331] Brandlbergers und dessen wagemutigen Unternehmungen und gibt damit einen ersten Hinweis auf eine ambivalente Charakterzeichnung, dem sich die folgenden Beschreibungen Brandlbergers anschließen: Er „war keineswegs ein klarer und in seinen Absichten ausgesprochener Mensch; […] er war gründlich"[332]. Der Herausgeber sieht in ihm einen „Typus"[333], den typischen Vertreter eines jungen Mannes zu Beginn des 20. Jahrhunderts:

„Er war ein Grübler. Er war als der Typus des beginnenden 20. Jahrhunderts vor dem großen Kriege ein Mann ohne eigentliche Begabung und ohne Charakter, ja, kaum ein Mann von Geist - - wenn man unter Geist die harmonische Mischung von Freiheit und Gebundenheit des Urteils

---

[328] Christian Liederer: Der Mensch und seine Realität , S. 142.
[329] In welcher Weise Müller seine neuen Menschen ambivalent zeichnet, wird in den folgenden Punkten 4.1.1 bis 4.1.4 beschrieben.
[330] Hierauf wird in Punkt 4.2.1 und Punkt 4.2.4 dieser Arbeit noch näher eingegangen.
[331] Robert Müller: Tropen, S. 5.
[332] Ebd., S. 7.
[333] Ebd.

versteht. Und um Geist zu haben, war er zu frei und zuviel Wühltier. Aber er besaß die gewisse geistige Energie, die dieses Jahrhundert in seinem Beginne auszeichnete. Er war tief - - das heißt kleinlich, bei starkem, ethischem Interesse amoralisch und in mehr als einem Sinne liberal. Er war stets ein wenig böse und gereizt gegen sich. Er war analytisch."[334]

Aufschlussreich an dieser Beschreibung von Brandenbergers Intellekt ist die Position, von der aus der fiktive Herausgeber wertet. Dieser geht mit einer gewissen Einschränkung („wenn man […] versteht") vom aufklärerischen, kantianischen Standpunkt aus, der die Urteilskraft als Zeichen höchster Geistigkeit ansieht und damit jenes Vermögen kennzeichnet, das Besondere im Allgemeinen enthalten zu denken. Das sinnlich Gegebene wird dabei unter Kategorien subsumiert und dadurch als Erkenntnisgegenstand angeordnet[335], das Allgemeine ist das Sittengesetz als Tatsache der Vernunft, der das Wollen zu unterwerfen ist.[336] Somit ist das kantianische Erkenntnismodell zwar am Subjekt und dessen apriorischen Erkenntnisformen Raum und Zeit festgemacht, aber es ist nicht relativ, sondern postuliert mit der Allgemeingültigkeit des Sittengesetzes eine normative, für alle erkennenden Subjekte geltende statische Erkenntniskategorie. Brandlberger unterwirft sich nach der Herausgeber-Beschreibung jedoch erkennbar nicht dem Diktum Kants, gemäß dem allein die Vernunft und der Verstand als „konstitutive Erkenntnisprinzipien a priori"[337] die Urteilskraft – und damit die Intellektualität – des Menschen bestimmen[338]. Er wird von dem Herausgeber, der ihn hauptsächlich aus seinem Werk heraus kennt, geschildert als ‚frei', ‚liberal', ‚amoralisch', ‚analytisch', ‚tief' und versehen mit einer ‚gewissen geistigen Energie' – und vereint demnach durchaus Charakterzüge des neuen Menschen in sich. Die modernen dynamischen Kategorien eines expressionistischen Wirklich-

---

334 Robert Müller: Tropen, S. 7.

335 Vgl. Immanuel Kant: Kritik der reinen Vernunft, EA Riga 1781, umgearbeitet 1787. Gesammelte Schriften (Akademieausgabe), Bde. III und IV, 1903/1904 (Repr. 1968).

336 Ders.: Kritik der praktischen Vernunft, EA Riga 1788. Gesammelte Schriften (Akademieausgabe), Bd. V, 1908 (Repr. 1968).

337 Ders.: Kritik der Urteilskraft, EA Berlin 1790, 1799. Gesammelte Schriften (Akademieausgabe), Bd. V, 1908 (Repr. 1962). Stuttgart 1963, S. 15.

338 Inwiefern das Theoriegebäude Müllers Bezüge zu Kant aufweist, ist bisher nicht eingehender betrachtet worden. Die Ergebnisse einer solchen Untersuchung, die Differenzen, aber auch Parallelen aufdecken würde, wären literaturwissenschaftlich auch nur von marginalem Wert, könnten philosophiehistorisch jedoch zu einem erweiterten Expressionismus-Verständnis beitragen.

keitsvollzuges prägen demnach auch das Wesen des Protagonisten Brandlberger, der „frei" und wie ein „Wühltier" in bisher unerschlossene Daseins-
bereiche – sowohl innerpsychisch als auch räumlich – vordringt und der dabei nicht kategorisierbar ist.

Der fiktive Herausgeber kommt zu dieser recht umfassenden Einschätzung Brandlbergers im Wesentlichen durch die Lektüre von dessen ‚Urkunden‘, also den Aufzeichnungen, die der Tropenreisende dem Zeitschriften-
redakteur zur Veröffentlichung übergibt. Das unscheinbare Äußere
Brandlbergers verleitet den Herausgeber dazu, ihn nach dem ersten Augen-
schein als „junge[n] Durchschnittsdeutsche[n]"[339] zu typisieren, was er nach
der Durchsicht des Manuskriptes offensichtlich revidiert. Es erscheint nicht
geeignet für die Zeitschrift, bei der der fiktive Herausgeber arbeitet, da diese
nur Arbeiten „auf allgemein verständlicher Grundlage"[340] veröffentliche –
Brandlbergers Ausführungen sind dies, wie er erkennt, nicht:

„Der Gang der Erzählung wird durch langwierige Ausführungen unterbrochen und die Technik des Vortrages ergeht sich streckenweise in so un-
geheuerlichen philosophischen Abschweifungen, daß es fraglich erscheint,
ob der Verfasser überhaupt je so etwas wie einen erzählenden Stil beabsich-
tigt habe."[341]

Wie stellt Brandlberger sich selbst in seinen Aufzeichnungen nun dar? Von
einem Ingenieur, der zudem als analytischer Typ eingeführt wurde, wäre ein
knapper, unausgeschmückter, nüchterner Bericht seiner Erfahrungen im
Dschungel zu erwarten; doch schon der Eingangssatz beschwört in poetischer Form die Reize des Weiblichen im Allgemeinen und den besonderen
Zauber der Indianerin Zana:

„Mädchen und Frauen aller Länder und Rassen habe ich gesehen, farbige
Schönheiten von verschiedenstem Reiz, aber die übernatürliche seltsame
Wirkung, die von Zana ausging, habe ich nie mehr erfahren."[342]

---

[339] Robert Müller: Tropen, S. 7.
[340] Ebd., S. 6.
[341] Ebd. Auf diesen Kunstgriff Müllers, der hier den fiktiven Herausgeber die im weiteren
Romanverlauf von Brandlberger geäußerten Überzeugungen als ‚ungeheuerlich‘ relativieren
lässt und somit seine eigene in den ‚Tropen‘ zum Ausdruck kommende Philosophie zur Disposition stellt, wird in 4.2.4 dieser Arbeit eingegangen.
[342] Ebd., S. 11.

Der Ich-Erzähler Brandlberger gibt sich gleich mit den ersten Worten seiner Aufzeichnungen als Dichter: Der kunstvolle Satzbau – zwei Akkusativobjekte werden vorangestellt, ein erweitertes Akkusativobjekt wird eingeschoben, die Adjektive beschwören die Sphäre des Phantastischen – rückt mit poetischen Mitteln die für Brandlberger offensichtlich faszinierende und zum Teil unerklärliche Welt des Weiblichen in den Mittelpunkt und unterläuft die Erwartungen, die der Rezipient an den Reisebericht eines Ingenieurs stellen könnte. Auch die Schilderung der tropischen Flussfahrt ist kunstvoll und poetisch ausgeschmückt und entspricht nicht einem analytisch-ingenieurhaften Sprachduktus:

„Milde wie fließender Honig trieb die unmerkliche Strömung dazwischen hin, mehr eine Überschwemmung denn ein Flussbett. […] Feiste Lianenarme halsten die überhängenden Bäume und nährten ein Gefolge von laszive blickenden Blüten."[343]

Ebenso poetisch beschreibt Brandlberger den Dschungel und dessen Wirkung auf die Expeditionsteilnehmer, auch hier wird die Natur erotisch konnotiert:

„Aus allen Poren des Dschungels steigt der Dunst, die Luft wird schlürfbar und brühwarme Wellen umrieseln den Körper, wo ein Balken Licht sich zur Erde durchgezwängt hat."[344]

Der Dschungel wird personifiziert und erotisiert, die Sinnsphären vermischen sich: Aus Luft und Licht wird fühlbare Flüssigkeit. Die Worte bezeichnen hier kein objektives Geschehen mehr, sondern werden zum Ausdruck der subjektiven Empfindungen Brandlbergers. Mittels dieser poetischen Abweichungstechniken kann der Erzähler nun beim Rezipienten Wahrnehmungsgewohnheiten brechen und die subjektiven Empfindungen so für den Leser evozierbar und nachvollziehbar machen. In Abgrenzung zu Jack Slim und nachdem der Aufenthalt der Tropenreisenden im Indianerdorf schon fortgeschritten ist, bezeichnet sich Brandlberger schließlich selbst als Dichter:

„Ich aber, der Ingenieur, ich hatte den Beruf verfehlt. Ich war zum Dichter bestimmt, mein Element war von Natur aus die Poesie!"[345]

---

[343] Robert Müller: Tropen, S. 16.
[344] Ebd., S. 37.
[345] Ebd., S. 57.

Die Poesie erscheint Brandlberger dabei geeignet, als Erkenntnismittel und Katalysator gesellschaftlicher Entwicklungen zu dienen. Er möchte die Dschungelreise als „lehrreichen Fall"[346] schildern, „zum Wohle der Allgemeinheit [...] an ihrer Hand Lehren [...] geben"[347]. Slim wird zu diesem Zweck charakterisiert als „Mann der Zeit", der sich im Gegensatz zu den anderen Expeditionsteilnehmern gut der Dschungelsituation anpassen kann:
„Sein Zivilisationsbewußtsein mußte rasend wach sein, mußte die Gleichzeitigkeit alles im Augenblick Geschehenen erfassen."[348]

Diese Anpassungsfähigkeit, die Slim sowohl mit der Rationalität der Zivilisation wie mit der primitiven Sinnlichkeit des Dschungels keine Probleme haben lässt, ist es, die Brandlberger als beispielhaft für den modernen Menschen erkennt und die er – explizit als Dichter und nicht als Chronist – propagiert:
„Als Dichter bin ich zu dem Zeugnis ermächtigt, daß er [Slim, Anm. B. P.] damit in Mode kommt. Ich bin hierfür als Dichter nachgerade verantwortlich."[349]

So stellt Brandlberger einerseits Slim als den höher entwickelten Typus, als den Prototyp des modernen Menschen dar, andererseits sieht er sich selbst als Schaffenden, Nachvollziehenden, über ihm stehend, wenn er behauptet, dass „*der Dichter [...] stets genialer als sein Geschöpf*"[350] sei. Hier kommt die Fähigkeit, Stimmungen zu empfinden, zum Tragen – eine Fähigkeit, die Brandlberger Slim abspricht („er kannte keine Stimmung. Da hatte ich ihn: er war kein Dichter"[351]) und die den dichtenden Ingenieur während der „Tropenlernzeit"[352] befähigt, in Verbindung mit seinem analytisch-kritischen Verstand selbst eine Entwicklung zu durchlaufen. Slim entwickelt sich im Romanverlauf nicht nennenswert, er wird schon als moderner Typus eingeführt und bietet so in Verbindung mit dem Dschungelerlebnis eine ideale Reibungs- und Projektionsfläche für Brandlbergers geistige Reifung.

---

[346] Robert Müller: Tropen, S. 22.
[347] Ebd.
[348] Ebd., S. 57.
[349] Ebd.
[350] Ebd., S. 58. Hervorhebungen vom Autor.
[351] Ebd., S. 57.
[352] Ebd.

Zu Beginn der Reise sind es allerdings Natureindrücke, die Brandlberger zu zwei entscheidenden Einsichten führen: Zum einen hat er nach zwei Tagen auf dem Fluss ein Erlebnis der Einheit mit der Natur, er fühlt die Identität des Ursprungs allen Lebens, eingeschlossen seines menschlichen, im Angesicht der überbordenden Fülle der tropischen Flora und Fauna:

„Zwischen mir und diesem Leben rings existiert nicht nur vielleicht eine metaphysische, es existiert sogar eine sehr hervorragende, ganz materielle Identität: In der Tat, diese Blume und ich sind weitläufige Verwandte."[353]

Diese monistische Weltsicht, die Müller den Protagonisten Brandlberger hier äußern lässt, findet sich in ebendieser Form in seinen publizistischen Werken und wird zur Voraussetzung für die Empathie, die den neuen Menschen befähigt, Ich und Welt relativ und immer miteinander verbunden zu denken. Indem der neue Mensch die ‚weitläufige Verwandtschaft‘ von Blume und Mensch und damit die Verbundenheit alles Seienden erkennt, kann er die Rationalität des Vernunftmenschen überwinden und zum Geistesmenschen werden. Müllers Mittel, um diese Einsicht zu transportieren, ist die poetische Sprache, die er Brandlberger schreiben lässt: Der Ingenieur, qua Beruf Vernunftmensch, öffnet sich den irrationalen Lebensbereichen und schildert dies nicht rational, sondern poetisch, und führt den Rezipienten so über eine nüchtern-sachliche Ebene des Verstehens hinaus in ein intuitiv nachvollziehbares (Mit-)Erleben des Postulierten. Die poetische Sprache bedeutet für Müller so ein Mittel, die nicht vernunftmäßig zu begründenden, nicht beurteilbaren metaphysischen Annahmen des Monismus für das Subjekt auf dem Weg zum neuen Menschen intersubjektiv erfahrbar zu machen.

Zum anderen entwickelt Brandlberger beim Anblick des von Rudern aufgewirbelten schlammigen Wassers seine Theorie des umspringenden Akzents, den er später ‚Phantoplasma‘ nennen wird. Diese Theorie, auf die Brandlberger immer wieder zurückkommt, wird von ihm verdeutlicht mit dem bekannten Bild Einsteins, beim Blick aus einem fahrenden Zug könne man auch das Gefühl haben, die Landschaft ziehe vorbei, während der Zug still stehe. Diese Akzentverschiebung führt bei Brandlberger zu einer neuen, nun relativen Weltsicht:

„Der Akzent, halt! Da hatte ich es. Der Akzent gibt ganze Perspektiven wieder, ganze Realitäten lasten auf ihm. Mittels einer sogenannten Sinnestäuschung konnte die Welt zu einer anderen umgestülpt werden. Wer wird

---

[353] Robert Müller: Tropen, S. 18.

nun sagen können, diese ist die richtige und jene ist die falsche? Wer kann beweisen, wo die Störung und wo der Normalzustand liegt? [...] Das, was ich entdeckt habe, ist ja nichts anderes als das Symbol der Paradoxie. Wir alternieren eine Sache, wir machen es anders, absurd, verkehrt, und siehe da, es ist auch etwas."[354]

Die Funktion der poetischen Sprache Brandlbergers könnte man so zusammenfassend als Förderung der Stimmungsempfindung ansehen und in letzter Konsequenz daher als Anreiz der menschlichen Entwicklung und Erkenntnis: Eine rein analytische Sprache spricht nur den rationalen Teil des Verstandes an; nach der Betrachtung der publizistischen Werke Müllers ist jedoch deutlich geworden, dass es ihm in seiner Gesellschaftstheorie darauf ankommt, für eine adäquate Reaktion auf die moderne Welt auch die in der westlichen Ordnung verschütteten sinnlichen, gefühlsmäßigen Potenzen des Menschen verfügbar zu machen. Indem Müller Brandlberger poetisch erzählen lässt, kann dessen Entwicklungsprozess in den Tropen für den Leser erst nachvollziehbar werden. So lässt er Brandlberger im Hinblick auf die erkenntnisfördernde Wirkung der poetischen Sprache und des Paradoxes proklamieren:

„Lernet die Wirklichkeit skandieren! Gleichberechtigung für das Paradoxe. Es eröffnet neue Welten [...]. [...] Gilt es nichts, wenn wir in Symbolen und Gleichnissen sprechen, gilt die Erholung, die in der fruchtbaren Lüge liegt, nichts? Nieder mit den Gegnern der Lebenslüge! Wir, die wir um sie wissen, die wir sie durchgemacht haben mit allen ihren Versuchungen, wir bejahen sie, wir machen sie mundtot, indem wir sie dichten lassen."[355]

Seine analytischen Fähigkeiten verhelfen Brandlberger zu seinen Erkenntnissen, der Dichter in ihm bringt diese zu einem nachvollziehbaren Ausdruck. Mit Jack Slim platziert Müller nun eine Figur, die sich im Verlauf der Erzählung nicht entwickelt. Slim verfügt zwar über viele für den neuen Menschen unabdingbare Qualitäten, verkörpert diesen aber noch nicht in Vollendung, ebensowenig wie der im Verlauf der Erzählung durchaus geistig reifende Erzähler Brandlberger, der am Ende im Hinblick auf Slim und wohl auch auf sich selbst bilanziert:

---

[354] Robert Müller: Tropen, S. 34.
[355] Ebd.

„Aber obwohl er ein Sport von einem Manne war, kann doch kein Zweifel bestehen, daß er die Form des neuen Menschen nicht rein verkörperte. Dazu war er sich seiner Entwickelung noch zu bewusst. *Man muß nicht wissen, woher man kommt; man muß es gewußt haben.*"[356]

Eingangs beschreibt Brandlberger Slim als „kühl und hitzig, baumlang, stark und furchterregend"[357]. Diese „eigentümliche Zusammenstellung"[358] ist es, die es dem Erzähler schwer macht, ihn einzuschätzen und das gegenseitige Verhältnis zu bewerten:

„Ist er mein Feind, dieser Slim, ist er mein Freund, mein Bruder, deute ich seine Seltsamkeit recht und billig wider mich, für mich?"[359]

Slim erscheint Brandlberger „unheimlich wie ein Mörder, lächerlich wie ein Dichter, sympathisch wie ein Spießbürger"[360] und ist damit als Charakter von Müller – ebenso und in noch größerem Maße als die Figur des ‚Tropen'-Erzählers selbst – ambivalent gezeichnet. Die Zwiespältigkeit Slims, der an dieser Stelle erstmals als „Prototyp des zukünftigen Menschen"[361] bezeichnet wird, zeigt sich sowohl in dessen Wesen wie auch in seinem Äußeren: Er verfügt über ein „edles und schönes Gesicht", das „furchtbar und abstoßend lächeln"[362] könne. Wie der Erzähler Brandlberger entzieht sich die Figur des Slim einer eindeutigen Zuordnung und Kategorisierung und bleibt so deutungsoffen. Beide Protagonisten überwinden einen eindeutigen Standpunkt und tragen der Paradoxie des Daseins Rechnung. Die Mischung von Bewunderung und Abneigung, die Brandlberger seinem souveränen Reisegefährten entgegenbringt, trägt zu einem guten Teil zu seiner Entwicklung im Expeditionsverlauf bei. Brandlberger gewinnt und präzisiert seine Erkenntnisse im Austausch mit Slim – „In der Tat, schon lehrte Slim mich sehen"[363] –, die Widersprüche werden für ihn produktiv, er wächst an ihnen.

Sowohl Slim als auch der dritte Tropenreisende, der Holländer Van den Dusen – er verkörpert das lebensschwache rational-wissenschaftliche Prin-

---

[356] Robert Müller: Tropen, S. 243. Hervorhebungen vom Autor.
[357] Ebd., S. 11.
[358] Ebd.
[359] Ebd., S. 28.
[360] Ebd.
[361] Ebd.
[362] Beide Zitate ebd., S. 66.
[363] Ebd., S. 56.

zip und macht erst nach Slims Tod eine kaum erwähnenswerte Entwicklung durch –, sind in der Forschung als eigenständige Protagonisten[364] wie auch als Akzentuierungen oder Abspaltungen von Brandlbergers Ich interpretiert worden[365], was sich aus deren statischer Zeichnung und der Konzeption des neuen Menschen als Wesen der Reflexion plausibel ergibt. Liederer merkt dazu an:

„Selbstreflexivität und damit Entwicklung und Fortschritt kann es aber nur geben, wenn es *Polaritäten* – Akzente – gibt, eine Spaltung. Alles Neue, auch der neue Mensch, bedarf ihrer. Die Einheit *muss* sich differenzieren; nur so entsteht das *Andere*, das *Neue*."[366]

Ebenso kann man die Protagonisten Slim und Van den Dusen als Träger verschiedener Prinzipien oder Wesensmerkmale des neuen Menschen, mit denen Brandlberger zur Fortentwicklung eine Synthese eingehen muss, interpretieren: Die vegetative Geistigkeit Slims und die rationale Wissenschaftlichkeit Van den Dusens, zusammen mit der künstlerischen Analytik Brandlbergers, führen diesen nahe an das Ideal des in der fünften Dimension des absoluten, Zeit und Raum überwindenden Bewusstseins lebenden neuen Menschen heran.

Was Müller in seinem ‚Tropen'-Roman im Hinblick auf diesen neuen Menschen fiktional gestaltet und an diesem Ort den Erzähler Brandlberger darlegen lässt, ist seine These der Entwicklungsstufen der Menschheit. In der publizistischen Schrift ‚Abbau der Sozialwelt' von 1919 stellt er diese selbst vor: Die erste Stufe bezeichnet den vegetativen Sinnenmenschen – in ‚Tropen' durch die Indianer expliziert –, die zweite den rationalen Kulturmenschen – vor allem vertreten durch die Figur Van den Dusens – und die dritte den vegetativen Geistmenschen. Die dritte Stufe sei in der menschlichen Entwicklung noch nicht erreicht und schließe die vorhergehenden Stufen ein. Relativismus und Subjektivismus ermöglichen dabei ein Nebeneinander vieler möglicher Welten:

---

[364] So z. B. bei Wolfgang Reif: Robert Müllers „Tropen" (1975), der Brandlberger und Slim als reale Protagonisten und als Darstellung der laut Reif schizoiden Persönlichkeit Müllers selbst sieht – eine Position, die sowohl von Heckner als auch von Liederer zurückgewiesen wird.

[365] Vgl. hierzu Christian Liederer: Der Mensch und seine Realität, S. 152 ff.: „Mit Sicherheit hat Müller mit der – zumindest fakultativ rezipierbaren – Auslagerung der Person Slims aus Brandlbergers Psyche das Motiv der *Selbstbespiegelung*, das in den *Tropen* ja durchgängig zur Sprache gebracht wird, *auch figural* umsetzen wollen." Ebd., S. 153. Hervorhebungen vom Autor.

[366] Liederer, S. 153. Hervorhebungen vom Autor.

„Die Zukunft ist [...] eine vielweltliche und der Mensch wird in Welten zugleich leben, nicht allein in der des Tages und der Kultur. Auf unsere heutige Weise versäumt er sich ja zur Hälfte. [...] Nicht nur die Romane der Expressionisten, auch der Wissenschafts-Relativismus zeigt einen vegetativen Menschen an, den in vielen Welten Lebenden und Möglichen."[367]

Da diese dritte Stufe in der Entwicklung der Menschheit noch nicht abgeschlossen ist, wird das Buch wichtig, das geeignet ist, diese Entwicklung anzustoßen. Während Müller zu diesem Zweck in seinem fiktionalen Werk und besonders in ,Tropen' dieser Idee des vegetativen Geistmenschen Form verleiht, beschließt Brandlberger, der sich kurzzeitig während einer Stagnationsphase der Expedition am Ende aller Erkenntnis wähnt, das geplante Buch, das er ,Tropen' nennen wollte, „über meine Erfahrung vom Verkehr und der Wirkung von Mensch auf Mensch" *nicht* zu schreiben:

„Ich habe keine Aufmerksamkeit mehr dafür, verborgenen Zusammenhängen nachzuspüren, und menschliche Tiefen und geistreiche Falschheiten sind mir selbstverständlich geworden."[368]

Brandlberger ist hier somit implizit der Meinung, dass ein Buch vorrangig der Erkenntnis und Fortentwicklung des Dichters selbst dient. So äußert er die Ansicht:

„Es ist immer eine schmutzige Sache, wenn einer Bücher schreibt, zumal aber solche über die Tropen. Denn die Tropen sind die Kinderschuhe der Menschheit. Wer sie ausgetreten hat, wäre reif und dichtete sie nicht."[369]

Die „Reife" trete dabei „zugleich mit dem Untergange ein"[370], er „weiß, daß die Welt dadurch nicht verändert wird"[371], dass er ein Buch schreibe. Nach diesem Resümee beschließt er, mit Zana oder einer anderen Indianerin im Dschungel ein unreflektiertes wildes Leben zu führen – das Prinzip des vegetativen Sinnenmenschen drängt den rationalen Kulturmenschen in Brandlberger zurück. Doch bald darauf, nach Verinnerlichung des Trieb-

---

[367] Robert Müller: Abbau der Sozialwelt. Die neue Rundschau, 30, Bd. 1, 1919. In: ders.: Kritische Schriften II, S. 361.
[368] Beide Zitate ders.: Tropen, S. 184.
[369] Ebd., S. 185.
[370] Ebd.
[371] Ebd., S. 189.

prinzips, reflektiert er seine Situation und die der anderen Tropenreisenden aufs Neue und konstatiert einen gehobenen, „irrsinnigen" Geisteszustand:

„Wir waren irrsinnig! Wir waren sämtlicher Verantwortlichkeiten los und ledig! […] wir armen Seelen, wie hoch standen wir über dem gesunden Durchschnittsmaß! Wir waren den entgegengesetztesten Affekten zugänglich …"[372]

Nach dieser Einsicht möchte er seine Erfahrungen nun doch weitergeben, er plant „ein Buch für alle jene, die nicht dabei sind, wenn ich irrsinnig bin und in Lauten rase!"[373]. Slim trägt sich ebenfalls mit dem Gedanken, ein Buch zu verfassen, und er macht deutlich, was er damit bezwecken will. Seine „Haltung als Schriftsteller ist durchaus praktisch: erste Hilfe bei Unglücksfällen!"[374]. Er möchte mit seinem Werk die Entwicklung der Menschen zum höheren Typus, zum neuen Menschen in Gang bringen: „Und es gilt, diesem Typus sich etablieren zu helfen."[375] In beiden Fällen wird also bezweckt, durch die Darstellung des neuen Menschen beim Leser eine Entwicklung anzustoßen. Die nächsthöhere anthropologische Entwicklungsstufe, in der der Mensch nicht gelähmt ist von der Analyse, die er als Affekt überwunden hat[376], soll idealerweise im Rezipienten verwirklicht werden; das künstlerische Werk leistet Entwicklungsarbeit[377]. Das adäquate poetologische Mittel hierzu ist jedoch nicht, wie Brandlberger vorschlägt, „einfach die Resultate hinschreiben […], einen Berichtzettel abgeben". Müller legt hier Slim seine Poetologie der Formgebung in den Mund, wenn dieser darauf antwortet:

„Man muß das gestalten, es soll nicht mir nichts dir nichts vom Stapel gelassen werden wie fertige Wissenschaft. […] Man muß erfinderisch Rechenschaft ablegen, heimtückisch motivieren, die seelischen Vorgänge im Fluß erstarren lassen und dennoch nie das Gefrorene daran zur Empfindung bringen. Man muß die logischen Verbindungsglieder vernachlässigen, wie sie die Wirklichkeit vernachlässigt, und die Verlaufskette erst nachträglich lückenlos schließen. Ein Kunstwerk soll es nun nicht eben sein, bloße Kunstwerke sind zwar sehr erfreulich, aber doch auch unwesentlich für die

---

[372] Robert Müller: Tropen, S. 192.
[373] Ebd., S. 193.
[374] Ebd., S. 202.
[375] Ebd.
[376] Vgl. ebd., S. 202 f.
[377] Dies ist auch die These Liederers. Vgl. ders.: Der Mensch und seine Realität, S. 142, S. 360 ff.

Menschheit. Aber eine Geschichte soll doch wirksam und überzeugend sein und nur das Gute hat diese Eigenschaften. Man muß also gestalten. Und ich muß also den neuen Menschen höchsteigens auftreten lassen. [...] Er soll nicht nur rezensiert werden, er soll auch singen und handeln."[378]

Die im Buch dargestellten Charaktere fungierten hauptsächlich als „Träger von Ideen"[379]. Dass dies nun Müllers ureigene Ansichten sind, lässt sich außer an den nahezu identischen Überlegungen in dessen publizistischem Werk auch dadurch belegen, dass der Autor Müller in seinem Roman ‚Tropen' die Figur Slim den Plan eines Romans gleichen Namens äußern lässt, in dem „eine diesbezügliche Gebrauchsanweisung"[380] eingeflochten sein werde.

Nur der aktive, mit Schwierigkeiten behaftete Nachvollzug der im Werk „auf solchen Schleichpfaden"[381] versteckten Theorie und der damit verbundene intellektuelle Kraftakt ermöglichen nach Müller eine Fortentwicklung beim Rezipienten. Mithin verfügt so das dichterische Werk über einen höheren Wirkungsgrad als die publizistische Schrift, auch wenn es einen langsameren Effekt hat. Müller schreibt mit ‚Tropen' ein Buch, in dessen Verlauf er die Protagonisten einerseits den neuen Menschen skizzieren lässt, sie andererseits selbst als Menschen auf der Schwelle zum neuen Menschen darstellt und sie über die poetischen Mittel, mittels derer der neue Mensch etabliert werden könnte, referieren lässt. Es ist nun am Leser, den Weg zum neuen Menschen zu erkennen und zu beschreiten. So kommt auch Christian Liederer nach der Herausstellung von Müllers philosophischen Prämissen aus dessen publizistischen sowie fiktionalen Werken zum Schluss, dass Müller „immer [...] auf *das Leben hinter dem Text*"[382] einzuwirken suche, dass sein poetisches Schaffen die Fragen trügen, „„Wie kommt das Neue in die Welt?' und ‚Wie bringe ich das Neue in die Welt?'"[383]. Für Müller folgt aus der „neuen, ästhetischen Einstellung zur Wirklichkeit"[384] der neue Mensch, der die Realität als „phantoplastische[n] Ausdruck des schöpferischen Le-

---

[378] Robert Müller: Tropen, S. 207.
[379] Ebd., S. 210.
[380] Ebd., S. 202.
[381] Ebd.
[382] Christian Liederer: Der Mensch und seine Realität, S. 366.
[383] Ebd., S. 368, Anm. 3.
[384] Ebd., S. 368.

bens"[385] versteht. Ein Mittel nun, ihn hervorzubringen, ist seine Darstellung im Buch, das so, indem es nicht nur ihn, sondern auch seine paradoxen Phantoplasmen (im Sinne von je subjektiv Geltung beanspruchenden Wirklichkeitsfacetten) aufzeigt, auf eine Veränderung im Rezipienten hinwirkt. Die Darstellung des neuen Menschen zielt auf eine aktivistische Formung des Lesers: Dieser muss, „von der Lektüre [des] Manuskriptes scharf, argwöhnisch und kombinationslustig gemacht"[386], die Leerstelle füllen, die mit dem Tod der Figuren Slim und Brandlberger entstanden ist. Anders als durch Publizistik oder Politik kann der Einzelne so auf dem subtilen, nachhaltigeren ästhetischen Weg zur Erkenntnis gelangen.

4.1.2   *Intellekt und Verbrechen: Der neue Mensch in ‚Camera obscura'*

Auch in Müllers Roman ‚Camera obscura' steht das Motiv der Entwicklung im Vordergrund, bereits der Titel deutet darauf hin.[387] Der neue Mensch bekommt hier im Vergleich zu seiner Darstellung in ‚Tropen' in den Figuren des Detektivs Steward und des erneut dargebotenen Jack Slim deutlichere, wenn auch ebenfalls nicht abgeschlossene Konturen. Und wie in dem Dschungel-Roman, so ist es auch in dieser Detektivgeschichte Jack Slim, an dem der Protagonist, hier Steward, sein geistiges Potenzial erweitern und schärfen wird.

Jack Slim wird in ‚Camera obscura' eingeführt als „Professor der Magie"[388], der in die fiktive europäische Großstadt Oaxa kommt, um – vordergründig – seine Gesellschaftstheorie dem Gesandten San Remo zu erläutern und sie mit dem Medium Nitra einem größeren Publikum erklärend zu unterbreiten. Slims Thesen zur Entwicklung der Gesellschaft sind zum Zeitpunkt des Erzählens der Begebenheiten schon Wirklichkeit geworden, diese

---

[385] Christian Liederer: Der Mensch und seine Realität, S. 368.

[386] Robert Müller: Tropen, S. 7. Müller lässt den fiktiven Herausgeber hier einen Hinweis auf die adäquate Rezeptionsart geben.

[387] Liederer führt den Titel ‚Camera obscura' auf ein Schopenhauer-Zitat zurück und sieht den Roman Müllers geprägt von den Lehren Schopenhauers in ‚Die Welt als Wille und Vorstellung': „Bei Schopenhauer wie bei Müller hat dabei die Camera obscura die gleiche symbolische Funktion, ist sie doch beiden ein *Gleichnis für den menschlichen Bewusstseinsapparat.*" (Liederer, a. a. O., S. 215. Hervorhebungen vom Autor.) Doch nicht nur das passende Bild für die These, dass „die Welt nur für unsere Vorstellung so existiert, wie sie uns erscheint, und vom erkennenden Subjekt abhängig ist" (ebd.), ist in dem Titel gegeben, die Camera obscura als fotografisches Gerät hilft nicht nur, Wirklichkeit selektiv abzubilden, diese Bilder der Welt müssen erst *entwickelt* werden, wie der neue Mensch entwickelt werden muss.

[388] Robert Müller: Camera obscura, S. 10.

Entwicklung deutet sich in der aktuellen historischen Zeit, in der die Geschehnisse in ‚Camera obscura' angesiedelt sind, jedoch in ihrem Beginn erst an.[389] Diese in dem Roman von Jack Slim vorgestellte Theorie der Gesellschaftsentwicklung, die sich mit der des Autors Müller weitgehend deckt und die dieser in einigen publizistischen Werken[390] nahezu identisch wiedergibt, muss im Zusammenhang mit der expressionistischen Konzeption des neuen Menschen hier eingehender erörtert werden, da sie Müllers Überlegungen zur gesellschaftlichen Entwicklung in einen Zusammenhang mit seinem Kunstverständnis bringt: Slim siedelt seine Voraussagen zum zukünftigen Zustand der westlichen, europäischen Gesellschaft „[a]n der Wende des zwanzigsten zum einundzwanzigsten Jahrhundert[s]"[391] an. Nach „drei großen Weltkriegen"[392] sieht Slim die Gesellschaft der Zukunft „in einer geistigen Krise, die mit der feierlichen Ordnung, dem Wohlstand und der bürgerlichen Geruhsamkeit, die allenthalben herrschten, in seltsamem, beinahe unverständlichen Widerstreite stand"[393].

Die „riesigen weltumspannenden" Kriege hätten zu „sozialen Umstürzen" und einem „allgemeinen Erschöpfungszustand" geführt. Der Staat sichere dabei der in der Organisationsform einer „kleinstbürgerlichen Demokratie"[394] an die Macht gelangten arbeitenden Klasse einen sicheren Lebensunterhalt, den ein geistiger Arbeiter nur erhielt, wenn er „seine geistige Leistung durch eine nützliche Handbeschäftigung aufwog"[395]. Die Mediokrität einer solchen Gesellschaft – „[o]berflächliche und hübsche Dinge erfreuten die zu einem braven festen Glücke gekommenen Massen"[396] – führte nun dazu, dass [s]tarke philosophische Geister und ihre Gebilde [...] nicht ertragen" wurden:

---

[389] Zur komplizierten Zeitschichtung in ‚Camera obscura' sei auf Punkt 4.2.1 verwiesen.

[390] So z. B. in ‚Der Bürger, der Kommunist und der Geistige', ‚Bolschewik und Gentleman', ‚Der Bürger'.

[391] Robert Müller: Camera obscura, S. 23.

[392] Ebd., S. 28. Die Weltkriege müssen, folgt man der Erzähllogik, zu dem Zeitpunkt, an denen Slim seine Theorie San Remo vorstellt, schon stattgefunden haben. Zu den widersprüchlichen Zeitangaben des Erzählers verweise ich auf Punkt 4.2.4 dieser Arbeit.

[393] Ebd., S. 23.

[394] Alle vier Zitate ebd.

[395] Ebd. Diese Ansicht, dass ein geistig Arbeitender auch immer eine Verbindung zu dem tätigen täglichen Leben haben müsse, vertritt Müller beispielsweise in der Schrift ‚Hans Sachs'.

[396] Ebd., S. 24.

„Ein leichtlebiger großstädtischer Ton wirbelte alles durcheinander, sentimentale und genußsüchtige Musik lockte die Sinne der Menge, Libretto und Operette beherrschten den Markt der nicht in Sinnfälligem schaffenden Künste." [397]

Die Zukunftsvision, welche die Figur des Jack Slim hier im Rahmen des Romans ‚Camera obscura' äußert, entspricht deckungsgleich den Ansichten des Autors Robert Müller, die dieser in den nachrevolutionären Jahren ab 1918 in seinen publizistischen Schriften verbreitet. So postuliert er in ‚Der Bürger, der Kommunist und der Geistige' die Wichtigkeit der Demokratie – sie sei unerlässlich für die Neuordnung, die Kristallisierung der neuen Kräfte, da sie die alte Ordnung einstürzen lasse und zu einer „Allstimmigkeit"[398] führe. Eine wirtschaftlich gerechte Gesellschaftsordnung (wie Müller sie im Kommunismus verwirklicht sieht) führe zu einer Verflachung des Geistes:

„Der Geschmack würde elendiglich herunterkommen [...]. Das Libretto und die millionste Vorstellung würden den letzten Rest Goethe im deutschen Volk vernichten."[399]

Diesen Zustand, der in dieser Fiktion jedoch nach dem realhistorischen ersten noch zwei weitere Weltkriege in der innerdiegetischen Welt zur Voraussetzung hat, sieht Müllers Jack Slim als gesellschaftliche zukünftige Realität zur Zeit der Jahrtausendwende.[400] Der Geist und der Intellekt werden ausgegrenzt, erscheinen der „taumelnden, wenig nachdenklichen, dem tüchtigen Sinnen- und Sachleben zugewandten Menschheit" gefährlich, das „proletarische Patriziat schloß sich [...] von allen anders Gezeichneten ab"[401]. Und so

---

[397] Beide Zitate Robert Müller: Camera obscura, S. 24. Erinnert dies nicht an den tatsächlichen Zustand der Gesellschaft zu Beginn des 21. Jahrhunderts? Auch die Ursache der Bedrohung, der diese Gesellschaft gegenübersteht, scheint fast prophetisch: „Der Guerilla der Zukunft [...] wird nicht zwischen Staaten, die bis dahin befriedet sind, sondern zwischen Staaten und Geheimbünden geführt werden." (Camera obscura, S. 152.).
[398] Robert Müller: Der Bürger, der Kommunist und der Geistige. Der Anbruch, 1, H. 13, 1918, S. 3. In: ders.: Kritische Schriften II, S. 280. Die politischen Ansichten Robert Müllers sind in dieser wichtigen Umbruchphase allerdings wechselhaft; in ‚Sozialistische Gesellschaft' sieht er beispielsweise den Sozialismus mit einer Führung der geistigen Elite als „Bürger-Neubildungsprozess" (Kritische Schriften II, S. 270) durchaus positiv.
[399] Ebd., S. 282.
[400] Zur Erörterung der Frage, inwiefern der Erzähler diese Zukunftsvision Slims bestätigt, sei wiederum auf Punkt 4.2.4 dieser Arbeit verwiesen.
[401] Beide Zitate Robert Müller: Camera obscura, S. 24.

werde das „geniale und expansive Individuum" zur Auslebung seiner Geistigkeit in die Kriminalität gedrängt:

> „Die Träger der gigantischen und kuriosen, der phantastischsten und mit der Gelehrtheit des Zeitalters bewaffneten Verbrechen werden die Intellektuellen sein."[402]

Während Müller in ‚Tropen' und generell in den fiktionalen wie publizistischen Werken bis 1918 ein Bild des neuen Menschen als Idealvorstellung zeichnet, beschreibt er in der nachrevolutionären Schaffensphase nun eher das Individuum in der modernen Gesellschaft und seine anzunehmende Entwicklung. Nach Müller lebt der moderne Mensch in einer bestimmten gesellschaftlichen Konstellation, deren Implikationen ihn prägen und die sich auswirken auf sein Tun im täglichen Leben, sein Kunstschaffen und Kunstverständnis. In ‚Camera obscura' wird nun eine Welt geschildert, in der der ‚Durchschnittstypus' zum Vorteil eines materiell unbeschwerten Lebens das Geistige verdrängt und bekämpft – und mit dem Geistigen die relevante, eventuell gesellschaftsverändernde, kritische Kunst. Einen Markt finden nur noch die ‚Operette' und Unterhaltendes, und so flüchten sich die Geistigen in eine Kriminalität, die keine Beschaffungskriminalität für den Lebensunterhalt ist, sondern ein Mittel zum Ausdruck der Geistigkeit darstellt und terroristische Züge trägt:

> „Es wird, so lehrte er [= Jack Slim, Anm. B. P.], so weit kommen, daß sich gegen die menschliche Weltgesellschaft kleinere aber mächtigere Gegengesellschaften von Verbrechern aus den Talenten und Genies aller Völker bilden, so daß man wird ganze Armeen gegen sie aufbieten müssen."[403]

Der Gesandte San Remo erkennt die Ambivalenz, die Jack Slim auch hier eigen ist und die es wiederum sowohl den Protagonisten innerhalb des Romans als auch dem rezipierenden Leser nicht ermöglicht, ihn positiv oder negativ einzuordnen oder festzumachen. Der Diplomat, ein „geübter Menschenkenner"[404], sieht in Slim einen überlegenen, mit physischen und geistigen Vorzügen ausgestatteten Menschen, von dessen Superiorität eine manipulative Wirkung (die er am eigenen Leib zu spüren bekommt) ausgeht. San Remo ist sich im Unklaren, ob dieser herausragende Intellektuelle tatsächlich

---

[402] Beide Zitate ebd., S. 26.
[403] Ebd., S. 26.
[404] Ebd., S. 5.

die vermeintliche gesellschaftliche Bedrohung durch die zukünftigen geistigen Kriminellen zu bekämpfen bereit ist, indem er die modernen „mechanischen kriminalistischen Methoden"[405] verbessern möchte, oder ob Slim
stattdessen selbst „ein Vorfahre [der] eigenen theoretischen Verbrecher"[406]
ist:

> „[S]eltsam ist mir daran nur, daß Sie, Jack Slim, darin eine Mission er-
> blicken könnten, dieses maschinelle Biedermeier gegen wildere aber auch
> geistigere Störungen zu schützen. So wie ich Sie zu empfinden glaube, hätte
> ich Sie eher für ein Mitglied einer solchen geheimen Gesellschaft gehalten,
> die Sie soeben selbst schilderten und vorhersagten."[407]

Jack Slim selbst lässt dies ebenfalls im Unklaren. Deutlich wird im ersten
Teil des Romans lediglich, dass Slim seine gesellschaftlichen Theorien und
seine innovativen Methoden zur Verbrechensbekämpfung sowohl explizie-
ren als auch demonstrieren möchte; zu diesem Zweck plant er in Oaxa mit
dem indischen Medium Sitra Vorträge, die seine Thesen veranschaulichen
sollen. Diese Thesen füllen das Kapitel XXI im Wortlaut Slims. Er spricht
über die Suggestion als „Gesetz menschlichen Allverkehrs", das auf der
Grundlage von Konzentration eine Willens- oder Gedankenübertragung
ermögliche. Dabei ist die „Willfährigkeit des Objektes" Voraussetzung, ein
gewaltsames Aufzwingen eines fremden Willens sei nicht möglich: „Suggestion ist immer Autosuggestion des – scheinbar – passiven Teils"[408]. Der
Suggerierende kann die notwendige „Konzentration des passiven Partners
herbeiführen, durch Farbe, Rhythmus, Ton, Raumverteilung. Alle Kunst
und ordinärere Sensation bedient sich dieser Tatsachen."[409] Die Wirkung der
verschiedenen Kunstgattungen sei dabei individuell verschieden. Die „über-
sphärische[n] Tatsachen" müssten in die „rationale Sphäre, die ein Phantoplasma für sich ist"[410], integriert werden. Auch der Jack Slim des Romans
‚Camera obscura' plädiert also für eine Einbeziehung des Irrationalen in das
menschliche Bewusstsein, die rationale Tatsachenwelt bildet nur einen
Aspekt dieses Bewusstseins und ist so unzulänglich. Den einzelnen Individuen ist die Herkunft aus dem „entfächerten, lamellenartig sprießenden,

---

[405] Robert Müller: Camera obscura, S. 30.
[406] Ebd.
[407] Ebd., S. 29.
[408] Beide Zitate ebd., S. 148.
[409] Ebd., S. 148 f.
[410] Ebd., S. 149.

identischen Weltzentrum [...]" gemeinsam, die „Menschen sind sozusagen Zweige eines Stammbaumes"[411] und daher sei eine intersubjektive Bewusst-seins-Beeinflussung möglich. Die hierfür notwendige Konzentrationsfähig-keit und Schärfe des Verstandes bedürften jedoch noch der Fortentwick-lung, auf der derzeitigen Entwicklungsstufe benötige der Mensch metaphorische Hilfsmittel:

„Wir sind noch schwerfällig. Leichter fassen wir durch Bilder und Sym-bole. Auch das Rationale ist nur Bild. Die Welt ist eine Verwicklung vom Figürlichen ins Figürlichere [...]. Alles Abstrakte ist blasseres Bild."[412]

Slim benutzt nun selbst das Bild der Camera obscura, um zu verdeutlichen, wie das Bewusstsein durch den verengten, fokussierten Blick durch den „Lichthals" des fotografischen Apparates, einer „Bewußtseinsöse" gleich, erweitert werden kann, also wie durch Konzentration Geschehen und Refle-xion zu einem „absoluten Zustand" zusammenfließen. In der Zukunft wer-de so „Denken auch Geschehen sein [...] und nichts geschieht, das nicht gedacht wird"[413]. Der hoch entwickelte geistige Mensch der Zukunft gestal-tet und manipuliert allein durch die Kraft seines Geistes. Die Figur des Slim ist auf dieser Entwicklungsstufe nahezu vollendet angelangt. Er macht im Handlungsverlauf keine Entwicklung durch, schon im Eingangskapitel lässt er den Gesandten San Remo seine suggestiven Fähigkeiten spüren. Gegen-über seinem Kontrahenten Steward verdeutlicht Slim im letzten Kapitel XXV seine Funktion im Roman: „Ich rette Sie [= Steward, Anm. B. P.] vorm Stillstand im Stoffe; ich gebe zugleich ein Beispiel, wie Sie und Ihres-gleichen es in den Jahrhunderten werden machen müssen." Die Figur Slim ist hier wie auch in ‚Tropen' ein Modell, ein Prinzip, an dem sowohl ein an-derer Protagonist als auch der Leser geistig wachsen können, er verkörpert die Figur gewordene Idee des neuen Menschen. So erscheint Slim als litera-rische Umsetzung der von ihm selbst in seinem Vortrag dargelegten meta-phorischen Methode. Als Exempel eines entwickelten Geistes verfolgt er die „höchsten" Absichten: „Erziehung"[414]. Den Zuhörern seines Vortrages gibt er daher den Ratschlag auf den Weg:

---

[411] Beide Zitate Robert Müller: Camera obscura, S. 149.

[412] Ebd., S. 151.

[413] Beide Zitate ebd., vgl. auch S. 53 f. dieser Arbeit: Schon 1910 beschreibt Müller, wie gezeigt in dem Brief an Bruder Erwin, die Vorstellung einer „Bewußtseinsklamm", durch die das re-flektierende Ich zu höherer Erkenntnis gelangt.

[414] Alle drei Zitate ebd., S. 180.

„Bilden Sie das höchste geistige System aus, und Sie haben eine glatte Waffe gegen die geistigen Verbrecher der Zukunft."[415]

Die „Möglichkeiten einer zerebralen Entwicklung"[416], die dem Menschen innewohnen und die es nach Müller herbeizuführen gilt, haben als Konsequenz demnach nicht nur zwangsläufig positive Auswirkungen, sondern finden im Kriminellen ein Ventil, wenn die (wenigen) Vertreter des Geistigen zu Marginalexistenzen werden: Als Devianz von der Norm der Masse birgt die Geistigkeit immer auch ein Ausgrenzungspotenzial. Slim als der am weitesten fortgeschrittene Mensch in der Entwicklung zum neuen Menschen verkörpert diese Ambiguität: Er wird von Müller hier einerseits dargestellt als derjenige, der mit der suggestiven Methode der Einfühlung ein geistiges Mittel gegen die intelligente Kriminalität der Zukunft an der Hand hat[417], andererseits aber wahrscheinlich als treibende Kraft hinter dem Tod San Remos steht und so ebenfalls als Mitglied dieser geistigen Verbrecherzunft angesehen werden kann.

Der Kriminalist Steward nun ist, ähnlich wie die Figur des Brandlberger in ‚Tropen', Slims Gegenpart und so derjenige, der im Verlauf des Romans mit Slims Hilfe auf eine höhere Bewusstseinsebene gehoben wird. In der Eingangsszene ist Steward ein Gegenstand des Gespräches zwischen Slim und San Remo, in dessen Verlauf er als „legendenhaft"[418] und als besonders scharfsinniger Ermittler beschrieben wird. Slim erwähnt, dass der berühmte Detektiv sich ebenfalls in der Stadt Oaxa befindet – eine Tatsache, die San Remo als oberstem Stadtoffiziellen eigentlich geläufig sein müsste. Sowohl Slim als auch Steward erweisen sich dem Durchschnittsgeist San Remos überlegen.

Steward befindet sich, als er zu Beginn des dritten Teils im X. Kapitel in die Erzählung als handelnder Protagonist integriert wird, noch am Anfang der Ausarbeitung seines subjektiven Verfahrens. Der Erzähler schildert Steward als mit Verbrechen vertraut, die im „Zusammenhange mit einem mate-

---

[415] Robert Müller: Camera obscura, S. 170.
[416] Ebd., S. 168.
[417] Diese Methode beinhaltet ein Einfühlen in die Täterpsychologie – in der Kriminalistik des 21. Jahrhunderts ist die Täterprofilerstellung durch Polizeipsychologen ein gängiges Mittel zur Überführung von Kriminellen. Müller lässt diese Einfühlung bei Slim und Steward noch darüber hinaus durch ein gewisses Vorherahnen von Verbrechen präventiv wirksam werden.
[418] Ebd., S. 32.

riellen Vorteil"[419] stehen. Nun wurde er anonym nach Oaxa zu einem zukünftigen „Verbrechen aus Philosophie"[420] gerufen, das dem „Sinn [seines] Lebens"[421] gelte. Mit der neuen Art des Verbrechens bemächtigt sich Steward einer neuen Art der Vorbereitung:

„Mit peinlicher Manie verzeichnete er Stimmungsbilder aller der Personen, von denen er eine Beziehung zu dem Zukunftsverbrechen annehmen durfte. Er suchte nicht nur mehr der äußeren Daten und Indizien habhaft zu werden, sondern erstreckte seine Recherchen auf das seelische Gebiet."[422]

Die neue Situation ruft in Steward eine „unsichere Stimmung und Schwäche"[423] hervor, er befindet sich nach der „Vorbereitung auf den telegraphisch gestoppten Fall Oaxa" in einem „phantastischen Aufruhr" und erkennt, dass er sich „durch übermäßiges Studium auf einem ihm bisher nicht geläufigen Gebiet übernommen"[424] hat. Erkennbar befindet sich der Meisterdetektiv, einer neuen Art geistigen Verbrechertums gegenübergestellt, in einer ungewohnten Situation, die ihn unsicher macht. Doch er stellt sich der Herausforderung; sein Intellekt lässt ihn nach *neuen, adäquaten* Mitteln zur Lösung des Falles suchen. Er greift dabei von Beginn an auf die Theorien Slims zurück, die er aus dessen Büchern kennt:

„Bruchstücke aus der ‚Soziologie der Zukunft' des Jack Slim hatte er auswendig im Kopfe."[425]

Als Steward tatsächlich mit der Aufklärung von San Remos Tod in Oaxa konfrontiert wird, erkennt er, dass nicht nur die offensichtlichen Fakten, die „rein mechanischen Fügungen"[426] zur Klärung des Falles heranzuziehen sind, sondern dass ihn Phantasie und subjektives Schließen „auf rein gedanklichem Wege am Ziele landen"[427] lassen werden. Stewards Erkennen ist schöpferisch. Seine Fähigkeit, Disparates zusammenzudenken, sich hochkonzentriert zu versenken und Assoziationen zu knüpfen, die immer neue Schlaglichter auf das Verbrechen werfen, lässt ihn die Vorgänge um San

---

[419] Robert Müller: Camera obscura, S. 72.
[420] Ebd.
[421] Ebd., S. 71.
[422] Ebd., S. 75.
[423] Ebd., S. 72.
[424] Alle drei Zitate ebd., S. 75.
[425] Ebd., S. 75.
[426] Ebd., S. 91.
[427] Ebd., S. 92.

Remos Tod in einer Art Trance und Versenkung auf eine Weise nachvollziehen, die der gewöhnlichen objektiven Methode, deren sich sein polizeili-
cher Kontrahent Kovary[428] bedient, überlegen ist. Sein subjektives Verfahren ist „eine visionäre Erleuchtung, ein mystisch-intuitives Erfassen einer
Wahrheit im traumartigen Zustand, als schlaglichtartige, mediale Erhellung
und als ‚Athletik der Einfühlung‘"[429]. Erst die neue Art Verbrechen, mit der
Steward sich hier konfrontiert sieht, lässt ihn diese neue Methode adäquat
erscheinen:

„Denn dies war sein neues, das subjektive Verfahren. Er war überzeugt,
daß eine Periode der Menschheit kommen würde, wo die Verbrechen nicht
aus Notdurft, sondern aus Liebhaberei, Geist, Elan und Langeweile getan
werden würden. Verbrechern dieser Art war mit mechanischen Mitteln nicht
beizukommen. Man mußte eine Art Dichter werden, um ihren sonst uner-
klärlichen Wegen zu folgen. Der Beruf des Kriminalisten, der diesen Fein-
den entgegentreten wollte, verlangte also etwas wie eine Athletik der Einfühlung."[430]

Hier wird deutlich, dass das schöpferische Element im Menschen unverzichtbar zur Erfassung der modernen Lebenswelt gesehen wird. Steward erkennt dies vornehmlich aus den Schriften Slims, deren Thesen zu seiner Ü-
berzeugung geworden sind. Slim wird für Steward zum intellektuellen
Vorbild, doch fragt er sich in einer ausweglosen Situation auch, ob das subjektive Verfahren allein ausreicht:

„Er [Steward, Anm. B. P.] maß die Systeme aneinander, das objektive
und das subjektive. Es wollte ihm scheinen, als habe er in seiner Subjektivität auf verschiedenen Objektwerte nicht genügend geachtet."[431]

Das System wird in Frage gestellt, wird diskursiv beleuchtet und immer wieder hinterfragt. Doch sooft Steward seine subjektive Methode auch mit der
Kovarys abgleicht, sie bleibt das überlegene Mittel, um dem wahren Sach-
verhalt auf die Spur zu kommen. Die Suche nach einer Wahrheit bleibt hier,

---

[428] Wie in ‚Tropen‘ der Holländer Van den Dusen, so vertritt der Kommissär Kovary hier das
Prinzip des rationalen Geistmenschen, der zwar klug ist, aber nicht über die für den neuen
Menschen notwendigen Fähigkeiten der simultanen Sinnenempfindung verfügt und daher kei-
nen Erfolg hat.

[429] Christian Liederer: Der Mensch und seine Realität, S. 260.

[430] Robert Müller: Camera obscura, S. 106.

[431] Ebd., S. 142.

wie im ‚Tropen'-Roman auch, weitgehend der Kombinatorik des Lesers überlassen und ist von zweitrangiger Bedeutung für die Intention des Romans, der in erster Linie die neue Ermittlungsmethode exemplifizieren und erklären soll. Sie ist innerdiegetisch aber für die gesellschaftliche Sicherheit wichtig zur Verhinderung zukünftiger intelligenter Verbrechen, die das geordnete Zusammenleben der Menschen in der Stadt bedrohen – ein Nebenstrang der Handlung in ‚Camera obscura' befasst sich beispielsweise mit den Plänen einer geheimen Organisation, welche die Stadt Oaxa durch Sprengung der Staudämme überfluten und so vernichten möchte. Das nur einige wenige Individuen im Dschungel betreffende ‚who's-done-it' der Morde in ‚Tropen' ist im Vergleich hierzu irrelevant. In ‚Camera obscura' geht es nicht um einen subjektiven, relativen Erkenntnisgewinn im Hinblick auf das Individuum, sondern um das Erkennen und Nachvollziehen subjektiver, individueller Handlungsanreize im Hinblick auf das Zusammenleben in der Gesellschaft. Das, was in der modernen Welt mit ihren Städten, ihrer Technik und Wissenschaft tatsächlich geschieht, muss vom neuen Menschen mit gesteigerten Sinnen wahrgenommen werden. Steward ist am Ende des Romans so fortgeschritten, dass er die Urheberschaft Slims an dem Selbstmord San Remos erkennt. Slim entzieht sich einer Verhaftung, er bleibt überlegen. In einer Vision Stewards offenbart sich Slim und gibt ihm schließlich den Rat:

„Vergessen auch Sie, Steward, nicht, was Sie das chinesische Eikon im Gesandtenviertel lehrte. Die Staffelung. Hinter jedem Sinn steht ein höherer Sinn, hinter allem Vorgänglichen steht ein Vorgänglicheres …"[432]

Das Lesen der Welt in Bildern führt demnach zu höherer Erkenntnis als das Sehen der Tatsachen – das hat Steward erkannt. Dabei überwindet er letztendlich auch sein reines Detektivdasein, das „den Schleier der Maja"[433] laut Slim nicht zu lüften imstande ist. Der Blick hinter die Tatsachenwelt auf die ‚Wahrheit' gelingt durch die Erkenntnis der metaphorischen Struktur dieser Welt. Slims letzte (eventuell imaginierte) Worte an Steward bestehen demnach auch in der Aufforderung:

„Staffeln Sie! Trachten Sie hinter die Bilder zu kommen. Im Kern der Zwiebel haust das höchste Ich; es enthält die anderen …"[434]

---

[432] Robert Müller: Camera obscura, S. 182.
[433] Ebd., S. 186.
[434] Ebd., S. 186.

Während die Protagonisten auf dem Weg zum neuen Menschen in ‚Tropen‘ in der Analyse des Bewusstseins die multiplen Auslegungsmöglichkeiten des realen Geschehens erkannten, die Tatsache einer für alle Subjekte gleichermaßen geltenden Wahrheit daher in Frage stellten und deren Wert anzweifelten, so dient diese Erkenntnis der Relativität zusammen mit der Erkenntnis der Bildhaftigkeit alles Seienden in ‚Camera obscura‘ zum einen einer angemessenen Reaktion des Einzelnen auf die Anforderungen der modernen Welt und zum anderen einem gesamtgesellschaftlichen Fortschritt, denn, wie Müller hier mit Slim sagt, „[d]er Aufstieg geht von den Spitzen aus"[435]. Stewards solchermaßen hochempfindliche Sinne befähigen ihn daher außer zur beschriebenen Versenkung in das Tableau eines Verbrechens zum hellwachen Agieren in dem hektischen Verkehr der Großstadt: „Steward liebte dieses Umbrodeltsein von Bewegung"[436]. Der neue Mensch in ‚Camera obscura‘ ist also ebenso Überwinder der ihm zeitgenössischen Gesellschaft wie auch Initiator einer Fortentwicklung derselben. Am Schluss ist Steward auf der Stufe Slims angelangt:

„Der Lehrer und der Schüler näherten sich. Steward rüstet zu neuen Steigerungen, er, der technische Höchstmensch, das maximale stoffliche Gehirn des Jahrhunderts war vorbereitet auf den nächsten Schwung, die Überwindung des eben Erreichten, der westlichen Zivilisation.

Er versenkte sich. Da sah er sich auflösen und zusammenfallen mit dem Sinner dieses und seiner Selbst, Jack Slim."[437]

Eine Überwindung der westlichen Zivilisation, der „grauen Rasse"[438], ist auch das Anliegen Robert Müllers, das er in seinen publizistischen Werken immer wieder thematisiert[439]. Diese Überwindung der westlichen Zivilisation, die auch eine Überwindung der Mediokrität der Massen ist, kann nach Müller durch eine Rassenmischung und das Öffnen des westlichen Men-

---

[435] Robert Müller: Camera obscura, S. 181. Hier findet sich aufs Neue ein Anklang an die These Kandinskys von der geistigen Gesellschaftspyramide, vgl. S. 66, Anm. 228 dieser Arbeit.
[436] Ebd., S. 93.
[437] Ebd., S. 186.
[438] Ebd., S. 44.
[439] Im Nachwort zu ‚Camera obscura‘ verweist Günter Helmes auf die besonders hier zu konstatierende enge Verknüpfung dieses Erzählwerks zu den publizistischen Werken Müllers wie z. B. ‚Orient und Okzident‘, ‚Psychotechnik‘, ‚Normannenlegende‘, ‚Okkultismus und Technik‘, ‚Phantasie‘, ‚Der Bürger‘, ‚Der Kommunist und der Geistige‘, ‚Der Denkroman‘, ‚Wiedergeburt des Theaters aus dem Geiste der Komödie‘, ‚Das moderne Ich‘ und ‚Der Untergang des Geistes‘.

schen für östliche Weisheit bewerkstelligt werden.[440] So ist die Figur des Jack Slim in ‚Camera obscura' wie in ‚Tropen' auch ein „indianische[r] Halbbluttypus"[441] mit asiatischen Umgangsformen[442] und dem Habitus eines „angelsächsischen Weltmann[s]"[443], dabei groß und körperlich sehr durchtrainiert. Seine widersprüchliche Erscheinung beinhaltet die Vorzüge aller Rassen. Steward, ein großer, sportlicher Amerikaner, entspricht nun nicht diesem Ideal des *gemischtrassigen* neuen Menschen, doch gelingt ihm durch Geisteskraft und körperliche Vorzüge, ähnlich der Figur Brandlbergers in ‚Tropen', mit und durch das Vorbild Slim eine Annäherung an diesen modernen, noch zu konzipierenden Menschentypus. Müller setzt Gemischtrassigkeit also nicht unbedingt als conditio sine qua non für den neuen Menschen voraus – er zeigt die *Möglichkeit* zur Höherentwicklung primär abhängig vom *Willen* zur Höherentwicklung und somit als etwas, das – ist das Prinzip nur erkannt – von allen angestrebt werden könnte. Müller stellt mit Slim nun das Prinzip des neuen Menschen und mit Steward die Potenzialität der Entwicklung zu dieser höheren Bewusstseinsform vor. Wie in ‚Tropen', so ist der Rezipient auch hier zu einem Nachvollzug aufgerufen.

Im neuen Menschen des Romans ‚Camera obscura' zeigt Müller darüber hinaus sowohl dessen positive Möglichkeiten als auch dessen negative Fähigkeiten, die zum Tragen kommen, wenn die mediokre Gesellschaft die über sie hinausragenden Individuen unterdrückt. In der Fiktion wird der neue Mensch von der abstrakten These zur anschaulichen Vorstellung gebracht.

4.1.3 Der neue Mensch als ‚Politiker des Geistes'

In Müllers 1917 veröffentlichtem einzigem Drama ‚Die Politiker des Geistes' wird der neue Mensch in der Figur des Gerhard Werner als politischer Kandidat einer „das Geschick Mitteleuropas"[444] entscheidenden Wahl dargestellt. Im Mittelpunkt der ersten Szene steht dabei Werners überlegene Körperlichkeit, er wird präsentiert als Sieger eines Ruderrennens. Müller zeichnet ihn in einer Regieanweisung als „groß, mager, aber muskulös, braungebrannt", die Figur der Opernsängerin Ethel bescheinigt ihm „Rasse,

---

[440] Vgl. Punkt 3.1 dieser Arbeit.
[441] Robert Müller: Camera obscura, S. 11.
[442] Slim erwähnt eingangs, dass er gerade nach langer Zeit aus China wieder nach Europa zurückgekehrt sei. Vgl. Camera obscura S. 7.
[443] Ebd., S. 11.
[444] Ders.: Die Politiker des Geistes, S. 10.

das ist mehr als Schönheit"[445]. Sein amerikanischer Impresario John Murphy sieht in ihm das Sinnbild eines intensivierten Lebens:

„Er ist [...] ein Sport von einem Manne, der einzige, der das vertritt, was wir drüben ‚intense life' nennen. Er hat Muskeln und Geist, er ist irgendwie harmonisch, nicht gerade platonisch, aber modern-nervös."[446]

Werner wird außer als Sportler weiterhin als Dichter und als an Landwirt-schaft und Naturwissenschaft gleichermaßen umfassend interessierter Mensch eingeführt. Ähnlich der Konzeption des neuen Menschen in der oben beschriebenen Figur des Jack Slim ist auch Werners Entwicklung zum Zeitpunkt seines Auftritts im Drama so weit vorangeschritten (abgeschlossen ist die menschliche Entwicklung nach Müller, wie gezeigt wurde, ja niemals), dass man in ihm den neuen Menschen erahnen kann. Sein ehemaliger Schulkamerad und jetziger politischer Gegner Alexander Butzke schildert die Entwicklung Werners in der zweiten Szene: Er habe sich als Junge „wie alle, sehr lustig, sehr melancholisch" gezeigt, sei dann in einer Phase „düster, hysterisch gefährlich und zu allem bereit" gewesen,

„bis er eines anderen Tages wieder als Christus auf den Plan trat, Napo-leon und alles Heldentum verachtete, Büßermanieren annahm, sich aus dem Trotzigen in den Weichen verkehrte"[447].

Beide Phasen, die des Eroberers und die des Erleidenden, finden sich nun in Werner harmonisch vereint und führen ihn über das gesellschaftliche Mit-telmaß hinaus. Dabei wird deutlich, dass jede Phase und Ansicht für diese Entwicklung Bedeutung hat und notwendig ist, um zu einer höheren Gei-stigkeit zu gelangen. Werner selbst beschreibt seine früheren „bürgerlich[en] und überkonservativ[en]" Ansichten als unumgänglich für seinen Weg:

„Ich selbst habe mich, aus dem Chaos kommend, diszipliniert, um zu Kräften und zur Harmonie zu gelangen. Ich habe den ganzen Bürger restlos mitgemacht, ihn auf seinen stumpfsten Linien vertreten – auch dieses möch-

---

[445] Beide Zitate Robert Müller: Die Politiker des Geistes, S. 9.
[446] Ebd., S. 8.
[447] Alle drei Zitate ebd., S. 28. Wie Helmes, Heckner und Liederer auch anmerken, steckt in dieser Charakterisierung viel von Müllers persönlicher Entwicklung, der sich gerade in der Zeit um 1917 im Zuge der Kriegserfahrung vom Kriegsapologeten und Kolonialismusgläubigen („Napoleon") zum überzeugten Pazifisten („Christus") gewandelt hat.

te ich nicht missen und nie bereuen. Als ich dann die Gewalt über mich erlangt hatte, mich ergeben und eingeordnet hatte, war ich frei [...].“[448]

Diese Freiheit den überkommenen Lebensmodellen gegenüber bedingt nun
die Konturlosigkeit Werners, die ihn für Rationalisten wie Butzke und Er-
neuerungsskeptiker wie Ekkehard Meyer (eine Karikatur Karl Kraus‘) nicht
fassbar und daher gefährlich macht – er wird von beiden wiederholt als Verbrecher bezeichnet:

„Du bist raffiniert und immer wieder kompliziert wie ein bösartiger
Tollhäusler. Aber nicht mehr da gehörst du hin: du gehörst zu den Verbrechern, du bist gemeingefährlich, ins Zuchthaus!“[449]

Jede neue Lebenssituation führt bei Werner zu einer Wandlung, einer Anpassung. Das Scheitern seiner Kandidatur und die Aberkennung seines
sportlichen Champion-Titels – beides, weil er Gewalt nicht mit Gewalt beantwortet, als er von Butzke geohrfeigt wird und so aus bürgerlicher Sicht
eine vermeintliche Schwäche zeigt – werfen ihn nicht zurück, sondern führen ihn nur umso tiefer in noch zu ergründende Ich-Schichten. „Wieder
einmal gescheitert – recte zu mir gekommen“[450], bilanziert Werner seine Erlebnisse. Er ist haltlos, sich verändernd und neu erfindend wie das Leben
selbst, dem er sich anpasst:

„Ich gehe mit, wie der Strom bergab, der Baum empor, die ganze Erde
kreisraum! Ich bin weich von Leben - - -“[451]

Daher definiert er Erfolg nicht in herkömmlicher Weise. Nicht die gewonnene Wahl ist für ihn wichtig, sondern seine Wirkung, die er hier exempla-
risch an Butzke und Charlotte Klirr entfalten kann: „Um Erfolge ist es mir
nicht bang. Ich suche Wirkung“[452], hält Werner Butzke entgegen, als dieser
ihm sein politisches Scheitern prophezeit.

Die Künstlerin Charlotte Klirr wird allein durch den Anblick Gerhard
Werners zu einer neuen ästhetischen Sichtweise gebracht, sie erlebt die Begegnung mit ihm als „Zusammenstoß mit einer Kraft“[453]. Als Bildhauerin

---

[448] Beide Zitate Robert Müller: Die Politiker des Geistes, S. 52.
[449] Ebd., S. 53.
[450] Ebd., S. 73.
[451] Ebd., S. 75.
[452] Ebd., S. 52.
[453] Ebd., S. 24.

sieht sie ihr bisheriges, naturgetreu nachbildendes Schaffen nicht mehr als angemessen an, ihr ist „eine neue Anschauung aufgekommen". In ihr „ist Revolution. Ich bin seit gestern verändert, gründlich, durch und durch"[454]. Die naturgetreue Nachbildung ist für sie als Form nun nicht mehr erschöpfend, da sie das Wesen nicht ausdrückt. Diese Erkenntnis führt sie zu einem abstrahierenden, das Innere hervorkehrenden künstlerischen Ausdruck. Sie sieht Werners Körper als Ausdruck seines Geistes, als Spiegelbild seines Wesens – Tatkraft und Geistigkeit zeigen sich in seiner elastischen Muskulatur. Auch hier gestaltet Müller also seine These des „psycho-physischen Monismus, in dessen Zug die Beschaffenheit des Körpers der des Geistes entspricht"[455]. Klirr erkennt, dass diese Einheit, der „psychophysische Parallelismus"[456] des neuen Typus, mit konventionellen Mitteln nicht darstellbar ist, und ringt um neue Möglichkeiten. Dieses Ringen um die Kunst und die resultierende Erkenntnis der abstrakten Form als angemessener Ausdruck des Lebens führen die Künstlerin zu einer höheren Erkenntnis dieses Lebens selbst. Werner verdeutlicht ihr dies:

„Du wolltest nur das Modell; aber meine Verführung hat dich so wissend gemacht wie mich und auf die gleiche Höhe der Möglichkeiten gestellt."[457]

Indem der neue Mensch zum Modell und zum Objekt der Kunst wird, *wirkt* er schon. Das Neue ist nur mit neuen künstlerischen Mitteln darstellbar; der Darstellende muss das Neue im Vorhinein erkannt und verinnerlicht haben. Dem Rezipienten des Neuen steht dieser Prozess des Erkennens noch bevor. Dementsprechend findet der rationalistische, konventionelle Butzke die neuen Arbeiten der Klirr „maßlos scheußlich".[458] In Ansätzen gelangt im Dramenverlauf nun auch Butzke zu neuer Erkenntnis. Indem Werner sich dem Duell mit ihm verweigert und ihm so durch Nichtagieren die Möglichkeit des Handelns aus der Hand nimmt, wird Butzke ein erweiterter Handlungsbegriff einsichtig. Er „habe das Leben kennengelernt"[459] und „dazugelernt"[460], konstatiert er am Ende, doch sein Resümee – „Der Witz besteht in der Abhärtung. Situationen einüben. Oh, ich verstehe! Erlebnisse haben!" –

---

[454] Beide Zitate Robert Müller: Die Politiker des Geistes, S. 22.
[455] Christian Liederer: Der Mensch und seine Realität, S. 70.
[456] Robert Müller: Politische Phantasie (1916). In: ders.: Kritische Schriften I, S. 237.
[457] Ders.: Politiker des Geistes, S. 44.
[458] Ebd., S. 54.
[459] Ebd., S. 78.
[460] Ebd., S, 80.

wird von Werner als unzureichend zurückgewiesen: „Nein, es muß einen das Leben haben, Professor. Dann hat man die Situationen im voraus."[461]

Das Leben muss demnach als allumfassendes Prinzip verstanden werden. Werner kritisiert, dass Klirr nur die sinnlichen, Meyer nur die geistigen und Butzke nur die sozialen Formen des Daseins sehen würden – „das Leben aber ist alle [Formen, Anm. B. P.] und misst keine"[462]. Das umfassende, gleichzeitige Sehen aller disparaten Lebensformen zeichnet so den neuen Menschen aus und ermöglicht ihm eine allgemeine Übersicht, die ihn zum Träger und Initiator einer gesellschaftlichen Neugestaltung zu werden befähigt; nach Müller hat er daher zwingend einen politischen Auftrag. Werners Kandidatur ist die aus seiner Superiorität hervorgehende Tat des neuen Menschen. In ihm vereinen sich Geistigkeit und der Wille zum praktischen Handeln:

„Es ist am Geiste, zu handeln, Geist und praktische Energie sind keine Widersprüche mehr, Analyse ist eine synthetische Harmonie aller menschlichen Tugenden geworden."[463]

Diese Eignung zur empathischen Analyse des Gesellschaftlichen bedingt auch Werners suggestives, telepathisches Können, das „ganz intuitiv, vermöge einer gesteigerten intellektuellen Schärfe" geschehe und ihn – wie beim neuen Menschen in ‚Tropen' und ‚Camera obscura' auch – zu einer „Kontaktgeistigkeit"[464] befähigt. So ahnt er in der dritten Szene den nicht angekündigten Besuch Charlotte Klirrs voraus, dekoriert sein Zimmer für sie mit Blumen, wird aufmerksam, *bevor* sie klopft. Indem Werner versucht, diese Fähigkeit rational zu begründen, wird deutlich, dass er noch auf einer Stufe der Entwicklung zum neuen Menschen steht: Sein Verstand akzeptiert diese Fähigkeit nicht ohne weiteres:

„Diese Situation war irgendwie in mir vorbereitet; aber mein Verstand, feige, wie jeder Verstand gegen das Geheimnis, und um sich gegen das Chaotische zu schützen, hat unsere Begegnung logisch rekonstruiert. Merken Sie wohl, ich habe, soweit mein Bewusstsein reicht, einfach ausgerechnet, daß Sie kommen werden."[465]

---

[461] Beide Zitate Robert Müller: Die Politiker des Geistes, S. 81.
[462] Ebd., S. 78.
[463] Ebd., S. 33.
[464] Beide Zitate ebd., S. 25.
[465] Ebd., S. 35.

Mit dem Begriff des „Chaos"[466] zitiert Werner dabei explizit den Jack Slim der ‚Tropen'[467] – Müller nimmt so direkten Bezug zu den in seinem ersten Roman dargestellten Eigenschaften des neuen Menschen. Das Drama ‚Politiker des Geistes' zeigt den neuen Menschen nun nicht auf der Suche nach innerer Erkenntnis, sondern auf dem Weg zu politischer Tat und gesellschaftlicher Einflussnahme. Die Kandidatur ist hierzu nur der erste Schritt.

Werner wird dabei durchaus nicht nur positiv gezeichnet. In der Verführungsszene der dritten ‚Situation' wird er in den Regieanweisungen als „lauernd", „drohend" und „wie eine Spinne"[468] seine Beute umgarnend geschildert. Der Zweck der Verführung, Charlotte Klirr auf eine höhere Bewusstseinsebene gleich ihm zu heben, erscheint so als Jagd, als Beutemachen und damit als etwas, das zunächst dem Jäger, respektive also Werner, dienlich ist. Bezeichnend sind daher auch die verschiedenen Ansichten, die Werner und Butzke von dem Zustand Klirrs nach der Verführung haben: Während Werner sie „gesteigert und maßlos glücklich" wie sich selbst sieht, erscheint sie Butzke „verheult und gebrochen"[469]. Charlotte selbst fühlt sich vollkommen ausgeruht, „wie nach dem Meere – oder oben auf Schneebergen".[470] Das Erreichen eines höheren Bewusstseinszustandes ist demnach sowohl für den Initiator als auch für das zu erhebende Subjekt Anstrengung, Kampf *und* Erfrischung, Belebung in einem und umfasst so – wie das Naturerlebnis des Meeres und der Berge – das gesamte Lebensspektrum. Psychisch *und* physisch lebt der neue Mensch in der Totalität des Seienden.

4.1.4   Die bittere Wahrheit: Der Schiebertypus in ‚Flibustier'

Als letztes fiktionales Werk Müllers erscheint 1922 ‚Flibustier[471]. Ein Kulturbild', und wie im Untertitel schon ersichtlich, zeichnet Müller in dieser

---

[466] Robert Müller: Die Politiker des Geistes, S. 40.

[467] Jack Slim *war* amerikanisch, erklärt Werner der Klirr. Somit nimmt er Bezug auf das Ableben der Figur in ‚Tropen'.

[468] Ebd., S. 43.

[469] Beide Zitate ebd., S. 54.

[470] Ebd., S. 48.

[471] Thomas Köster erklärt ‚Flibustier' in der Anmerkung zu Seite 47 der Kritischen Schriften III Müllers wie folgt: „Flibustiere: Piraten vor den Westindischen Inseln im 17.-19. Jahrhundert. Die Identifikation von Unternehmer- und Seeräubertum geht wohl auf Müllers Lektüre der Schriften Werner Sombarts zurück, für den der Kapitalist ‚auch heute noch der Freibeuter war' […]. In Müllers Roman ‚Flibustier' (1922) kehrt einer der Protagonisten, indem er eine Industrie in den ‚indischen Gewässern' begründet, am Ende zu den Ursprüngen seines Geschlechts zurück." In: Robert Müller: Kritische Schriften III, S. 246.

Erzählung ein Bild der zeitgenössischen kapitalistischen Gesellschaft. Diese in ihren Grundfesten erschütterte Nachkriegsgesellschaft generiert nun als den ihr möglichen höher entwickelten Menschen statt eines Jack Slim oder Gerhard Werner den gerissenen, profitorientierten kapitalistischen Geschäftsmann. Die Figuren Scholef und Leopold Krumka, die hier diesen Schiebertyp repräsentieren, gelangen nach klug überstandenem Soldatendienst im Krieg durch betrügerischen Finanzhandel zu ökonomischer und gesellschaftlicher Macht in einer Gesellschaft, deren soziales Gefüge sich neu arrangieren muss. Ihr Aufstieg wird begünstigt durch die schwierigen Verhältnisse der Nachkriegszeit:

„Es stinkt, die Zeiten sind ihm günstig; es stinkt, aber es beginnt sich schon wieder zu parfümieren, das ist sein Augenblick, aus dem Üblen geboren, entfaltet er sich mit den ersten Wohlgerüchen, der ewige Emporkömmling, der ewige moderne Normanne, der homo novus …"[472]

Wird der homo novus, der neue Mensch, hier nun von Müller als Schieber und Destruktor der Gesellschaft dargestellt, nachdem er in den vorhergehenden Werken der Initiator einer geistigen Erneuerung war? Diese Auslegung ist klar zu verneinen. Der neue Mensch als expressionistische, den Lebensbegriff positiv ausfüllende Leitfigur ist vielmehr gar nicht Thema dieses Werks – mit der Benutzung der lateinischen Bezeichnung ‚homo novus' für den modernen Schiebertypus grenzt Müller den zukünftigen und erhofften ‚neuen Menschen' klar von den intelligenten, doch zersetzend und schädlich agierenden „reinkapitalistischen Händlerhelden"[473], die er in ‚Flibustier' figuriert, ab.

Der Figur des Leopold Krumka werden von Müller dabei jedoch durchaus körperliche und geistige Vorzüge verliehen, die den ehemaligen Soldaten und jetzigen Unternehmer[474] zumindest in der Nähe des neuen Menschen ansiedeln:

---

[472] Robert Müller: Flibustier, S. 10.

[473] Ders.: Bolschewik und Gentleman, S. 194.

[474] Auf Parallelen in der Biographie Müllers zu seiner Figur Krumka wurde in der Forschung wiederholt eingegangen, an maßgeblicher Stelle (so z. B. bei Günter Helmes in seinem Nachwort zu ‚Flibustier') wird dies jedoch als „nicht so bedeutungskonstitutiv" (Helmes, Nachwort zu ‚Flibustier' S. 98) gesehen. Diese Ansicht teile ich, daher werden diese Parallelen hier nicht eigens thematisiert.

„Krumka stammte aus Deutschböhmen, er war also von einer der zähesten Rassen, die es geben mochte, mit einem versteckten lohenden Ehrgeiz [...]."[475]

Diese Herkunft bedinge, so beschreibt ihn der Erzähler weiter, seine Charaktereigenschaften, die Disparates umfassen. Er sei „[s]parsam, aber gerne großartig scheinend, genau Kraft und Wert berechnend", sei ein „sachliche[r] Träumer und Phantast[...], breitspurig planend"[476] mit viel Handelsgeschick. Krumkas äußeres Erscheinungsbild entspricht diesem energischen, durchsetzungsfähigen sowie Sachlichkeit und Irrationalität vereinenden Wesen:

„Wie auf einem Sockel ging er, Prototyp der Zeit, durch die Straßen, mittelgroß und, wenn auch zart, so doch sehnig und gymnastisch kraftvoll."[477]

Das „tätige und gewinnreiche Leben" zieht er der Universität vor. Als er zu Beginn des Krieges nicht eingezogen wird, gründet er eine „akademische Legion", welche die „Elite der Nation" umfasst und zu der sich „Richter und Anwälte in einträglichen Stellungen, Künstler, Autoren, Journalisten, Studenten" freiwillig zum Kriegsdienst melden. Krumkas Antrieb, freiwillig in den Krieg zu ziehen, ist dabei nicht primär Patriotismus, sondern „Kraftgefühl, Neugier, Abenteuerlust und ein gewisser Lebenshunger"[478]. Seine Tatkraft und seine Energie, die aus einem gesteigerten Lebensempfinden resultieren, überträgt er, indem er die Legion initiiert, auch auf andere Mitglieder der Gesellschaft. Bis hier ist sein Bild dem des neuen Menschen nicht unähnlich. Doch im Folgenden wird deutlich, was ihm fehlt: Krumkas Intelligenz, seine „scharfe [...] Auffassung"[479] gilt vornehmlich „seinen jeweiligen praktischen Bedürfnissen"[480], an den Gesprächen der älteren Offiziere über „die tiefsten Erscheinungen des Lebens [...] nahm er nie teil". Fragen über die Gesellschaft oder die „Weltvernunft"[481] interessieren ihn nicht, „da er sich philosophisch nie damit auseinandergesetzt hatte, wie die Welt einzu-

---

[475] Robert Müller: Flibustier, S. 20.
[476] Ebd., S. 21.
[477] Ebd.
[478] Alle Zitate ebd., S. 22.
[479] Ebd., S. 25.
[480] Ebd., S. 26.
[481] Beide Zitate ebd., S. 25.

richten war"[482]. Dementsprechend meidet er „schwere Lektüre […], Werke über geistige und kulturelle Probleme" und liest „Reisebeschreibungen, Geographie, Dinge, die eine gegenständliche Phantasie anregen"[483]. Seine Lieblingslektüre besteht dabei aus dem „Schuljungenbuch" namens „Der Rajah von Sarrawak", das ein „Korsarenunternehmen im malaiischen Archipel"[484] schildert. Krumka liest dieses Buch als Abenteuergeschichte – interessant ist nun aber, dass es in dieser fiktiven Erzählung um genau die gesellschaftlichen Fragen geht, denen Krumka in abstrakter, theoretischer Form ausweicht. Geschildert wird das Unternehmen eines Engländers, der im Indischen Ozean eine neue Gesellschaftsordnung verwirklichen will:

„Ein englischer Abenteurer, halb Kaufmann, halb Pirat, hatte dort nach dem Muster der Robert Cliveschen ostindischen Kompagnie einen Staat von freien Unternehmern aller Rassen begründet. Es war ein vollständiges, freihändig gegründetes Reich; die Promiskuität unter den Kaperfahrern weißer, gelber und brauner Rassen und die üppige Liebesproduktion der geraubten schönsten Weiber von Vorderindien bis Australien schwemmte ein ganz neues Rassengebilde zusammen."[485]

Krumka interessiert dabei nicht die bei diesem Unternehmen geschaffene neue Kultur und freie Gesellschaftsordnung – „zu dieser Arbeitsleistung hatte sich sein Gehirn nicht zu verfeinern vermocht"[486], bemerkt der Erzähler mokant –, sondern „eigentlich nur die Gründung und die Ausbreitung"[487], also die Tat. Er ist ein Tatmensch, der aber nicht abstrahieren kann und alle Tat auf sich bezieht. So sieht er sich im Nachvollzug des Romans selbst als Eroberer und Herrscher eines neuen Reiches; die gesellschaftlichen und anthropologischen Innovationen, die sich durch die Neugründung und Rassenmischung ergeben, erscheinen ihm sekundär:

„Von dieser Insel breitete sich eine neue Kultur und Zeit über die Welt aus. Welche, das wußte Krumka nicht zu sagen."[488]

---

[482] Robert Müller: Flibustier, S. 26.

[483] Beide Zitate ebd., S. 25.

[484] Beide Zitate ebd., S. 26.

[485] Ebd., S. 26 f. Die Romanfigur beendet in diesem fiktionalen Werk die Aufgabe erfolgreich, an der die fiktive Figur Brandlberger des tatsächlich existierenden ‚Tropen'-Romans laut fiktivem Herausgebervorwort letztlich in seiner zweiten Mission scheitert. Derartige intertextuelle Bezüge gibt es bei Müller oft; sie böten einen interessanten Forschungsansatz.

[486] Ebd., S. 27.

[487] Ebd., S. 27 f.

[488] Ebd., S. 27.

Dieser Ichbezug ist es im Besonderen, der Krumka vom neuen Menschen unterscheidet. Krumkas Intelligenz und seine Fähigkeiten dienen allein ihm – der neue Mensch dagegen stellt diese in den Dienst der Gesellschaft, er wirkt erneuernd, erhöhend, beflügelnd. Krumkas Tatkraft, die ihn ein wirtschaftliches Pseudounternehmen aufbauen lässt und durch die er nach der geschäftlichen Trennung von Scholef auch allein erfolgreich ist, dient nur ihm und nimmt keine Rücksicht auf die Welt um ihn herum, sie wirkt mithin zerstörend, wenn sie ihn – und durch die Gründung der Legion auch andere – zum Kriegseintritt und damit zur Bejahung des destruktiven Prinzips führt. Am Ende beginnt Krumka dann tatsächlich in Batavia mit der Gründung eines „Institut[s] zum Studium der Zukunftsmöglichkeiten des stillen Ozeans"[489] und nimmt „in der Unternehmerwelt der indischen Gewässer eine Riesenrolle"[490] ein. Die Verwirklichung seiner „Knabenträume [...]"[491] dient nur seiner „Eroberernatur"[492], ist „nur eine Frage der Vitalität vor allem, nicht der Moral"[493], wie sein ehemaliger Kompagnon und Weggefährte Scholef resigniert bilanziert. Scholefs verzweifelte Frage, „[w]arum sind die Menschen eigensüchtig?", wird von Müller in ‚Flibustier' mit aller Vehemenz gestellt. Die implizite Antwort gibt der Text: Der intelligente, moderne Mensch der Tat muss, will er dem Ideal des neuen Menschen nacheifern, diese Selbstsucht überwinden.

4.2 Literarische Darstellungsweise mit aktivistischem Impetus

Verschiedentlich wurde in der Forschung darauf hingewiesen, dass Müller mit seinem literarischen Werk eine Wirkabsicht verfolgt[494] und den Leser dabei extrem fordert. So vertritt Stephanie Heckner die Ansicht, für Müller sei „adäquate Rezeption und Produktion identisch. Der ideale Leser liest schöpferisch. Sein Lesen ist ein dem Schreiben äquivalentes produktives Erleben."[495] Günter Helmes kommt zum Schluss, Müllers fiktionale Texte

---

[489] Robert Müller: Flibustier, S. 90.
[490] Ebd.
[491] Ebd., S. 89.
[492] Ebd., S. 28.
[493] Ebd., S. 90.
[494] Vgl. hierzu auch Punkt 3.1.2 und 3.1.3 dieser Arbeit, wo Müllers diesbezügliche Überzeugungen von seinen publizistischen Äußerungen aus beleuchtet werden.
[495] Stephanie Heckner: Die Tropen als Tropus, S. 122.

„sind auf die Zukunft verweisende Bekenntnisliteratur und fordern, ist das ästhetische Vergnügen der erzähltechnischen Analyse erlebt, zum eigenen Ja oder Nein über die vorgestellte Utopie heraus."[496] Christian Liederer erkennt in seiner Dissertation als Müllers Ziel: „Der Roman soll zu einer Art progressiver Wahrdichtung werden, der Leser soll den Platz einnehmen, den die Figuren geräumt haben."[497] So unterschiedlich die Forschungsansätze sind, aus denen hier zitiert wurde, der Tenor zum aktivistischen Impetus nicht nur des publizistischen, sondern auch des literarischen Werkes Müllers ist (trotz verschiedener Gewichtung dieses aktivistischen Dranges) relativ einstimmig. In den vier hier näher untersuchten Werken kommt Müllers aktivistischer Antrieb je unterschiedlich zur Ausgestaltung. Ein Baustein hierzu ist, wie in Abschnitt 4.1 gezeigt wurde, die Personenzeichnung und Darstellung des neuen Menschen, der „singen und handeln"[498], also als Figur gewordene Idee dargestellt werden soll; nur so kann Müller den neuen Menschen „suggestiv" und „laut"[499] denken lassen. „Der Aktivist spekuliert stets auf einen dritten, noch nicht realisierten Zustand einer sich *beständig im Entwicklungsprozess* befindlichen Menschheitsgeschichte"[500] – in diesem Sinne ist die in der Literatur bildlich exemplifizierte Anthropologie des neuen Menschen bei Müller aktivistischer Ausdruck.

Im Folgenden werden nun die unterschiedlichen literarischen Darstellungsarten in ‚Tropen', ‚Camera obscura', ‚Politiker des Geistes' und ‚Flibustier' betrachtet und auf ihren aktivistischen Gehalt hin untersucht.

4.2.1 Irrealitäten und nichtlineare Handlungsführung

Liest man den vollständigen Titel des ersten großen Romans Müllers – ‚Tropen. Der Mythos der Reise. Urkunden eines deutschen Ingenieurs. Herausgegeben von Robert Müller"[501] –, so treten schon hier jene Ambivalenzen und Mehrdeutigkeiten zutage, die sich im Weiteren durch das Werk ziehen und dessen Aussage bestimmen werden: Mit ‚Tropen' ist nicht nur der geographische Ort abgesteckt, in dem die Handlung platziert ist, sondern

---

[496] Günter Helmes: Robert Müller: Themen und Tendenzen seiner publizistischen Schriften, S. 280.

[497] Christian Liederer: Der Mensch und seine Realität, S. 366.

[498] Robert Müller: Tropen, S. 207. Diese in 4.1.1 schon einmal zitierte Äußerung Slims steht paradigmatisch für Müllers Ansicht über die Darstellung des neuen Menschen.

[499] Beide Zitate Robert Müller: Tropen, S. 342.

[500] Christian Liederer: Der Mensch und seine Realität, S. 149. Hervorhebungen vom Autor.

[501] Robert Müller: Tropen, S. 3.

auch ein literarischer Begriff genannt, der die Intention des Romans bezeichnet, nämlich die Setzung eines Bildes für den eigentlichen Ausdruck, die Figürlichung einer These. Der reale geographische Ort der Tropen liegt zudem zwischen den Wendekreisen und impliziert ein Oszillieren zwischen den gegensätzlichen Hemisphären und damit zwischen nördlicher Vernunftbetontheit und südlichem Irrationalismus. Als Ort ungehemmten Wachstums der Flora und Fauna bezeichnen die Tropen zudem „eine archäologische Tiefenschicht in der menschlichen Psyche"[502] und verweisen zusammen mit dem Begriff der ‚Reise' auf eine Erkundung des menschlichen Unterbewusstseins. Die Thesen der notwendigen Überwindung der Trennung von Ratio und Sinnlichkeit und des zu bewerkstelligenden Zusammenschlusses beider Prinzipien im zukünftigen vegetativen Geistmenschen finden sich so präformiert schon im ersten Wort des Titels.

Mit der Kennzeichnung des Geschriebenen als ‚Mythos' wird der Text zudem nicht nur als Dichtung und somit als etwas Erfundenes eingeführt, sondern auch als sagenhafte Überlieferung mit Wahrheits- und Erklärungsanspruch. Dem entgegen steht wiederum die darauf folgende Bezeichnung als ‚Urkunden eines deutschen Ingenieurs'; hier wird ein naturwissenschaftlicher, rationaler Wahrheitsanspruch postuliert. Die Erzählung vereint sowohl mythischen Weltentwurf als auch wissenschaftliche Welterklärung und ist damit „Wahrerfindung" oder „Realitätslüge"[503], ein neues Erkenntnismittel, eine Überwindung und Weiterführung der überkommenen Möglichkeiten gesicherten Wissens. Diese Deutung des Titels erschließt sich jedoch erst retrospektiv in ihrem ganzen multiperspektivischen Umfang.[504] Zu Beginn steht unweigerlich eine Irritation, die idealerweise beim Rezipienten zu genauem, hinterfragendem Lesen führt.

Solchermaßen verunsichert – oder vorgewarnt – trifft der Leser nun auf das Vorwort des Herausgebers ‚Robert Müller', der erkennbar nicht identisch mit dem Autor Robert Müller ist, durch die Namensgleichheit aber

---

[502] Christian Liederer: Der Mensch und seine Realität, S. 66.

[503] Beide Zitate: Robert Müller: Okkultismus und Technik. In: ders.: Kritische Schriften III, S. 151.

[504] Vgl. hierzu auch die Ausführungen Liederers in ‚Der Mensch und seine Realität', S. 225 f., der insbesondere in Anm. 3 auf S. 226 noch weitere Möglichkeiten der Auslegung anführt. „Müllers Verweigerung der Eindeutigkeit zugunsten einer – bewusst aufgefächerten – Polyvalenz" (ebd.) sollte aber auch mit den oben angeführten Beispielen deutlich geworden sein.

„spielerisch"[505] in dessen Nähe rückt und dessen Rezeptionshinweise inner-halb dieses Vorworts daher durchaus ernst genommen werden sollten.

Ganz konventionell erzählend beschreibt der fiktive Herausgeber zu-nächst, wie er an das Manuskript Brandlbergers gelangt sei und wie dieses nach einer langen Zeit der Nichtbeachtung wieder seine Aufmerksamkeit gefunden habe. Er schildert dabei die den möglichen Lesern der damaligen Zeit aus den Kolonialismusdiskursen[506] nicht unbekannte Situation eines Indianeraufstandes in Südamerika, den Brandlberger bei dem Versuch, eine Freilandkolonie zu gründen, nicht überlebt hat. Breiten Raum nimmt die Schilderung des Denkprozesses ein, an dessen Ende die Erinnerung des Herausgebers an Brandlberger und dessen Manuskript steht:

„Aber ich fühlte eine Verbindung zu diesem Namen. […] Mein Ge-dächtnis quälte sich wie über eine seiner bösesten Sünden. Ach nein, ich hat-te niemals einen Träger dieses Namens gekannt! Was mich quälte, war der Bleistift, den ich soeben verlegt hatte und inzwischen mechanisch such-te."[507]

In diesem kurzen Ausschnitt bezeichnet das „Ach nein" des Herausgebers, das eingebettet zwischen konventionellem, erzählendem Text als innerer Monolog hervorsticht, den Punkt, an dem er nicht mehr aktiv eine Rückbe-sinnung anstrebt. Erst als er die Suche nach dem Namen in seinem Kopf aufgibt, gleichsam ins Unterbewusstsein dirigiert und sich der Suche nach einem realen Objekt zuwendet, erinnert er sich schlagartig an Brandlberger, an dessen Besuch und an das Manuskript. Hier wird von Müller die These veranschaulicht, dass die Erkenntnis nicht erzwungen werden kann, sie ,pas-siert' unbewusst, durch Tätigkeit. Er verweist noch nicht auf Irrealitäten, es gibt aber schon einen Hinweis auf die kognitive Überlegenheit des Unbe-wussten, des im Verborgenen Reifenden. Im Folgenden grenzt der Heraus-geber die Erwartung des Lesers ein, der auf einen einfach konzipierten Abenteuerroman hofft. Er spricht von „langwierige[n] Ausführungen" und „ungeheuerliche[n] philosophische[n] Abschweifungen" des nachfolgenden

---

[505] Christian Liederer: Der Mensch und seine Realität, S. 228.

[506] Vgl. hierzu die sehr detaillierten Ausführungen von Thomas Schwarz: Robert Müllers Tro-pen, besonders S. 84 ff. Das hier geschilderte Scheitern der Okkupationsversuche beinhalte latent eine Kritik an den Methoden des Kolonialismus, so Schwarz' These. Dabei überliste die literarische Sprache den Essayisten Müller, der das Thema Imperialismus in seinen publizisti-schen Werken durchaus affirmativ vertrete (Schwarz, S. 107).

[507] Robert Müller: Tropen, S. 5.

Textes, welche die Absicht eines erzählenden Stils Brandlbergers „fraglich erschein[en] lassen"[508].

Im Weiteren wird innerhalb der Fiktion der Realitätsstatus der zentralen Figur des Jack Slim sowohl in Frage gestellt als auch unterstrichen: Der Herausgeber wertet Slim „beinahe […] als eine freie Erfindung seines [= Brandlbergers, Anm. B. P.] spekulativen Dranges"[509] und meint, er könne dies „aus gewissen Stellen […] belegen", gleichzeitig bezeichnet er Slim als „historische Figur […], von der die meisten unter uns erfahren und sich ein Urteil gebildet haben"[510]. Auf die unterschiedlichen Möglichkeiten der die Figur des Slim betreffenden Lesart wird also schon eingangs explizit hingewiesen. Slim kann innerhalb des Romans fungieren als Teil von Brandlbergers eigener Persönlichkeit, also als Träger eines ideellen Prinzips, an dem Brandlberger sich abarbeitet und das *in* ihm verortet ist, als handlungstragender Protagonist *neben* Brandlberger sowie als vermeintlich historisch bedeutende Figur und somit *über* diesem stehend. Die Figur hat hier keinen festen Standort mehr; das Oszillierende ermöglicht mehrere Deutungen, von denen keine einen alleinigen Wahrheitsanspruch hat. Der Herausgeber gibt hier einen deutlichen Fingerzeig auf eine adäquate Aneignung des Textes durch den Leser. Dazu gehört ebenfalls, dass er am Ende des Vorwortes mit einem Paradox das leitende gestalterische Prinzip des Binnentextes selbst, die Poetik der Paradoxie[511], vorwegnimmt:

„Es [= das Manuskript Brandlbergers, Anm. B. P.] hat ersichtlich das Bestreben, ehrlich zu sein, und ist darum ersichtlich unaufrichtig und indirekt."[512]

Die Fähigkeit des gleichzeitigen Denkens sich widersprechender Zustände, die Müller als Erkenntnisleistung in ‚Tropen' als voluntaristisches System etabliert und die er durch die Entwicklung Brandlbergers in dem Roman exemplifiziert, wird hier im Paradox vorformuliert. Auf die rezeptionsleitende Aufgabe des Vorworts ist in der Forschung schon mehrfach hingewiesen

---

[508] Alle drei Zitate Robert Müller: Tropen, S. 6.
[509] Ebd., S. 7.
[510] Beide Zitate ebd.
[511] Vgl. hierzu Stephan Dietrich: Poetik der Paradoxie, S. 17–22. Dietrich unterzieht hier das Vorwort der ‚Tropen' einer Strukturanalyse.
[512] Robert Müller: Tropen, S. 10.

worden.[513] Diese Intention dient nun – mit der Darlegung des poetischen Konzepts im Beispiel, in der Illustration, in erzählender, nicht in erklärender Darstellung – der aktiven Durchsetzung des extratextuellen Diskurses. *Am Text selbst* wird das Verfahren, das Müller anwendet, um seine Ideen zu verfigürlichen, *gezeigt*, nicht erst der Binnentext macht den Leser „scharf, argwöhnisch und kombinationslustig"[514], sondern schon das Vorwort, es präludiert die Aussage des Binnentextes und zeigt Strategien, wie der Leser mit dessen Irrealitäten und Paradoxien umzugehen hat. Nur so kann Müller den Leser von einer Sinnsuche traditioneller Art in der Handlung abbringen und außerdem den aktiven Nachvollzug der Thesen bei diesem initiieren, was die beabsichtigte „Vermittlung von Ideologemen"[515] erst ermöglicht. Indem die Bedingungen des Textes im Vorwort veranschaulicht werden, kann das Werk als Bild gewordene Weltanschauung erst seine Wirkung entfalten. Das meint Stephanie Heckner, wenn sie sagt:

„Wo ein Anspruch auf Vermittlung [einer Weltanschauung, Anm. B. P.] *durch* das Kunstwerk gestellt wird, geht Expressionismus in Aktivismus über."[516]

Stephan Dietrich hat in seiner Strukturanalyse der ‚Tropen' die Handlungsebene des Romans detailliert untersucht und kommt dabei zu dem Ergebnis, dass

„narrative Strukturen zwar an der Oberfläche des Textes erkennbar sind, sie aber nicht die ihnen traditionell zukommenden Funktionen erfüllen"[517].

In den erzählenden Passagen des Romans finden sich immer wieder Abschnitte und Bemerkungen, die den Realitätsstatus des Erzählten im Sinn einer einheitlich und logisch stimmig konstruierten fiktiven Welt untergraben und unsicher machen; dies beginnt mit dem Einheitserlebnis Brandlbergers zu Beginn der Flussfahrt im Dschungel, als er den tropischen Zustand

---

[513] So schreibt Dietrich: „Das Vorwort ist nicht allein Exposition und autoritative Geste, die den Wahrheitsgehalt des Erzählten versichern und damit den Leser von einem intratextuellen auf einen extratextuellen Diskurs verweisen soll, indem sie zwischen beiden vermittelt. Vielmehr enthält es implizit bereits alle Spuren, mit deren Hilfe der Binnentext die Rezeption zu leiten versucht, sowie wichtige Hinweise auf die Voraussetzungen, unter denen der Text steht" (Dietrich: Poetik der Paradoxie, S. 17).

[514] Robert Müller: Tropen, S. 7.

[515] Stephan Dietrich: Poetik der Paradoxie, S. 27.

[516] Stephanie Heckner: Die Tropen als Tropus, S. 9.

[517] Stephan Dietrich: Poetik der Paradoxie, S. 31.

als Urzustand und pränatale persönliche Situation nacherlebt. Mit der Gleichsetzung von Phylogenese, Ontogenese und persönlicher Entwicklung kann das narrative Element der Tropenfahrt vom Leser nun nicht nur als tatsächliche Reise, sondern auch als Erforschung des Innerpsychischen Brandlbergers gelesen werden: „Ich enthülle mich, zeuge und *reise.*"[518]

Während der Fahrt im Kanu gelangt Brandlberger wenig später zu der Erkenntnis der relativen Weltsicht; das Bild der „erfundenen berühmten Wasserräder"[519] beschreibt für ihn das „Symbol der Paradoxie"[520]. Er erläutert dem Rezipienten dabei genau, was es mit dem Gedanken des umspringenden Akzents, mit der Einsicht in die Relativität alles Seienden auf sich hat: nämlich Erkenntnisgewinn, denn „keine Hypothese ist gut genug dazu, den ganzen Ausblick zu umfassen. [...] Wir alternieren eine Sache, wir machen es anders, absurd, verkehrt, und siehe da, es ist *auch* etwas."[521] Bevor die Flussfahrt ihr Ende findet und die Schatzsuche im Urwald beginnen kann, stellt sich Brandlberger die im Grunde schon beantworteten Fragen:

„Was ging mich Slims Schatz an? War die Reise für mich nicht schon erfolgreich, hatte ich nicht schon meinen Schatz entdeckt? Symbole, akzentuierte Spiegelungen waren vollwertiger Ersatz."[522]

Damit wird den im Folgenden inszenierten Irrealitäten ihr Platz als Mittel der Erkenntniserweiterung zugewiesen und die Intention des Romans deutlich benannt. Anhand dieser Erläuterung wird klar, dass die Textverfahren der Irrationalisierung und Obskurierung für Müller nicht nur ästhetischer Selbstzweck zur Befriedigung einer expressionistischen Programmatik sind, sondern unverzichtbarer Bestandteil und notwendiges Hilfsmittel zur bildlichen Darstellung und Vermittlung seiner Theorie. Indem Müller *zeigt und innerhalb der Narration erklärt,* dass die Welt „zentripetal vom Ich ab[hängt]"[523], dass die Wahrheiten je nach subjektiver Wahrnehmung nur relative sind, führt er den Leser zu einem neuen, schöpferischen, sich den Sinn des Textes selbst gestaltenden Ich. Die Erzählung wird so zum Mittel geistiger Entwicklung. Um diese Thesen zu verdeutlichen, lässt Müller sie am Ende von Jack Slim nochmals wiederholen:

---

[518] Robert Müller: Tropen, S. 23. Hervorhebung vom Autor.
[519] Ebd., S. 33.
[520] Ebd., S. 34.
[521] Ebd., Hervorhebung vom Autor.
[522] Ebd., S. 35.
[523] Ders.: Das moderne Ich. In: ders.: Kritische Schriften II, S. 476.

„Wir haben's als erste herausbekommen, daß es keine Realität gibt, und wir sind auch die ersten, die alle jeweils neuen erfinden!"[524]

Mit „wir" bezeichnet Slim die „Phantasten"[525], und dabei ist nicht klar, ob Slim sich und Brandlberger oder sich und andere der Irrationalität gegenüber Aufgeschlossene meint, denn Brandlberger, der eingangs diese Theorie als seine eigene Quintessenz aus dem Dschungelerlebnis leidenschaftlich propagierte, wird nun als „konventionell"[526] und „pedantischer Geist", der „eine kleinherzige Ordnung in Dinge zu bringen"[527] versucht, bezeichnet und fungiert als kritischer Stichwortgeber in diesem Gespräch – so wenig eindeutig, wie die Tatsachen der realen Welt diesen Thesen nach sind, sind die Positionen der Protagonisten in diesem Roman. Dies sowie die Unmöglichkeit, Tatsachen und Einstellungen im Handlungsverlauf eindeutig zuzuordnen (Brandlberger findet Slim sowohl anziehend wie abstoßend, die Todesursache der Indianerin Rulc sowie die Täterschaft an allen weiteren Morden bleibt ungeklärt, der reale geographische Ort der Flussfahrt, der Rio Taquado, ist nicht existent), sind die literarische Umsetzung ebendieser Philosophie der Relativität. Am Ende des Gesprächs spricht Slim explizit von seinem geplanten Buch, das ebenfalls genau diese Philosophie darstellen soll, und er erläutert die Poetologie dieses Buches:

„Man muß das gestalten, es soll nicht mir nichts dir nichts vom Stapel gelassen werden wie fertige Wissenschaft. Es muß Bau haben. Es muß sich kristallisieren – verstehen Sie es?"[528]

Die abschließende Frage ist nicht nur an Brandlberger gerichtet, sondern auch an den außerhalb der fiktiven Romanwelt sich aufhaltenden Rezipienten. Die fertige Wissenschaft taugt nicht zur Vermittlung der Theoreme. Indem Müller diese nun im Roman gestaltet und von den Figuren sowohl erklären als auch handelnd erleben lässt, wird Theorie zur (fiktionalen) Praxis. Der Leser *soll* verstehen – und Müller bemüht sich durch das oben dargestellte Verfahren, das von ihm intendierte reaktive Verhalten der Menschen

---

[524] Robert Müller: Tropen, S. 194.

[525] Ebd.

[526] Ebd., S. 196.

[527] Beide Zitate ebd., S. 194.

[528] Ebd., S. 206 f. Stephanie Heckner zitiert in ihrer Dissertation ‚Die Tropen als Tropus' (S. 83) weitere Beispiele aus dem Gespräch zwischen Slim und Brandlberger, in dessen Verlauf die Protagonisten „Hinweise zum Verständnis des Romans" geben.

gegenüber der modernen Welt einerseits so verschlüsselt zu übermitteln, dass sich durch die aufzubietende intellektuelle Entschlüsselungsleistung ein ‚geistiger Trainingseffekt' ergibt, andererseits aber so deutlich zu werden, dass die implizite „Wissenschaft" nicht als trockenes Pamphlet, sondern *innerhalb* und *als* Erzählung auch herauskristallisiert werden kann.[529]

4.2.2 *Metaphorische Unmittelbarkeit als Katalysator des Aktivistischen*

In Müllers Roman ‚Camera obscura' heißt es an einer Stelle:

> „Leichter fassen wir durch Bilder und Symbole. Auch das Rationale ist nur Bild. Die Welt ist eine Verwicklung vom Figürlichen ins Figürlichere wie die chinesische Sprache und Mentalität. Alles Abstrakte ist blasseres Bild."[530]

Die Figur Slim referiert hier wörtlich aus Müllers publizistischen Schriften. Die These, dass die Welt für den Menschen nur metaphorisch deutbar ist, wird hier mit der Metapher der chinesischen Sprache dargestellt. Das Abstrakte, das es zu vermitteln gilt, muss also, soll es Wirkung entfalten, gerade nicht abstrakt, sondern bildlich, in der Übertragung gezeigt werden. Die literarische Vermittlung bietet sich für Müller daher an, und wieder ist es mit Slim eine zentrale Figur des Romans, die dieses Vorgehen nicht nur handelnd aufzeigt, sondern auch erklärend verdeutlicht. Die literarische Artistik, die Müller in seinen Romanen zur Anwendung bringt, dient demnach nicht rein ästhetischen Zwecken, sondern ist adäquates Mittel, um das Abstrakte Bild werden zu lassen. Das Bild wird nun nicht als Eindruck wie im Impressionismus, sondern als Ausdruck verstanden. Als Expression muss es direkt, unmittelbar Form werden wie das Abstrakte selbst. Diese Methode möchte ich mit dem Paradox ‚metaphorische Unmittelbarkeit' bezeichnen – denn indem das Abstrakte zwar mittelbar in ein Bild umgesetzt wird, wirkt es unmittelbar und wird ohne reflektierenden Umweg verstanden. In dem Essay ‚Bolschewik und Gentleman' kommentiert Müller Jahre später sein in ‚Tropen' erstmals eingesetztes Verfahren:

---

[529] Dass dieses Unterfangen nicht ausschließlich von Erfolg gekrönt war, zeigen die dem philosophischen Gehalt der ‚Tropen' unzugänglichen zeitgenössischen Rezensionen. Die ins Leere führende Handlung (siehe Ziffer 4.3 dieser Arbeit) wurde als Ausdruck der theoretischen Implikationen des Romans nicht erkannt, die vergebliche Sinnsuche – mithin Aussage des Textes – führte zu Unverständnis. Vgl. die Abdrucke einiger zeitgenössischer Kritiken in dem Sammelband ‚Expressionismus – Aktivismus – Exotismus' von Kreuzer und Helmes.

[530] Robert Müller: Camera obscura, S. 150 f.

„Gestalte dich und deine Umwelt direkt, schleudere das Simultane, Untechnifizierte deines inneren Ablaufs hinaus in die Welten der Erscheinung. In meinem Roman ‚Tropen' gibt der Held eine Erklärung und ein Beispiel für dieses Erlebnis vom ‚Phantoplasma', wie es dort heißt. Gestalte unmittelbar, gleichgültig ob sich die inneren Zusammenhänge mit denen der Objekte, d. i. des schon, wenn auch nicht endgültig Gestalteten decken."[531]

Diesen Grundsatz des unmittelbaren Gestaltens setzt Müller in seinem literarischen Werk um: In ‚Tropen' tritt der Holländer Van den Dusen als personifiziertes Beispiel des rationalen Verstandesmenschen auf. Den philosophischen Gedanken, die Jack Slim und Brandlberger austauschen, bringt er Desinteresse entgegen – er beteiligt sich nicht am Gespräch, sondern schneidet Grimassen[532]: Der Erzähler lässt ihn gar nicht in die Unterhaltung eingreifen, er beschreibt lediglich das Verhalten Van den Dusens und *zeigt so*, dass dieser dem philosophischen Gehalt des Gesprächs nicht gewachsen ist. Die negative Bewertung von Van den Dusens Verhalten wird wiederum nicht ausgesprochen, sondern an Slims Mimik verdeutlicht:

„Aber auf Slims Gesicht trat ein eiskalter Zug hervor, ein barbarisch entwickelter Muskel der Verachtung."[533]

Dass der rationale Vernunftmensch, den Van den Dusen verkörpert, die Tropen als Metapher des Sinnlichen, Neuen und gleichzeitig ganz Archaischen schlecht in sich aufnehmen kann, zeigt sich im Sinn der metaphorischen Unmittelbarkeit im körperlichen Zustand des Holländers, der im Gegensatz zu den beiden anderen Mitreisenden zunehmend verfällt:

„Seine stattlichen Schultern waren eingeschmolzen wie ein Bronzebarren und ein Schlackenrest von Knochen und Schlüsselbeinen war geblieben. […] Der ganze wohlproportionierte Rundkopf trug die Spur der Erschlaffung."[534]

Während das Rationale in den Tropen schrumpft, nimmt das Vegetative, Irrationale zu: Slim wird dicker, „[e]r setzte Fett an"[535]. An anderer Stelle

---

[531] Robert Müller: Bolschewik und Gentleman, S. 178.
[532] Die Szene findet sich in ‚Tropen', S. 67 ff. Im Rahmen dieser Arbeit können nur einige der Beispiele, die Müllers unmittelbare Darstellungsweise verdeutlichen, aufgezeigt werden.
[533] Ebd., S. 67.
[534] Ebd., S. 31.
[535] Ders.: Tropen, S. 31.

wird der Zweifel an Slim und an der Überlegenheit des fortschrittlichen Prinzips, das er verkörpert und der in Brandlberger am Ende der Erzählung aufkommt, ebenfalls bildlich dargestellt: Slim kehrt nach einem Ausflug in den Dschungel zum Lager am Fluss zurück und versinkt dabei mit den Füßen im Treibsand. Erst kommt er „mit harten Schritten und breit gehobenen Schultern über das Gerölle daher", dann beginnt er, im Kies einzusinken:

„Und nun - - -

- - - und nun begann Slims Schritt auf dem Kies schwach und gewöhnlich zu werden. Es waren Dutzendschritte, die da herankamen, nicht Slims Kraftschritte."[536]

Mittels Auslassungszeichen und Absatz, die nicht nur der affektiven Steuerung des Lesers gelten, wird deutlich gemacht, dass das Prinzip Slim hier kurzfristig hinterfragt wird, seine Machtposition einbüßt. Er geht nach rechts, also für den Betrachter nach Osten, in Richtung Irrationalität ab, Van den Dusen wendet sich nach links, nach Westen, der Rationalität entgegen. Brandlberger halluziniert ebenfalls sein Weggehen nach links, doch es gelingt ihm nicht – nach dem langen Kontakt mit Slim kann er der Ratio nicht mehr uneingeschränkt folgen. Doch auch das Rationale ist nicht auszulöschen: Unmittelbar vor dem ersten „und nun" geht Slim „mit dem geladenen Gewehr in der Richtung auf den Holländer zu"[537], doch er schießt nicht, er „zitterte in den Knien"[538]. Die entgegengesetzten Prinzipien können sich nicht gegenseitig auslöschen. Folgt man dieser Lesart weiter, so muss es Brandlberger gewesen sein, der Slim mit dem Ruder erschlägt und Van den Dusen erschießt und die solchermaßen freigesetzten Leerstellen der divergierenden Prinzipien nun in sich aufnehmen kann. Dafür gibt es im Text Hinweise[539], doch auch andere Versionen des Tatherganges sind möglich.

Im Roman ‚Camera obscura' wendet Müller dieses Verfahren der bildlichen Darstellung abstrakter Zusammenhänge ebenfalls an. Im Eingangska-

---

[536] Robert Müller: Bolschewik und Gentleman, S. 180. Das zweite Zitat folgt mit den Auslassungszeichen und dem Absatz der Graphik des Textes.

[537] Ebd., S. 180.

[538] Ebd.

[539] So denkt sich Brandlberger: „Ah, dieser Slim! Man müßte ihm den Schädel einschlagen, just so einschlagen, daß sein überentwickeltes Gehirn mit der rohesten Wirklichkeit in Berührung käme" (Tropen, S. 183), und nimmt so dessen Todesursache gedanklich vorweg.

pitel wird der Besuch Jack Slims bei dem Gesandten San Remo geschildert. Dabei wird das suggestive Wesen Slims einerseits mittels der Handlung dargestellt und ist andererseits auch Gesprächsgegenstand zwischen den Protagonisten. Slim vertritt dabei den Standpunkt, dass „jede Wirkung auf Autosuggestion beruht"[540], er selbst also nur beeindrucken und beeinflussen kann, wenn in seinem Gegenüber die Bereitschaft dazu, von ihm beeindruckt und beeinflusst zu werden, vorhanden ist. Diese „systematische Verführung zur Selbstverführung"[541], die Slim hier in dieser Szene San Remo erläutert, praktiziert er in ebendiesem Moment an San Remo selbst. Eine abstrakte These des Romans, die Möglichkeit der intersubjektiven suggestiven Durchdringung des menschlichen Geistes, wird hier eingangs sowohl dargestellt als auch erläutert.

Am Ende des Romans demonstriert Slim nach seinem Vortrag mit und an Nitra durch das gelingende Ausführen von für das Mädchen scheinbar unmöglichen physischen Aufgaben, wie erst das Denken eines ‚Unmöglich' zu einem tatsächlichen ‚Unmöglich' führt: „Der physische Halt ist immer erst die Folge eines geistigen Kurzschlusses."[542] Das Geistige *bedinge* daher die physische Entwicklung und sei

„als Vernünftig-Dynamisches, als Aktivistisches, als selbständiges ästhetisch-ethisches Resultat genauso Objekt einer neuen, höheren Stufe der Naturwissenschaften wie ehemals der Stoff, der als sekundäre Abfolge und Erscheinung zu gelten hat"[543].

Ein weiteres Beispiel metaphorischer Unmittelbarkeit in ‚Camera obscura' findet sich zu Beginn des zweiten Teils. Im ersten Teil hatte Slim dem Gesandten San Remo seine neue kriminalistische Methode, die auf vorausahnender Einfühlung, einem Betrachten aller, auch der banalsten Umstände und Möglichkeiten im Zusammenhang des Verbrechens basiert und Ermittlungsergebnisse auf der Grundlage strikt logischer Schlussfolgerungen als unzureichend ablehnt, dargelegt. Zu Beginn des zweiten Teils wird Slim dann in der Anwendung seiner Methode gezeigt:

---

[540] Robert Müller: Camera obscura, S. 19.
[541] Ebd., S. 20.
[542] Ebd., S. 163. Eine These, von der heute Sportpsychologen siegeswillige Hochleistungssportler zu überzeugen versuchen.
[543] Ebd., S. 164.

„Slim nahm diese belanglosen Kleinigkeiten in sich auf und schmiedete daraus das federnde Bild eines bestimmten typischen Lebensganges."[544]

Auch hier folgt auf die abstrakt vorgebrachte Beschreibung einer Methode deren in der Handlung dargestellte Ausführung. Besondere Bedeutung kommt hier der metaphernreichen, poetischen Beschreibung der Umgebung zu, in der sich San Remos Anwesen befindet:

„Er drehte sich um und schritt diagonal über die gezirkelte Straße, die strenglinig wie ein geometrisches Profil in ihren Teilen aufgebettet lag. Der Fahrdamm wölbte sich asphalten als sehr flache Walze aus der Rinnstein-kurve, die Bürgersteige traten mit seichter Büste an ihn heran und gleißten an der frisch gehaltenen Kante. Ihr Saum war wie eine Linie mit rechneri-schen Teilstrichen von rhythmischen Erdaufwürfen unterbrochen, aus den wohlgepflegten Trichtern schwebten innerhalb barock gelockter, grün ge-strichener Eisenmanschetten, die zugleich zu Schutz und zu Halt dienten, dicke Laubknäuel auf edlen Schäften, Kastanien, Ahorn, Akazie und Maul-beer."[545]

Die domestizierte, streng geometrisch angeordnete, in Form gezwungene Natur wird in lyrischem Ton geschildert, der sich wölbende Fahrdamm und die seichte Büste, die gleißenden Bürgersteige werden in poetischer Um-schreibung als ein Arkadien dargestellt und erhalten gar eine erotische Fär-bung. Die Diskrepanz zwischen dem, was hier geschildert wird, eine baum-gesäumte Straße in einer Großstadt, und dem, *wie* dies geschildert wird – als Idyll –, ist groß, und genau diese Diskrepanz verdeutlicht nun wiederum Slims Theorie der Einfühlung und simultanen Empfindung: Einerseits muss man alle Umstände betrachten, um zu einem umfassenden Bild zu kommen. Auf die zitierte Textstelle angewendet hieße das, sich nicht von der lyrischen Stimmung, welche die Sprache evoziert, blenden zu lassen und hinter dem Sprachschleier das zu erkennen, was geschildert wird. Andererseits muss man beides, den durch die sprachliche Formung gewonnenen Eindruck so-wie die Tatsache des Beschriebenen, zusammendenken. Dann kommt man zu dem umfassenden Bild einer sehr gepflegten, begrünten Straße, einer vom Menschen geschaffenen Ordnung der Natur und zu der Schlussfolge-

---

[544] Robert Müller: Camera obscura, S. 39.
[545] Ebd., S. 39 f.

rung, die Slim am Ende der Passage zieht – und die das metaphorisch unmittelbar Gegebene so wieder theoretisch verdeutlicht:

„Dies alles, sah Slim, war das Werk kluger Benützung; auch die Schönheit des Naturparks [...] konnte als Folge menschlicher Tat gelten, die auch dort besteht, wo sie sich ausnimmt oder aufhebt; der Mensch entgeht der Großartigkeit seines zur Tat gipfelnden Schicksals nicht mehr."[546]

Indem Slim in dieser Szene nun *diagonal* über die Straße schreitet und nicht orthogonal, bricht er bewusst aus dem ‚strenglinigen geometrischen Profil‘ der bürgerlichen Ordnung aus und setzt sich über das Vorgegebene, Gezirkelte, rein Logische hinweg; aufs Neue wird die abstrakte Aussage im Bild demonstriert.

Immer wieder exemplifizieren die Figuren so handelnd die abstrakten Thesen der literarischen Schrift, die implizite Theorie wird sowohl in der Darstellung gezeigt als auch erklärt: Das rein Begriffliche wird konkret. Müllers Poetologie zielt in der literarischen Ausformung ganz offensichtlich nicht allein auf eine im Ästhetischen verharrende Darstellung innerseelischer Vorgänge, sondern im ästhetischen *Erlebnis* auf einen verstehenden und selbstständigen Nachvollzug der solchermaßen zugänglich gemachten abstrakten Thesen.

4.2.3 Szenische Darstellung als Transportmittel aktivistischer Ideen

Im Drama ‚Politiker des Geistes‘ lässt Müller den politisch engagierten Schriftsteller Gerhard Werner in sieben Szenen auftreten. Der Untertitel des Stückes lautet ‚Sieben Situationen‘ – in szenischen Momentaufnahmen werden Werners Kontakte und Verhältnisse zur Zeit seiner politischen Kandidatur gezeigt. An dieser Stelle ist eine Rückblende auf den ‚Tropen‘-Roman interessant. Müller lässt die Figur Slim im Hinblick auf dessen Buchprojekt postulieren:

„Aber Charakter, Charakter – das gibt es ja nicht. Es gibt nur Situationen, es gibt nur diese Beziehungen zwischen den Menschen [...]. Da ist eine Schablone, ein Arrangement von erteilten Kräften: in jedem Winkel, wo Menschen hausen, ist es dasselbe. Die Positionen bleiben konstant; es ist aber nicht stets derselbe Mensch, der sie einnimmt; im Gegenteil, bald sieht

---

[546] Robert Müller: Camera obscura, S. 40.

er sich selbst, wo er einmal war, und wenn er kein schlechtes Gedächtnis hat, kann er sich dergestalt von allen Seiten beschauen."[547]

Genau dies ist Werner bewusst; er hat die gesellschaftlich schablonierten Positionen des Tatmenschen und des Erleidenden hinter sich gelassen, er hat „den ganzen Bürger restlos mitgemacht" und ist nun „frei"[548]. Die Konsequenzen und Opportunitäten dieser Freiheit, die ein Handeln Werners entgegen gängiger gesellschaftlicher Normen nach dem eigenen ethischen Gutdünken ermöglicht, zeigt Müller nun in den sieben Situationen des Dramas. Ähnlich wie die Figuren Steward (in ‚Camera obscura') und Slim (sowohl in ‚Tropen' wie in ‚Camera obscura') lässt sich Werner von keiner präformierten Rolle mehr einengen. Dies macht ihn für eine rein rationale Einstellung, wie die Figur des Butzke sie repräsentiert, zum Verbrecher, zum „raffiniert[en] und immer wieder kompliziert[en] [...] bösartigen Tollhäusler"[549]. Offeneren Geistern wie Literaten und Künstlern erscheint er jedoch interessant, er wird ihnen ein Anreiz zur Fortentwicklung. So wird Charlotte Klirr allein vom Anblick des neuen Typus in Gestalt Werners zu einem neuen Verständnis von Abbildung in der Kunst angeregt: Als Bildhauerin kann sie ihn, den in keine Form oder Schablone Pressbaren, nicht mehr mit konventionellen, naturgetreu abbildenden Techniken künstlerisch darstellen. Die äußere Hülle Werners würde nicht das in Totalität zeigen, was ihn ausmacht. Die neue, abstrakte Art Klirrs fängt nicht nur den Umriss, sondern auch das Innere Werners ein. Indem Klirr dies theoretisch erläutert, wird ihre von Butzke als „maßlos scheußlich"[550] empfundene Kunst verständlich.

Doch auch Butzke macht, konfrontiert mit dem Beispiel Werners, eine Entwicklung durch oder gelangt zumindest zu der noch nicht ganz treffenden, aber für den Weg unverzichtbaren Erkenntnis: „Die Nerven kommen – man muß das Erlebnis haben"[551].

Auch in diesem Werk lässt Müller eine Figur, die Werners, ihre Lehre erst erklären, bevor sie durch dessen Verhalten in den Situationen selbst anschaulich wird. Die Weisheit, zu der Werner gelangt ist, bezeichnet dieser mit „Macht durch Selbstentmächtigung; Wirkung durch Selbstbeherr-

---

[547] Robert Müller: Tropen, S. 209.
[548] Beide Zitate in: ders.: Die Politiker des Geistes, S. 52.
[549] Ebd., S. 53.
[550] Ebd., S. 54.
[551] Ebd., S. 81.

schung"[552], und dieser Grundsatz bestimmt Werners Handeln entscheidend. Er wirft Butzke vor, „keine Weisheit für Leidenschaft" zu haben, und entfacht so dessen Pathos.

Als er von Butzke geschlagen wird, verweigert er die Gegenwehr, woraufhin ihm sein amerikanischer Manager und Geldgeber die Unterstützung im Wahlkampf aufkündigt und ihm sein im fairen sportlichen Kampf errungener Ruderchampiontitel aberkannt wird. Dem von Butzke geforderten Duell stellt er sich aus rationalen Überlegungen zwar (Butzke droht, ihn andernfalls zu ermorden), doch es kommt nicht zum Schusswechsel, weil Werner wegläuft. Trotz oder gerade *wegen* dieser vermeintlichen gesellschaftlichen Misserfolge erzielt er die schon geschilderte Wirkung bei Klirr und Butzke, die durch ihn erkennen, dass das Leben eine Gesamtheit der „geistigen, sinnlichen [und] sozialen Formen"[553] ist – was Werner im Abschluss gleichsam als Essenz auch in Worte fasst. Nun wird auch deutlich, warum das Erleben der Erlebnisse unverzichtbar ist für einen umfassenden Lebensbegriff jenseits des Normierten, denn nur die Erlebnisse in ihrer Totalität können einen übergeordneten Bezug zum Leben, wie Werner ihn hat, ermöglichen und so als Erlebnisse über diese selbst hinausweisen.

Dies alles verdeutlicht Müller in der wörtlichen Rede und den darauf folgenden Taten der Personen; so kommt in seinem Drama das gleiche poetische Mittel zum Einsatz, das auch in den beiden Romanen als das rezeptionsleitende erkannt worden ist. Der Politiker des Geistes Werner ruft anfangs die Geistigen auf, sich zu organisieren,

„um den bürokratisch-kapitalistischen Energien unserer Gesellschaftsordnung nicht hemmend, aber korrigierend und pauseschaffend an die Seite zu treten"[554].

Er erklärt, dass er wirken möchte, und mit seiner unkonventionellen Reaktion auf die Provokation Butzkes bewirkt er dies auch – zwar nicht an den Massen, doch liegt in der kontrollierten Beeinflussung des Einzelnen durch das Beispiel eine Möglichkeit, die Müller nun auch dem Dramentext zukommen lassen will. Die szenische Darstellung wirkt dabei im Gegensatz zum längeren Romantext als Ideen-Beschleuniger.

---

[552] Robert Müller: Die Politiker des Geistes, S. 42.
[553] Ebd., S. 80.
[554] Ders.: Tropen, S. 30.

4.2.4 Der unzuverlässige Erzähler in ‚Tropen‘ und ‚Camera obscura‘

Wie gezeigt wurde, liegt in den Aussagen wie auch im Verhalten der Figuren durchaus ein Schlüssel zum Verständnis der Texte. Wie passt dazu nun die Haltung eines Erzählers, der Sachverhalte so schildert, dass sie ungenau zuzuordnen sind, der Ereignisse in verschiedenen Versionen wiedergibt und der alles andere, aber nicht verlässlich ist? In Müllers ‚Tropen‘-Roman ist Brandlberger sowohl narrative Instanz als auch erlebendes Subjekt der Erzählung.[555] Dieser Ich-Erzähler berichtet eingangs in nachvollziehbarer zeitlicher Folge, wie die Expedition in den Dschungel begann und wodurch sie initiiert wurde. Dabei wird Brandlberger sowohl als erzählendes wie auch als erlebendes Ich gezeichnet: Die mimetische Beschreibung der während der Kanufahrt vorbeigleitenden Natur wird in erlebter Rede unterbrochen durch ein plötzliches „Halt; was war das?"[556] Brandlbergers, der sich dann wenig später in innerem Monolog fragt, „[w]o aber, wo hatte ich diesen Zustand der Tropen, diese Szene willenlosen Wachsens durchgemacht, wo, wo?"[557]. Die Durchdringung von Erleben und Erzählen zeigt sich zudem in häufigem Tempuswechsel, auch innerhalb eines Satzes. Wie Stephanie Heckner zeigt, wechselt der Erzählmodus im Text beständig und fließend zwischen den Positionen des Erzählers:

„Die Reflexionen des erlebenden, mitgeteilt in erlebter Rede und innerem Monolog, verflechten sich mit denen des erzählenden Brandlberger."[558]

Um nun zu zeigen, inwiefern dieses Verfahren Einfluss hat auf die Glaubwürdigkeit des Erzählers und auf die Wirklichkeitsannahmen im Text, ist es von Nutzen, zu betrachten, wie die narrative Instanz eines Textes in der Erzähltheorie gedanklich umrissen wird: Gemäß Matias Martinez und Michael Scheffel sind Behauptungen des Erzählers innerhalb der erzählten Welt notwendig wahr[559], sofern sie die mimetischen Sätze betreffen. *Theoretische* Sätze der narrativen Instanz haben einen solchen Wahrheitsanspruch nicht:

---

[555] Vgl. Stephanie Heckner: Die Tropen als Tropus, S. 136 f. Heckner sieht in der erzähltechnischen Verwischung der erzählenden und der erlebenden Position Brandlbergers die „Identität von Denken und Tun" auf formaler Ebene ausgespielt.
[556] Robert Müller: Tropen, S. 14.
[557] Ebd., S. 15.
[558] Stephanie Heckner: Die Tropen als Tropus, S. 136 f.
[559] Vgl. für dies und die folgenden Ausführungen Matias Martinez, Michael Scheffel: Einführung in die Erzähltheorie, S. 96 ff.

Theoretische Sätze betreffen nicht nur die innerdiegetische Welt, sondern ebenso die Welt außerhalb der Erzählung:

„[...] sie können für wahr gehalten werden, müssen es aber nicht, damit ein elementares Textverständnis gewährleistet ist. [...] Die fundamentale erzähllogische Funktion des Erzählers besteht in der Darstellung der erzählten Welt in ihrer konkreten Individualität, und nur auf diese Funktion erstreckt sich auch sein Wahrheitsanspruch."[560]

Ein Erzähler, der nun innerhalb der erzählten Welt als Figur selbst auftritt, ist gegenüber den anderen Protagonisten „nach dem logischen System der literarischen Fiktion nicht privilegiert"[561], was den Wahrheitsanspruch seiner mimetischen Sätze angeht. In jedem Fall versucht der Leser jedoch, eine „*konsistente* erzählte Welt" zu entwerfen: „Umfassende Konsistenz ist eine konstitutive logische Norm des fiktionalen Erzählens." Die Voraussetzung hierfür ist eine den internen Regeln der innerdiegetischen Welt folgende Welt, seien diese an die Logik der realen Welt gekoppelt oder nicht.

Beim mimetisch unentscheidbaren Erzählen nun stellt der Erzähler keine „stabile und eindeutig bestimmbare erzählte Welt" mehr dar, es herrscht

„eine grundsätzliche *Unentscheidbarkeit* bezüglich dessen, was in der erzählten Welt der Fall ist [...]. Keine einzige Behauptung des Erzählers ist dann in ihrem Wahrheitswert entscheidbar, und keine einzige Tatsache der erzählten Welt steht definitiv fest."[562]

Der feste Bezugspunkt für den Leser geht verloren, welche Version der dargestellten Welt als ‚wahr' anzusehen ist, bleibt ununterscheidbar.

Die ersten Anhaltspunkte dafür, dass der Erzähler des ‚Tropen'-Romans sich nicht auf *eine* konsistente Welt festlegen will und sein Status kein verlässlicher ist, zeigen sich eingangs an mehreren Stellen: Nach Brandlbergers Erlebnis der Einheit mit der tropischen Natur, die er nun in sich selbst wiederfindet, stellt er fest, jedermann habe es schon erlebt, „daß man die verschiedensten Dinge verdrehen kann, und sie ergeben dennoch einen höchst produktiven Sinn"[563]. Dieser Satz steht in einer erklärenden, eher theoretischen Passage, in der Brandlberger seinen Zustand schildert und ins Allgemeine überträgt. An dieser Stelle denkt Brandlberger nur über die Möglich-

---

[560] Matias Martinez, Michael Scheffel: Einführung in die Erzähltheorie, S. 100.
[561] Ebd., S. 101.
[562] Alle vier Zitate ebd., S. 103. Hervorhebungen von den Autoren.
[563] Robert Müller: Tropen, S. 19.

keit, etwas ‚verdreht' darzustellen, und die positiven Auswirkungen, die sich daraus ergeben können, nach. Wenig später hält er sich dann tatsächlich nicht mehr an die Chronologie seiner eigenen Erzählung: Während er zu Beginn die zeitliche Dauer seines Zusammentreffens mit Slim und Van den Dusen und die darauf folgenden Expeditionsvorbereitungen mit mehreren Wochen angegeben hatte und er nun auch schon einige Zeit auf dem Fluss in den Urwald unterwegs ist, behauptet er in einer erneuten Zeitrechnung, er habe

„vor einer Woche [...] in einer kleinen Garnisonsstadt des holländischen Guyana die Zeit in Gesellschaft der paar anwesenden Weißen Offiziere und einiger Negerdonnas verbracht. [...] Und vor einem Monat, genau soviel vom heutigen Tage an zurück, war ich mit dem Manhattangirl, einem distinguiert verdorbenen Geschöpfchen, die große Schleifenbahn, das looping the loop, in Coney Island [...] abgefahren."[564]

Eine Zeitrechnung, die mit dem vorher Geschilderten nicht zusammenpasst und daher geeignet ist, den Leser erstmals misstrauisch zu machen. Die Unzuverlässigkeit des Erzählers zeigt sich überdies bezeichnenderweise in den mimetischen Passagen, in denen Brandlberger seine Erkenntnis des Phantoplasmas, des umspringenden Akzents, schildert[565]. Er stellt hier schon die Frage, wer denn entscheiden könne, welche Welt die richtige und welche die falsche sei, nachdem er vorher festgestellt hat, er

„spüre im Schwanken schon jetzt Erstreckungen voraus, die nicht in Raum und Zeit, und was der Mensch der Städte davon weiß, gegeben sind"[566].

Dies ist ein deutlicher Hinweis darauf, dass der Erzähler die apriorischen Bedingungen der Möglichkeit menschlicher Erkenntnis, Zeit und Raum, nicht mehr als Grenze des Wissens akzeptiert, dass er das kantianische Vernunftmodell der Aufklärung als erweiterungsbedürftig ansieht. Damit deutet Brandlberger an, dass er die Paradoxien der folgenden Handlung als Erkenntniskategorie betrachtet, und dazu gehört auch die Auflösung der herkömmlichen Chronologie:

---

[564] Robert Müller: Tropen, S. 21.
[565] Vgl. hierzu siehe S. 84 f. dieser Arbeit und S. 33 f. in ‚Tropen'.
[566] Robert Müller: Tropen, S. 23.

„[I]ch schildere einen Mann, der inmitten gesegneter, abenteuerlicher Umstände, wie er sich einbildet, das Buch schreibt, das er erst erleben wird. Dieser Mann war ich. Ich war mit visionärer Kraft meiner eigenen Zukunft vorangeeilt. Ich fuhr als Schreibtisch einen Strom hinauf und vermengte in der Geschwindigkeit ein wenig die Zeit."[567]

Hier wird nicht nur das Schreiben mit dem Erleben auf *eine* zeitliche Stufe gesetzt und paradoxerweise das Schreiben des Erlebten dem Erleben vorgezogen[568], das Schreiben des Imaginierten (denn eventuell bildet sich der Erzähler die abenteuerlichen Umstände ja bloß ein) und das Imaginierte selbst werden zu einer dem Erleben ebenbürtigen eigenen Erkenntniskategorie. Und nur indem Brandlberger als ‚Verwirrungsinstanz' diesen Erkenntnisanspruch sowohl abstrakt thematisiert als auch mit einem Paradox als Erzähler gestaltet, wird das Nichtfestlegen der innerdiegetischen Welt für den Rezipienten mit einem Sinn versehen, der sich im Idealfall schon im Vorhinein erschließt.

Dazu gehört auch, dass die Person des erlebenden Erzählers, die zu Beginn mit der Figur Brandlbergers noch fest umrissen ist, bald nicht mehr eindeutig bestimmt werden kann: Während des Aufenthalts im Indianerdorf gerät Brandlberger in einen traum- oder tranceartigen Zustand, in dessen Verlauf er zwischen Traum und Wirklichkeit nicht mehr unterscheidet und er seine Erzählerposition in Frage stellt:

„Und was ich da träumte, träumte ich gar nicht. [...] Es war alles die Erzählung eines merkwürdigen Fremden mit mystischen Augen, den ich Slim nannte. [...] Wer war ich in seiner Erzählung? Wer war er selbst? War er außerhalb seiner Erzählung? Und ich gewahrte, daß er nur ein Stück seiner Erzählung war. Er war die Gestalt eines Buches, das ich las. Während ich es aber las, schrieb ich es, und ich schrieb es ab von meiner Seele mit Schaudern und Staunen und Neugier."[569]

Auch Slim und Van den Dusen sprechen wie Brandlberger von Buchprojekten, welche die zwischen den Protagonisten verschiedentlich im Gespräch verhandelten Theorien zum Thema haben sollen. Brandlberger selbst nimmt

---

[567] Robert Müller: Tropen, S. 24.
[568] Vgl. Stephanie Heckner: Die Tropen als Tropus, S. 137: „Hier ist die völlige Entkonturierung der Positionen des erlebenden und des erzählenden Brandlberger erreicht. Der Erlebende ist als Schreibender angesprochen, der schreibend ein Erleben vorbereitet."
[569] Robert Müller. Tropen, S. 110.

schließlich von dem Vorhaben, seine Ideen und (imaginierten?) Erlebnisse schriftlich festzuhalten, Abstand:

„Da ich weiß, daß die Welt dadurch nicht verändert wird, da ferner die Dinge schön sind, auch ohne daß ich davon erzähle, werde ich dieses Buch nie schreiben. By Jove, das war die verrückteste Idee von mir, das mit dem Bücherschreiben."[570]

Kurz darauf spricht Slim von seiner Intention, ein Buch zu schreiben,
„[e]s soll ‚Tropen' heißen! [...] Und das Schönste ist, ich lasse die ganze Geschichte von einem erzählen, der gar nie in den Tropen gewesen ist."[571]

Schließlich, nach Slims Tod, bittet Van den Dusen um die Rolle des Erzählers:
„Ich werde überhaupt ein Buch schreiben, das ‚Jägerlatein' heißt. Das fügt sich gut, Sie treten mir doch das Wort ab?"[572]

Während Brandlberger und Slim von dem Erkenntniszuwachs, den ihre Theorien darstellen, überzeugt sind, bezeichnet Van den Dusen sein Buch als ‚Jägerlatein' und weist seinem Inhalt so einen lügenhaften Status zu. Hier macht der Roman nicht nur eine eindeutige Beantwortung der Frage ‚Wer erzählt?' schwierig; unentscheidbar ist für den Leser nicht nur, wem die Erzählung zuzuschreiben ist[573], sondern ebenfalls, ob die verhandelten Thesen als ernsthafte Theorien mit einem gewissen Erkenntnisanspruch zu gelten haben oder ob sie als ‚Jägerlatein' diskreditiert werden. Auf einer ersten Ebene kann man zwar interpretieren, dass Van den Dusen als rationaler Verstandesmensch die metaphysischen Gedanken über den relativen Wahrheitsgehalt des subjektiven Erlebens nicht nachvollziehen kann und sie daher als ‚Jägerlatein' darstellen will. Auf einer zweiten Ebene werden die Theorien jedoch als relative selbst relativiert und von der nicht mehr eindeutig bestimmbaren narrativen Instanz somit als hinterfragbar, als nicht feststehend dargestellt. Der Leser findet weder eine konsistente Welt innerhalb

---

[570] Robert Müller: Tropen, S. 189 f.

[571] Ebd., S. 202.

[572] Ebd., S. 221.

[573] Christian Liederer stellt in ‚Der Mensch und seine Realität' fest: „Das Paradox des Binnentextes besteht also primär darin, dass mehrere erzählte Figuren im Text selbst als Erzähler des Textes in Frage kommend vorgestellt werden, während das *Vorwort* Brandlberger als Urheber angibt" (S. 229). Hervorhebung vom Autor.

der Erzählung vor, noch ist der Erzähler eindeutig fixierbar, noch sind die Theorien, welche die narrative Instanz vertritt, unumstritten. Mit dieser Nichtfestlegung auf allen Seiten wird die verhandelte Philosophie der relativen Weltsicht auf der formalen Ebene des Textes abgebildet – die Verwirrung, die der Erzähler stiftet[574], wird so zum Aufruf an den Rezipienten, gewohnte Denkpfade zu verlassen und überkommene Gewissheiten in Frage zu stellen; die Vielzahl der Auslegungsmöglichkeiten des Textes aktivieren den „schöpferisch-interpretierende[n] Möglichkeitssinn"[575].

Die narrative Instanz in ‚Camera obscura' tritt nicht als Person in Erscheinung. Sie hat eingangs Innensicht in die meisten Figuren des Romans[576] und einen Überblick über das Geschehen, was ihr Autorität und Glaubwürdigkeit verleiht; sie schildert die Handlung im weiteren Verlauf dann aber zunehmend aus eingeengter Personenperspektive: Als die Gemahlin San Remos, Philomena Akte, diesen angreift, schildert der Erzähler aus der Sicht San Remos, dass sie „etwas in die nervige laszive Faust"[577] klemmt, das sie dem Gemahl dann in die Mitte des Leibes rammt. Im Kampfgetümmel fliegt dann ein „Papierdolch [...] in den Teppich"[578] – nun hat San Remo den Gegenstand erkannt. Nach diesem Vorfall fühlt sich der Gesandte unwohl, und der Erzähler schildert die weiteren Begebenheiten einmal von außen, aus der Sicht des Dieners Morel, der nichts Ungewöhnliches feststellt und nur ein Telefonat zwischen dem Arbeitszimmer und der Außenwelt und zwei verschiedene Stimmen, die aus dem verschlossenen Zimmer dringen, registriert, sowie von dem Erlebnishorizont San Remos aus. Hier ist nun nicht mehr klar zu trennen zwischen tatsächlichem Geschehen und Halluzination der Person: Schon vor der Kampfszene berichtete der Erzähler von einem plötzlich im Sessel des Arbeitszimmers sitzenden Chinesen, nun liegt der Gesandte in erschüttertem Zustand auf dem Sofa, „als lautlos neben ihm

---

574 Unter Punkt 4.3 wird diese Verwirrung auf der Handlungsebene weiter erörtert.

575 Christian Liederer: Der Mensch und seine Realität, S. 231.

576 So berichtet der Erzähler in erlebter Rede vom Eindruck, den Slims Augen auf San Remo machen: „Das war ja die Iris eines jungen schönen Mädchens, die ihn da mit einer beinahe sinnlichen Wärme anhauchte!" Über die Intentionen der Handlungen Slims weiß er ebenfalls Auskunft zu geben. „Erst wenn der Eindruck seiner Persönlichkeit so stark war, daß eine Lektion über Eitelkeit und ein Taktfehler ihm die neugewonnene Neigung nicht verscherzten, konnte er sich auf sie verlassen." Robert Müller: Camera obscura, S. 6 f. Auch im weiteren Verlauf schildert der Erzähler detailliert Slims gesellschaftstheoretische Gedanken.

577 Robert Müller: Camera obscura, S. 62.

578 Ebd.

wie eine Fiebergestalt der Chinese aus den Formen der Tapete und geblümten Wandteppiche hervorschritt"[579].

Zwar macht der Erzähler deutlich, dass es sich hierbei um eine Einbildung handelt – der Gesandte „wußte plötzlich ganz gut, daß dieser heimliche Chinese in seinem Zimmer gar nicht vorhanden war"[580] –, doch hat der Rezipient nun Schwierigkeiten, die vorhergehende Szene mit dem Chinesen einzuordnen: War dieser Besucher dort auch eine Halluzination, welche die Ehefrau ebenfalls hatte? Der erste Chinese wird als mager und alt bezeichnet, nun ist es ein dicker Chinese mit „Zweihundertpfundgewicht"[581], der zudem plötzlich das „Gesicht seines Besuches Jack Slim"[582] erhält: Die Möglichkeitswelt tritt der Tatsachenwelt gleichberechtigt gegenüber.

Im weiteren Verlauf werden dementsprechend Vorstellungen und tatsächliches Geschehen gleichermaßen als real – oder Annahmen – geschildert: Mit einem „Falsch! … stopp!"[583] zu Beginn des Kapitels XXV werden beispielsweise Stewards vorher als real geschilderter Aufenthalt in der Dunkelkammer sowie Jack Slims Vortrag und Demonstration im Hotel vom tatsächlichen Geschehen zur Vorstellung Stewards. Schließlich ist die Rolle des Erzählers von der Figur Stewards nicht mehr klar abgrenzbar:

„Steward zögert zu entscheiden, ob er nun nicht im Hotel Mansion, Souterrain, die bewußte Zelle, sitzt […]. Sitzt er da nun gebannt in der Dunkelkammer und schaut das Getriebe des Lebens …

Auf meinem Bewußtseinsgrade ist das Leben ein Spiel von Begriffen, die sich sinnlich auswachsen und verankern, sich emanzipieren, Luftwurzeln ausschießen – hinter dem Gedanken sind Bilder raumlos in Reserve wie eine Kartothek – … oder sitzt er da in der Untergrundbahn zwischen zwei Stationen und träumt die Dunkelkammer?"[584]

Wird nun, ab „Auf meinem Bewußtseinsgrade", in innerem Monolog Stewards Gedankengang geschildert, meldet sich der Erzähler hier als Person zu Wort – oder, und dies ist ob der Ununterscheidbarkeit des ontologischen Status dieses Einschubes durchaus plausibel, spricht hier der *Autor* Müller in

---

[579] Robert Müller: Camera obscura, S. 65.
[580] Ebd., S. 66.
[581] Ebd.
[582] Ebd., S. 67.
[583] Ebd., S. 179.
[584] Ebd., S. 185.

einer selbsterklärenden Sequenz? Alle Deutungen sind möglich. Form und Inhalt der Aussage gelangen in dieser Passage besonders deutlich zur Kongruenz.

Der Erzähler kreiert so das Vieldeutige, das der Detektiv Steward als „dynamische [...], veränderliche [...] Erklärungsvariationen"[585] zu seinen Ermittlungen heranzieht. Indem der Erzähler nicht nur eine, sondern mehrere Möglichkeiten des Tatherganges schildert und auch die wahrscheinlichste Lösung des Falles mit einem ‚vielleicht' versieht, gestaltet er auf formaler Ebene das, was auf inhaltlicher Ebene als gedankliche Essenz des Romans zur Geltung kommen soll:

„Das Wirkliche ist nur ein realisierter Teil einer übergeordneten (auch virtuellen) Wahrheit, wie Logik und Ratio nur ein Teil einer übergeordneten metalogischen, nicht-ratioïden Wahrheit sind."[586]

Diese Theorie wird nun nicht nur dargestellt, indem vom Erzähler variable Handlungsverläufe gezeichnet werden, sie wird (meist von der Figur Jack Slim, wie in Punkt 4.1.2 und 4.2.2 schon beschrieben und zitiert) in deutliche Worte gefasst und so sowohl abstrakt als auch bildlich dem Rezipienten zum prüfenden Nachvollzug angeboten. Die Orientierungslosigkeit, die der Erzähler im Leser auslöst, wird durch die Figurenrede zum Teil zurückgenommen und erklärt. Auch hier gilt, was schon von der erzählenden Instanz der ‚Tropen' gesagt wurde: Die Verwirrung soll produktiv wirken, wird zum Deutungsanreiz.

4.2.5 Der Erzähler als zuverlässiger Beobachter in ‚Flibustier'

Kann der Leser sich nun in ‚Flibustier' auf den Erzähler verlassen, in dem Sinne, dass dieser eine konsistente Welt ohne mehrdeutige Handlungsvariationen schildert? Der Ich-Erzähler beginnt mit einer abwertenden Feststellung: „Da hat sich an der Ecke so ein Flibustier festgenäpft."[587] Er fährt fort mit der Beschreibung des Äußeren dieses Menschen, dann folgert er nach dessen Erscheinung, dieser Scholef sei „etwa ein armer Eseltreiber aus dem steinigsten Hochland von Abessynien"[588]. Diese Mutmaßung malt er im Folgenden aus, als wären die beruflichen Anfänge Scholefs als Eseltreiber

---

[585] Christian Liederer: Der Mensch und seine Realität, S. 210.
[586] Ebd., S. 212.
[587] Robert Müller: Flibustier, S. 7.
[588] Ebd.

Gewissheit, bis ihn auch dessen Verhalten an diese Profession gemahnt: „Er hat eine beispiellose Geduld, vermutlich die Geduld eines Eseltreibers."[589]

Der Erzähler erscheint hier als eine eigenständige, das Geschehen beobachtende Person, die ihren subjektiven Eindruck von der Figur Scholef schildert. Er revidiert seine Vermutung auch dann nicht, als er auf seinen Irrtum hingewiesen wird:

„Man sagt mir, daß ich mich irre, daß er nie Eseltreiber in Abessynien war. Meinetwegen, nicke ich, aber im Stillen weiß ich, daß meine Phantasie recht hat. [...] Der Mann, nur Geduld, treibt doch seinen Esel bergauf."[590]

Scholef habe „seine Seele hinter ein Inkognito versteckt. Aber ich werde es noch lüften"[591], prophezeit der Erzähler, und er findet am Ende Bestätigung, wenn der in eine Nervenheilanstalt eingewiesene Scholef sich seinerseits nun als Eseltreiber imaginiert. Günter Helmes sieht durch diese Bestätigung der zu Beginn geäußerten Annahmen des Erzählers in der Phantasie der Figur Scholef einen Aufweis von dessen Verlässlichkeit:

„Das Unterfangen des Ich-Erzählers also, die hinter einem ‚Inkognito' versteckte ‚Seele' Scholefs mit Hilfe des Bildes vom ebenso deklassierten wie aufstiegswütigen ‚Eseltreiber' durchdringend zu verstehen, gelingt und verschafft ihm damit eine interpretatorische Autorität, die bestätigend auch auf seine anderen Einschätzungen und Urteile ausstrahlt."[592]

Die „Verknüpfung von Textanfang und Textende" immunisiere den Erzähler „gegen jeden kritischen Einwand" und baue ihn „als alter ego des Autors"[593] auf. Aber nicht nur die so geschaffene Autorität des Erzählers ist es, die diesen in die Nähe des Autors rücken lässt. Wie gezeigt wurde, waren es in den anderen fiktionalen Werken immer in die Handlung integrierte Figuren, die eine implizite Theorie aussprachen und durch ihre Handlungen auf einer anderen Ebene verdeutlichten. Verschiedene Protagonisten vertraten dabei unterschiedliche Meinungen und standen sinnbildlich für gegensätzliche Prinzipien. In ‚Flibustier' jedoch beobachtet der bis auf das Schlussbild nicht in die Handlung eingebundene Erzähler das Geschehen kommentierend und wertend. Seine Position ist immer deutlich gegen den dargestellten

---

[589] Robert Müller: Flibustier, S. 7.
[590] Ebd., S. 8.
[591] Ebd.
[592] Günter Helmes: Nachwort zu Flibustier. In: Robert Müller: Flibustier, S. 101.
[593] Alle drei Zitate ebd.

Schiebertypus, der „überall [...] in seiner Art irgendwo oben sein"[594] werde, gerichtet und wird von keiner anderen Instanz relativiert. So ist der Tag, als das Volkscafé dem Geschäft Scholefs und Krumkas weichen muss, „keineswegs"[595] ein schöner Tag, das Unternehmen wird bezeichnet

„als an sich unproduktiv; es brachte nichts selbst hervor, sondern lebte davon, daß es Chancen anderer bestehender oder zu gründender Unternehmen weitergab und sich dafür eine Provision zahlen ließ"[596].

Die Ansichten des Erzählers beanspruchen unbedingte Geltung, seine Sicht auf das wirtschaftliche Gebaren der Figuren Scholef und Krumka soll übernommen werden. Er macht deutlich, dass die beiden Protagonisten paradigmatisch für einen bestimmten Typus stehen, den er mittels der Darstellung kritisiert:

„Interessiert sah ich dem Spiel der beiden Zeitkräfte zu, die in diesem Paare in Reinzucht vertreten waren. Sie kämpften nicht nur zusammen gegen die gesunde und sinnvolle menschliche Gesellschaft, sie kämpften auch gegeneinander."[597]

In diesem Sinn kann die Eingangsfrage nun bejaht werden. Der Erzähler in ‚Flibustier' schildert eine konsistente innerdiegetische Welt, die paradigmatisch für die Verhältnisse in der realen zeitgenössischen Welt steht. Er ist beobachtende, wertende Instanz, die das Geschehen durch eigene Anschauung und durch Berichte von Bekannten kennt. Als alle Umstände des Geschehens und alle Facetten des Lebens Durchdringender erscheint er vertrauenswürdig und kompetent zur Erklärung des Schiebertypus. So unterschiedlich dieser Text im Vergleich zu ‚Tropen' und ‚Camera obscura' auch ist, auch hier zeigt sich wieder die Verschränkung von Erklären und Zeigen: Der Erzähler beschreibt die Psychologie des Schiebertypen, kritisiert dessen Handlungen und veranschaulicht die Substanzlosigkeit des modernen Kreditwesens, indem er es dann in seiner zerstörerischen Wirkung auf die Allgemeinheit darstellt und Situation und Figuren bewertet. Er implementiert seine Thesen als zuverlässiger Beobachter.

---

[594] Robert Müller: Flibustier, S. 17.
[595] Ebd., S. 34.
[596] Ebd., S. 55.
[597] Ebd., S. 70.

4.3 Handlung und erzählte Welt als aktivistische Artikulation

Nachdem das ‚Wie' der Darstellung in den hier untersuchten fiktionalen Werken Robert Müllers Erörterung gefunden hat, wird unter Punkt 4.3 nun das ‚Was' und unter den Punkten 4.3.1 bis 4.3.3 dessen Ausführung bei Müller genauer betrachtet.

Handlung[598] impliziert sowohl Bedeutung als auch einen „offenen Möglichkeitshorizont des Handelnden"[599]; isolierte Geschehnisse, unverknüpft nebeneinander gestellt, ergeben noch keine Erzählung. Eine Handlung konstituiert sich demnach aus der kausalen[600], finalen[601] oder ästhetisch-funktionalen[602] Motivation des Geschehens, das so erst zu einer Geschichte, einer Erzählung wird. In der Art und Weise, wie die Geschehnisse eines Erzähltextes motiviert und verknüpft sind, konstituiert sich die erzählte Welt als ein- oder mehrdeutig. Die Motivationen ergeben sich dabei zumeist implizit, sie erscheinen selten explizit ausgesprochen und

„werden vom Leser im konkretisierenden Akt der Lektüre, gesteuert durch entsprechende Textsignale, als gegeben vorausgesetzt und hinzuimaginiert. Aus der Unbestimmtheit motivationaler Zusammenhänge können Autoren besondere Effekte erzielen, indem sie das Konkretisieren der Unbestimmtheitsstellen durch den Leser durch widersprüchliche Signale steuern."[603]

Die konstruktive Tätigkeit des Lesers ist demnach durch die Implizität der Motivation bei allen Texten gefordert; auch in einer eindeutigen, einfach kausal motivierten Erzählung gibt es (für den intendierten Leser selbstverständliche) Leerstellen, die ergänzt werden müssen. In einer mehrdeutig motivierten Handlung gilt dies naturgemäß in besonderem Maß. Fiktionale Texte fordern vom Leser immer eine hermeneutische Mitarbeit, die das Maß dessen, was an Erschließung bei einem faktualen Text zu leisten ist, weit übersteigt. Insofern erfüllt jeder fiktionale Text, der eine Aussage transportiert, die über das eindeutig Abgebildete hinausreicht, Müllers Forderung

---

[598] Die Definition von Handlung folgt hier den Ausführungen von Matias Martinez und Michael Scheffel: Einführung in die Erzähltheorie, S. 108 ff.

[599] Ebd., S. 120.

[600] Die Geschehnisse begründen sich auseinander.

[601] Die Geschehnisse erklären sich aus einem finalen Zweck.

[602] Die Geschehnisse sind in ihrem ästhetischen Funktionszusammenhang grundgelegt.

[603] Matias Martinez und Michael Scheffel: Einführung in die Erzähltheorie, S. 113.

nach einem „Denkroman"[604]. Der Gehalt fiktionaler Texte muss immer durch lebensweltliche und literaturhistorische Muster aufgefüllt werden. Die Schlussfolgerungen des Rezipienten übertreffen die explizite Bedeutung der Textsignale, was der Handlungsebene einer Erzählung bei der Auslegung einen eigenen Stellenwert zukommen lässt:

„Die Handlung literarischer Erzählungen zu verstehen hieße, sie ihrer linguistischen Präsentationsweise zu entkleiden und unabhängig von dieser Präsentation mental zu verarbeiten. Dieser kognitionspsychologische Befund stützt unsere literaturwissenschaftliche Entscheidung, das ‚Was' von Erzählung (Handlung und erzählte Welt) als eine eigenständige Bedeutungssphäre erzählender Texte zu betrachten und sie von dem ‚Wie' ihrer Darstellung zu unterscheiden."[605]

Ein weiteres, die Handlung betreffendes textimmanentes Strukturmerkmal ist die Chronologie der Ereignisse. Narrative Texte weisen in der Regel „zumindest teilweise [...] sequentielle [...] Korrespondenz von Darstellung und Dargestelltem"[606] auf. Die Verlaufsstruktur der Erzählung folgt (auch hier die Einschränkung: konventionellerweise) der Verlaufsstruktur des Geschehens. Die Handlung wird in ihrer tatsächlichen zeitlichen Erstreckung deutlich, das heißt, trotz eventuell eingebauter Pro- oder Analepsen gründet die Erzählung in einem zeitlichen Nacheinander der sich bedingenden Ereignisse.

In der Darstellung dieser Ereignisse nun kann man in den meisten Fällen narrativer Werke ein Handlungsschema[607] erkennen, das als Sinn setzende formale Struktur eine mögliche anthropologische Voraussetzung zum (auch interkulturellen) Verständnis eines Erzähltextes sein kann.

Müllers fiktionale Werke weichen in vielen Hinsichten von der hier referierten ‚Norm' der Handlungsdarstellung ab. In seiner strukturellen Analyse beschreibt Stephan Dietrich die „Polydimensionalität des Fiktiven, Potenzierung von Figuren, Vermengung von chronologischen Abläufen, Spiegelung der Erzählung" des ‚Tropen'-Romans und weist ihm „die Rolle eines Initialtextes" zu, da „man solche Texte eben nicht aus den 10er Jahren, sondern

---

[604] Vgl. Robert Müller: Der Denkroman. In: ders.: Kritische Schriften III, S. 30 ff.
[605] Matias Martinez, Michael Scheffel: Einführung in die Erzähltheorie, S. 151.
[606] Ebd., S. 146.
[607] Matias Martinez und Michael Scheffel erläutern die Handlungsschemata des Artusromans, des Bildungsromans, des Detektivromans, des Kriminalromans, des Schelmenromans, des Märchens, der ‚romance', der Farce oder Komödie und der Tragödie. Siehe ebd., S. 134 ff.

aus späteren Jahrzehnten und vor allem aus der Literatur der Postmoderne kennt"[608]. Inwieweit die Motivation des Geschehens in den fiktionalen Werken Müllers nun ein- oder mehrdeutig ist, inwieweit in den Texten Handlungsschemata zu erkennen sind, wie sich die Chronologie der jeweiligen Handlung darstellt, welchen Bezug der sich aus der Handlung ergebende Sinn zu den essayistischen Einschüben hat und welche Interpretationsansätze sich aus diesem allem ergeben, wird im Folgenden erläutert. Eine allgemeine Schlussfolgerung kann aus den hier dargelegten erzähltheoretischen Implikationen der Handlung aber schon gezogen werden: Da nicht nur aus den formalen Mitteln, sondern auch und in vielleicht noch größerem Maß als aus diesen der Sinn eines fiktiven Textes aus der *Handlung* gezogen und entsprechend rezipiert wird, ist für Müller die Artikulation aktivistischer Ideen im Rahmen einer Erzählung ein Mittel zum Transport seiner Überzeugungen.

4.3.1   Der essayistische Roman und der Aktivismus-Diskurs

Die Handlung des ‚Tropen'-Romans ist in wenigen Sätzen erzählt: Drei Männer des westlichen Kulturkreises begeben sich zu Beginn des 20. Jahrhunderts auf eine Expedition in den südamerikanischen Dschungel, um einen Schatz zu suchen. Dazu benötigen sie die Hilfe eines bestimmten Indianerstammes, den sie im Urwald aufspüren. Sie lassen sich bei den Indianern nieder und verlieren die Suche scheinbar aus dem Sinn – nachdem eines Nachts eine Indianerin ermordet worden ist, fliehen die Abenteurer zusammen mit der Priesterin des Stammes und nehmen die Suche wieder auf. Sie finden den Schatz, der sich jedoch als wertlos erweist, und legen wiederum eine lange Rast ein. Zwei der Expeditionsteilnehmer finden im Lager den Tod, der Ich-Erzähler wird von der Priesterin gerettet und wieder in die Zivilisation gebracht.

Hier zeigt sich ein kreisförmiges Handlungsschema, das „im Erzählgut sehr vieler Kulturen wirksam zu sein"[609] scheint und alte Märchen und Sagen ebenso umfasst wie Avantgarde-Romane und die Storybooks moderner Hollywood-Produktionen[610]: Es beinhaltet den Auszug in die Fremde, die Erfüllung einer Aufgabe und die Rückkehr in die angestammte Lebenswelt des Protagonisten. Das Umfassende dieses Schemas legt nahe, dass es seinen

---

[608] Alle drei Zitate Stephan Dietrich: Poetik der Paradoxie, S. 77.
[609] Matias Martinez, Michael Scheffel: Einführung in die Erzähltheorie, S. 154.
[610] Vgl. ebd.

Ursprung in anthropologischen Voraussetzungen hat, die universell sind und daher dieses „narrative Schema der abenteuerlichen Suche [...] als Ausdruck einer existentiellen Problemlösungsaktivität"[611] zu verstehen ist.

Indem in ‚Tropen' die geistige Reifung Brandlbergers nachgezeichnet wird und er in der Heimat – die für ihn bezeichnenderweise ebenso universell „in Rio de Janeiro, in Paris und in Berlin" sein kann – dann „zur Aufklärung der Menschen beitragen will"[612], kann man das Handlungsschema der ‚Tropen' auch in einer Aberration oder Abweichung dieses Abenteuerschemas als Initiationsgeschichte lesen, an deren Ende der Held „soziale Verantwortung übernehmen kann"[613]. Müller bedient sich hier eines literarischen Grundmusters, das von vorneherein eine Problemlösungsstruktur aufweist, und er lässt seinen Helden diese Intention immer wieder deutlich artikulieren: So bemerkt Brandlberger direkt zu Beginn der Expedition, er wolle keiner Erfahrung auf der Reise ausweichen, um „sie zu schildern und an ihrer Hand Lehren zu geben"[614]. Doch ebenso früh wird deutlich, dass nicht die Erlebnisse, sondern die *Gedanken* im Vordergrund der Erzählung stehen werden: „Dies ereignete sich, dies und nichts anderes, bloße Gedanken"[615], und auch die Aussicht auf einen Schatz dämpft der Held schnell, der „in der heuchlerischen Tiefe meines Herzens auch nicht an unseren oder überhaupt an einen anderen Schatz glaubt [...]"[616]. Mit fortschreitender Lektüre wird deutlich: Müller benutzt ein Handlungsschema und untergräbt gleichzeitig permanent dessen schematische Ansprüche sowie die Lesererwartung. Hierzu gehört die Potenzierung des Erzählens; im Text schichten sich mehrere Realitäts- und Fiktionsebenen. So zitiert der Ich-Erzähler an einer Stelle seine Ideen, die er erst schreiben *wird*[617], wobei innerhalb dieses Zitats die verschiedenen Zeitschienen völlig vermengt werden:

„Die seltsamen, tiefen Einblicke in mein Inneres, die mir während der verschiedenen Phasen der Reife gewährt werden, bringen mich gleich das erstemal, damals, als ich die Sprache des Waldes, die *leben* heißt, zu verstehen

---

[611] Matias Martinez, Michael Scheffel: Einführung in die Erzähltheorie, S. 154.

[612] Beide Zitate Robert Müller: Tropen, S. 243.

[613] Matias Martinez, Michael Scheffel: Einführung in die Erzähltheorie, S. 154.

[614] Robert Müller: Tropen, S. 22. Dass er hier speziell die Erfahrungen im Rahmen einer „erotischen Mission" zu schildern gedenkt, mag die Erzeugung einer gewissen Erwartungshaltung beim Leser zur Intention haben.

[615] Ebd., S. 24.

[616] Ebd., S. 29.

[617] Vgl. ebd., S. 23 f. Das Zitat wird hier deutlich markiert durch den Ausruf „Ruhe!", die folgenden Anführungszeichen und den abschließenden Ausspruch „werde ich schreiben".

beginne, auf die Idee, daß es sich um eine Art erotischer Vertauschungen, eine Art etwas gescheiterer Hysterie handelte."[618]

Was Vergangenheit, was Zukunft, was unmittelbares Erleben ist, erscheint nicht mehr in getrennten Sphären existent – Brandlberger schließt zukünftiges, gegenwärtiges und vergangenes Erleben im Erzählen der Handlung simultan zusammen. Die von Brandlberger in Traum und Trance imaginierte Handlung wird zudem semantisch nicht von der Handlung der innerdiegetisch realen Welt getrennt. Als Beispiel hierfür soll eine Szene dienen, in der diese Verschränkung noch potenziert wird: Brandlberger gerät während eines kultischen Festes im Indianerdorf bei dem Versuch, auf Händen zu gehen, mit dem Rücken in ein Feuer. In der Nacht erlebt er träumend, dass er, vor den Indianern fliehend, „in den Himmel"[619] fliegt und mit den Sternen zusammenstößt:

„Wir stießen an; aber merkwürdigerweise spürte ich den Schmerz an meinem Rücken. Dies brachte mich auf die Idee, daß ich eigentlich nach rückwärts flöge. Und es bestätigte sich. Kommt es denn so selten vor, daß man sich bei Gravitationen falsch orientiert? [...] Ich habe für diese Indifferenzen das schöne Symbol des Wasserrades gefunden. Ich flog also mit meinem Hinterteil voraus; vielleicht stand ich aber auch irgendwo im Unendlichen, und das gesamte Weltall rotierte gleichförmig an meinem Rücken vorbei."[620]

Im weiteren Verlauf des Traumes gelangt er in eine Großstadt und fällt *innerhalb der Traumwelt* in Trance:

„Da wurde es mir bewußt, daß ich mich in einem Dämmerzustand befand, der zwei Tiefen besaß. Ich dachte exakt, aber ich erlebte zweideutig. Es war die Trance, das große seelische Ereignis der Tropen. Ich wußte über meine geistige Anwesenheit Bescheid, aber ich vermischte die körperlichen Grundlagen, ich war imstande, zwei Räume ineinander zu schieben."[621]

Die Begebenheiten des Traumes werden dabei als tatsächliche geschildert, lediglich der Satz „Kummer schloß mir die Augen und ich wünschte den

[618] Robert Müller: Tropen, S. 23 f. Hervorhebung vom Autor.
[619] Ebd., S. 104.
[620] Ebd.
[621] Ebd., S. 106.

Schlaf, zu vergessen"[622] weist auf dessen Beginn hin, sein Ende wird mit der Sequenz „Ich hatte die Wirklichkeit geträumt"[623] markiert. In der Handlung wird der Traum zur Wirklichkeit und das vorher in der realen Welt der Erzählung von Brandlberger eingeführte Symbol des Wasserrades, das den relativen Wirklichkeitsbezug darstellt, wird in der geträumten Welt als Erklärung für die wirklichkeitsabweichende Handlung herangezogen. Die romanimmanente Strategie – das Darstellen der Theorie der unendlichen Realitäten und Fiktionen – wird hier auf der Handlungsebene umgesetzt. Dabei zeigt sich auch auf dieser Ebene, dass die Figuren oder der Erzähler die abstrakte Idee erst erklären, bevor diese dann auch handelnd exemplifiziert wird: Nachdem Brandlberger als Symbol „einer völlig neuen Realität"[624] das Bild des Wasserrades gefunden hat, erklärt er dessen Bedeutung[625], macht in Form von Parolen den Nutzen deutlich und fordert vom intendierten Leser ebenfalls eine relative Weltsicht:

„Lernet die Wirklichkeit skandieren! Gleichberechtigung für das Paradoxe. Es eröffnet neue Welten [...]. [...] Gilt es nichts, wenn wir in Symbolen und Gleichnissen sprechen, gilt die Erholung, die in der fruchtbaren Lüge liegt, nichts? Nieder mit den Gegnern der Lebenslüge! Wir, die wir um sie wissen, die wir sie durchgemacht haben mit allen ihren Versuchungen, wir bejahen sie, wir machen sie mundtot, indem wir sie dichten lassen, wir denken technisch und heben eine blühende Industrie aus ihr empor! Unser Geschlecht [...] will vom Flecke kommen."[626]

Vor den weiteren Paradoxien und obskuren Handlungsverläufen, die im Text noch folgen werden, lässt Müller den Erzähler Brandlberger den Sinn dieser Verfahren beschreiben und erklären. In Parolen fordert er zur Gefolgschaft auf. Die Romanhandlung veranschaulicht dabei die hier anfangs aufgestellte Theorie und die daraus abgeleiteten Forderungen. Mit der rhetorischen Frage „War die Reise für mich nicht schon erfolgreich, hatte ich nicht schon meinen Schatz entdeckt?" erweist sich die Suche nach dem rea-

---

[622] Robert Müller: Tropen, S. 104.

[623] Ebd., S. 113.

[624] Ebd., S. 33.

[625] „Wir alternieren eine Sache, wir machen es anders, absurd verkehrt, und siehe da, es ist *auch* etwas. Wir Denken einen Gedanken pervers, und er ist frisch wie eine Jungfrau. Wir stellen einen Akzent um, und das Neue ist eine neuere Welt als irgendein Amerika." Ebd., S. 34. Hervorhebung vom Autor.

[626] Ebd., S. 34 f.

len Schatz für Brandlberger als unerheblich, die tatsächliche Wertlosigkeit der in der Schatzhöhle gefundenen Gegenstände als sekundär. Der Schatz liegt in der neuen Weltsicht, und das wird hier deutlich ausgesprochen.

Diese neue Weltsicht, die in der Theorie des Paradoxes abstrakten Ausdruck findet, ist auf der Handlungsebene ebenfalls exemplifiziert durch eine unterschiedliche oder sogar fehlende Motivation des Geschehens: Die Schatzsuche erweist sich im Zusammenhang mit dem Handlungsschema sowohl kausal als auch ästhetisch-kompositorisch motiviert, indem sie als Reiseanreiz am Anfang der Ereignisse steht, doch schließlich ins Leere läuft; die finale Motivation aller kausal verknüpften Geschehnisse wird deutlich, wenn der Roman als Literatur gewordener Ausdruck einer Idee erkannt ist. Die Tode der verschiedenen Figuren erscheinen letztlich nicht zwingend in einen Ursache-Wirkungs-Zusammenhang eingebettet. Je nach Sichtweise springt der ‚Akzent' um – diese Theorie, die den Roman trägt, wird in der Unentschiedenheit des motivatorischen Status literarisch umgesetzt: Das Phänomen der unterschiedlichen narrativen Motivation weist „auf die Existenz verschiedenartiger fiktionaler Welten hin"[627]. Im ‚Tropen'-Roman unterliegt die fiktionale Welt divergenten Motivationen, verschiedene Welten werden in einer *einzigen* zusammengeschlossen: Die neue Weltsicht formt und bedingt die literarische Darstellung.

Diese neue Weltsicht wird nun sowohl in reflexiven Abschnitten abstrakt erläutert als auch narrativ gestaltet. Indem Diskursivität mit Fiktionalität einhergeht, verknüpfen sich die Genres Roman und Essay. Das, was der politische Aktivist Müller in Pamphleten wenige Jahre später fordert, nämlich die Fortentwicklung der Gesellschaft im Hinblick auf eine bessere, gerechtere, gesündere Form des sozialen Zusammenlebens, erscheint hier im ‚Tropen'-Roman in literarischer Gestalt in noch diffusen Umrissen schon theoretisch skizziert und präformiert. Das traditionelle Handlungsschema, das vordergründig die Erzählung strukturiert und motiviert, trägt dazu bei, dass die neuen Ideen innerhalb einer Geschichte transportiert werden können; die beschriebenen Abweichungen von diesem Schema weisen als Darstellung einer ‚existentiellen Problemlösungsaktivität' auf die Notwendigkeit einer neuen Lebensführung und Weltsicht hin. Dies ist das Aktivistische des essayistischen Romans: Das neue Weltbild wird nicht nur zur Disposition gestellt, es wird hier explizit zum Nachvollzug und zur Übernahme dieser Theorie aufgefordert.

---

[627] Matias Martinez, Michael Scheffel: Einführung in die Erzähltheorie, S. 119.

Stephan Dietrich arbeitet in seiner Dissertation unter anderem die Spiegelung und Vervielfachung der Fiktions- und Realitätsebenen in ‚Tropen‘ detailliert heraus, ist aber nicht der Meinung, dass man aus diesen von Müller hier eingesetzten literarischen Gestaltungsmitteln die Exemplifikation einer These ableiten kann:

„Mit der Potenzierung der Fiktionsebenen legt der Roman den Status seiner Fiktionalität radikal offen und stellt ihn aus."[628]

Dietrich ist der Ansicht, dass man den fiktionalen Text daher nicht „wie einen Zeitungsartikel oder wie die bloße Exemplifizierung einer zuvor hypostasierten konsistenten Theorie Müllers lesen kann"[629], er warnt vor einem solchen Vorhaben. Dabei bedenkt er nicht, dass man zwar bei fiktionalen Texten primär über diesen fiktionalen Text selbst Zugang zu der erzählten Welt erhält[630], doch die Aussage, die in der Schilderung der fiktiven Welten liegt, und das Verständnis dieser Aussage „wird nicht allein vom Text gesteuert, sondern auch vom Kontext und von Erfahrungen, Kenntnissen, Dispositionen und kognitiven Strukturen des Lesers"[631]. Das historische Umfeld und die zeitgenössischen Diskurse[632] sind für das Rezeptionsverständnis und die Extraktion des immanenten Roman-Anliegens im Rahmen einer praktizierten Hermeneutik zu berücksichtigen, was auch und vielleicht in besonderem Maße für Müllers fiktionale Texte zutrifft. Der hohe essayistische Text-Anteil in ‚Tropen‘ hat, wie gezeigt wurde, in seiner Aussage Einfluss auf die Handlung. Die Theorie, die hier verhandelt wird, wird durch die Darstellung innerhalb einer Fiktion von verschiedenen Positionen diskursiv beleuchtet; dadurch verliert sie nicht an Geltung, sondern gewinnt im Gegenteil dadurch, dass sie innerhalb einer Handlung veranschaulicht wird, an Stellenwert.

Auch ‚Camera obscura‘ ist ein essayistischer Roman – Müller bezeichnet das Werk in einem Brief an den Herausgeber des ‚Neuen Merkur‘, Ephraim Frisch, als „einen geistig komplizierten, aber *nicht ganz* literarischen Detektiv-

---

[628] Stephan Dietrich: Poetik der Paradoxie, S. 66 f.
[629] Ebd., S. 67.
[630] Vgl. Matias Martinez, Michael Scheffel: Einführung in die Erzähltheorie, S. 20 ff.
[631] Stephan Dietrich: Poetik der Paradoxie, S. 145.
[632] Der zeitgenössische Diskurs, der die Werke Müllers prägt, und die Auswirkungen auf dessen Werk werden umfassend dokumentiert von Thomas Schwarz in ‚Robert Müllers Tropen. Ein Reiseführer in den imperialen Exotismus‘.

roman"[633]. Dem angesehenen und erfolgreichen amerikanischen Detektiv Steward wird anonym ein Verbrechen in der europäischen Großstadt Oaxa angekündigt, das wenige Tage nach seinem Eintreffen in der fiktiven Metropole tatsächlich stattfindet: Der Gesandte San Remo wird mit einem „Stich in den Unterleib"[634] tot in seinem Arbeitszimmer gefunden. Chef-Kommissär Kovary leitet die polizeilichen Ermittlungen auf herkömmliche Art, Steward kommt in seiner Eigenschaft als Privatdetektiv für „politische hochoffizielle Fälle"[635] hinzu und möchte

„den Fall von einer ganz anderen Seite her aufbauen. Er suchte seine Indizien diesmal außen, in der Welt abseits der Umgebung der Ereignisse, und würde auf rein gedanklichem Wege am Ziele landen."[636]

Zwei konkurrierende Ermittlungsarten werden im Verlauf der Investigation des Falles nebeneinander gestellt. Am Beginn der Handlung steht jedoch der Besuch des Professors Jack Slim bei San Remo, in dessen Verlauf er dem Gesandten seine Theorien über die „Verbrechen der Zukunft"[637] und die zukünftige gesellschaftliche Entwicklung erläutert. Ein solches zukünftiges Verbrechen, ein „Verbrechen aus Hochstehendheit"[638], wird im Verlauf der Handlung nun an San Remo verübt. Während Kovary mit seiner objektiven, sich auf Indizien und Schlussfolgerungen stützenden Methode zu dem Schluss kommt, dass die Gattin Philomena Akte ihren Mann erstochen hat, gelangt Steward mit seiner subjektiven, einfühlenden, auch scheinbar Nebensächliches einbeziehenden Art der Ermittlung zu einem anderen Ergebnis: Für ihn hat Jack Slim mittels Suggestion San Remo zum Selbstmord getrieben. Welche Lösung der Fall am Ende erfährt, bleibt jedoch unentschieden; alle Varianten, auch die als wahrscheinlichste geschilderte Annahme Stewards, werden mit einem ‚Vielleicht' versehen. Von offizieller Seite wird die Akte des Falles San Remo mit dem Vermerk ‚Selbstmord' geschlossen.

Mit dem Tod San Remos und der darauf folgenden Investigation der Tat ist hier vordergründig das Handlungsschema der Detektivgeschichte aufge-

---

[633] Robert Müller: Brief vom 16. August 1920 an Ephraim Frisch. In: ders.: Briefe und Verstreutes, S. 103. Hervorhebungen vom Autor.
[634] Robert Müller: Camera obscura, S. 78.
[635] Ebd., S. 80.
[636] Ebd., S. 91.
[637] Ebd., S. 122.
[638] Ebd.: S. 115.

rufen, bei der in der Regel das Hauptgewicht auf der Aufklärung und Analyse eines geschehenen Verbrechens liegt. Die detektorische Arbeit steht im Vordergrund, der Fall ist eindeutig, und eine Aufklärung erfolgt durch eine rückläufige, invertierte Erzählweise, welche die Vergangenheit aufrollt.[639] Die Abwesenheit von Übernatürlichem kennzeichnet den Detektivroman ebenso wie die Authentizität der innerdiegetischen Welt; die Handlung bewegt sich in einem exakten raumzeitlichen Netz. Nun ereignet sich in ‚Camera obscura' zwar ein Todesfall, und die Aufklärung dieses Falles wird im Verlauf der Handlung vorangetrieben. Doch wie schon in ‚Tropen' benutzt Müller das Schema des Detektivromans nur, um in einem gewohnten Rahmen etwas Neues zu etablieren. Die detektorische Arbeit steht hier nur insofern im Vordergrund, als an ihrem Beispiel die unterschiedlichen Ermittlungsmethoden zweier Kriminalisten veranschaulicht werden. Das Hauptgewicht liegt in der Darstellung dessen, was hinter dem Tod San Remos als motivatorisches Prinzip steht: Das Verbrechen aus Geist und die sich daraus ergebende Gesellschaftstheorie. Die raumzeitliche Ordnung schließlich steht gänzlich zur Disposition: Es wird im Verlauf der Handlung nicht geklärt, ob der anfangs als reale Person eingeführte Chinese nun eine Halluzination des Ehepaares San Remo war oder nicht, ob Steward seine Fahrten mit der Untergrundbahn imaginiert und sie so als Fahrt in ein Inneres, Unbewusstes zu deuten sind oder ob sie real stattfinden, ob Slim tatsächlich einen Vortrag hält oder ob dieses Ereignis im Hinblick auf Stewards Dunkelkammererlebnis ebenfalls eine Imagination von ihm ist. Für jede Variante gibt es Textstellen, die zu deren Beleg beitragen könnten. Steward, in seiner Ermittlungstätigkeit an einen schwierigen Punkt gelangt, an dem er nicht mehr weiterkommt, steigt zu Beginn des XVIII. Kapitels in die Untergrundbahn. Die unterirdische Umgebung wird nun plötzlich in einem völlig differenten, poetischen Sprachstil geschildert wie eine unrealistische Märchenwelt:

„Eine plattgedrückte niedrige Halle glitzerte von Glühbirnen in Radienaufmarsch gleich einem gewaltigen unterirdischen Seestern. Aus vielen Schlünden brachen Gleise, flogen in Wände. [...] Schwärme von Menschen, wie Blasen im Wasser, setzten sich an, die Kiemen der fahrenden Säule, ein

---

[639] Das Schema des Detektivromans beschreibt u. a. Richard Alewyn in ‚Anatomie des Detektivromans' in dem von Jochen Vogt herausgegebenen Band ‚Der Kriminalroman. Poetik – Theorie – Geschichte'. München 1998.

Drache mit Glutaugen und stumpfem Kopf, atmete Menschen aus, atmete ein."[640]

Steward steigt an der Bahnstation, noch oberirdisch, aus einem Auto aus; dass er die Station tatsächlich betritt, kann der Leser angesichts der Formulierung „Ein fischmauliger Schlitz im Bürgersteig jappte nach ihm"[641] nicht als gesichert betrachten. Schließlich weist die Bemerkung des Erzählers „Die Untergrundbahn! Unterschwellig, entspricht sie einer intensiveren Bewußtseinsstufe. Steward dachte wie er wollte"[642] darauf hin, dass diese Fahrt des Detektivs ein Bild für dessen Gedankenarbeit sein kann; so wird im Anschluss an die Fahrt seine Arbeit in der Dunkelkammer dargestellt. Auch hier gibt es sowohl Anzeichen für ein realistisches Geschehen – Steward packt die Utensilien für die Filmentwicklung aus und legt den Film in die Entwicklerflüssigkeit – als auch für einen rein gedanklichen Vorgang: Steward gerät in einen tranceartigen Zustand, seine „Finger und Gliedmaßen selbst flossen von ihm weg, er empfand sich duftiger und aus seinem Körpergewicht in ein labileres Gefüge überführt". In diesem Zustand der Entkörperung schildert der Erzähler in einem inneren Monolog die Gedanken Stewards, welche die unbedingte Geltung der Tatsachenwelt anzweifeln:
„Dunkelkammer, dachte Steward. Eine andere Beleuchtung, und die ganze Geometrie fährt zum Teufel. […] In den abenteuerlichsten Romanen steht die Zeichnung streng da, baut sich strichweise vor dem Leser auf, Alle wissen Alles und der Leser immer noch etwas mehr als der Detektiv. Aber in Aktion ist es anders. Während der Entwicklung ist der Prozeß eine gallertartige Masse. Alles ist labil. Tatsachen beruhen auf Optik und Phantasie […]. Die bildenden Essenzen wirken nur bei Abblendung. Krasses Licht verbrennt die empfindlichen Schichten. Ist das menschliche Hirn nicht eine Dunkelkammer? Vollicht erhellt einen sachlichen Ausschnitt; die produktiven Vorgänge spielen sich hinter der roten Abtönung ab."[643]

Hier geht Müller auf Fiktionalität und Handlung im Roman ein und erklärt das von ihm gewählte Verfahren: Nicht die deutlich sichtbaren Tatsachen führen auf den Grund der Dinge, sondern das Verborgene, Hintergründige macht die ‚empfindlichen Schichten' und somit die Erkenntnis aus. Auf der

---

[640] Robert Müller: Camera obscura, S. 131.
[641] Ebd., S. 130.
[642] Ebd., S. 131.
[643] Ebd., S. 133 f.

Handlungsebene wird diese These nun durch die Entwicklung des Films exemplifiziert. Das im Dunkeln zum Licht entwickelte Bild gibt Steward eben keinen entscheidenden Wink, durch den seine Nachforschungen befördert würden. Das Bild erhellt nur einen sachlichen Ausschnitt, gibt keinen Hinweis auf verborgene Bedeutung. Er lässt wieder Licht durch das Guckloch in der Dunkelkammertür in das Zimmer fallen und sieht auf dem Entwicklungsschirm das Gesicht Jack Slims. Eingerückt und hervorgehoben stehen nun die Worte „*Camera obscura!*"[644], was den Realitätsgehalt des folgenden Handlungsabschnitts ebenfalls unentschieden erscheinen lässt. Wird Steward tatsächlich verhaftet? „[I]nmitten einer ländlichen Umgebung" vergisst Steward sich „in theoretischen Grübeleien"; hier wird das Bild der Dunkelkammer explizit als Ausdruck seiner Gedankentätigkeit benutzt:

„Da stand er also in der Dunkelkammer und klappte sie zur Camera obscura um, indem er die rote Scheibe am Guckloch der Tür ins Scharnier fallen ließ."[645]

Doch die Dunkelkammer befindet sich in der Realität der innerdiegetischen Welt im Hotel der Großstadt, nicht im Landhaus, in dem Steward festgehalten wird. Was mit dem Bild der Camera obscura ausgedrückt werden soll, erläutert der Erzähler kurz darauf:

„Die *Camera obscura* war Stewards großes Erlebnis, eine konzentrierte böse erlösende aufklärende Erfahrung, das Symbol eines von ihm erkannten geistigen und hirnlichen Prinzips. Die *Camera obscura!* Die vagen Schatten einer auffällig schillernden molluskenhaften Umwelt mit allzu viel Bewegung und Beziehung sprangen isoliert logisch, scharf, vielsagend, perspektivenreich auf den subjektiven Schirm, der sie band. Das schöpferische Fabriksgeheimnis, das Arkanum war, die Dinge nicht hintereinander, sondern gleichzeitig, ahndevoll zu sehen, wie im Traum platziert, ineinander, auseinanderfaltbar wie ein Fächer, simultan."[646]

Ebenso ungewiss ist, ob Slim nun tatsächlich einen Vortrag hält und seine Theorie mit Nitra demonstriert oder ob dies nur in der Imagination Stewards stattfindet.

---

[644] Robert Müller: Camera obscura, S. 137.
[645] Beide Zitate ebd., S. 142.
[646] Ebd., S. 143.

Die Theorie der Staffelung, die hier als geistiges Prinzip und Erkenntnisart abstrakt vorgestellt wird, erscheint schon in einem Rückblick Stewards auf ein mit San Remo geführtes Gespräch als Teil der Unterhaltung. Hier wird sie demonstriert an einem chinesischen Vexierbild, das vordergründig ein Schwert zeigt, aber auch als Buchstabe gelesen werden kann und das dann eine abstrakte Bedeutung erhält. San Remo erläutert, „hinter jeder Bedeutung steht noch eine tiefere, die nur Eingeweihte wissen"[647], Steward nennt dieses Prinzip „Staffelung. Die Dinge haben einen Vordergrundsinn und einen Hintergrundsinn"[648]. Am Ende erinnert ihn (der imaginierte?) Jack Slim an dieses Gespräch (bei dem dieser nicht anwesend war) und die Erkenntnis:

„Vergessen auch Sie, Steward, nicht, was Sie das chinesische Eikon im Gesandtenviertel lehrte. Die Staffelung. Hinter jedem Sinn steht ein höherer Sinn, hinter allem Vorgänglichen steht ein Vorgänglicheres."[649]

Indem die Realitäts- und die Imaginationsebene nicht mehr getrennt erscheinen, wird die Handlung zum Ausdruck dieser Theorie. Alles Geschehen hat einen Hintergrundsinn, der sich den Protagonisten und dem Leser nur zum Teil erschließt – was wiederum zum poetologischen Programm der Theorie gehört. Durch das Fehlen eines festgelegten Sinnzusammenhangs kann sich ein völlig neuer Sinn etablieren. Auch diese These wird nicht nur gezeigt, sondern deutlich ausgesprochen. Nachdem es Nitra und Slim durch Suggestion gelungen ist, beim Publikum Visionen hervorzurufen, erklärt der Erzähler, der hier in Slims Rolle schlüpft:

„Eine Sache ist auch durch ihr Negativ gegeben. Darauf beruht das Begriffliche, die Abstraktion, die Graphik. Erinnern wir uns an das Aufsparen von Flächen beim Zeichnen. Durch das Negativ der Photographie entsteht ein Bild. Die Dunkelkammer der Seele entwickelt scharfe Positiva aus Begriffen."[650]

Dieses Zeigen dessen, was nicht da ist, die „Negativ-Sinnlichkeit", öffnet dem Rezipienten einen nicht mehr passiven Zugang zur Kunst:

„Die größten darstellenden Leistungen werden durch einen Styl des Abstrakten entstehen, durch eine Negativ-Sinnlichkeit, durch eine nicht de-

---

[647] Robert Müller: Camera obscura, S. 118.
[648] Ebd., S. 119.
[649] Ebd., S. 183.
[650] Ebd., S. 166.

monstrierende, sondern anregende hervorholende Kunst. Der Romancier und der Maler etwa werden den Leser oder Beschauer aktivieren [...]. Der Partner des schöpferischen Autors muß die von diesem angedeuteten Kunstprozesse selbst ausführen."[651]

Slim artikuliert *im* Roman als Figur das, was Robert Müller *mit* seinem fiktionalen Werk intendiert: „Der Roman formuliert hier seine aktivistische Intention, die letztlich auf die Vitalisierung der Leser-Noesis zielt."[652] Der Roman expliziert seine Theorie in der Darstellung und in den essayistischen Passagen, die als Figurenrede sowie als vom Erzähler generierte Abschnitte[653] gestaltet werden.

Müller sieht den Essay-Roman demnach als Mittel, das durch Darstellung einer ambivalenten Handlung und durch gleichzeitige Erklärung der impliziten Theorie die konkreten gesellschaftspolitischen Inhalte so transportieren kann, dass diese auch gesellschaftlich wirksam werden können – der Roman setzt die aktivistische Theorie als Diskurs in ein Medium, durch das sie die Möglichkeit erhält, „die Menschenseele zugunsten der Gesellschaft zu lenken"[654].

Auch für den Roman ‚Camera obscura' gilt so das, was Christian Liederer für ‚Tropen' postuliert: Müller setzt in seinem Roman das kompositorisch um, was in diesem inhaltlich verkündet wird. Die poetologische Programmatik folgt dem Ziel, „den Leser zu bilden, geistig zu trainieren"[655] – und somit einem aktivistischen Konzept.

Darüber hinaus zeigt sich der appellative Charakter des Romans in seiner Zeitstruktur. Die Handlung ist in einer Zukunft angesiedelt, welche die von Slim vorhergesagte gesellschaftliche Entwicklung zum Teil schon überblik-

---

[651] Robert Müller: Camera obscura, S. 166 f.

[652] Christian Liederer: Der Mensch und seine Realität, S. 350.

[653] Wobei, wie schon angedeutet, nicht immer eindeutig klar wird, ob der Erzähler oder die Figur in den essayistischen Passagen spricht. Eine Ambivalenz besteht auch auf dieser Ebene. Nur ein Beispiel: Die Theorien zur gesellschaftlichen Entwicklung Slims werden zu Beginn des Kapitels III in der Erzählerrede dargestellt und nicht als Thesen Slims deutlich – erst im Nachhinein resümiert der Erzähler: „So wenigstens hatte fünf Jahrzehnte vorher Jack Slim diese Entwicklung vorausgesagt" (Camera obscura, S. 26).

[654] Robert Müller: Camera obscura, S. 26. Der Ausdruck „Mediumismus" (der in der Folge des Zitats fällt) ist hier auch durchaus zweideutig zu verstehen, bezeichnet er im Vordergrundsinn doch die Arbeit mit einem Medium, einer spiritistischen Mittelsperson, in zweiter Hinsicht jedoch auch die (Massen-)Medien als Vermittler und Gestalter gesellschaftlichen Zusammenlebens.

[655] Vgl. Christian Liederer: Der Mensch und seine Realität, S. 159, Anm. 4.

ken kann. Slim prognostiziert für die Zeit der Wende zum 21. Jahrhundert eine „geistige [...] Krise" der „europäischen Gesellschaften und Staaten". Das intellektuell höchstens durchschnittlich begabte, herrschende „Massenpatriziat"[656] werde Individuen mit höherer geistiger Kompetenz unterdrücken, weshalb die Geistigen sich dem Verbrechen zuwenden würden. Diese These wird vom Erzähler zunächst als tatsächlicher Status quo der zukünftigen Gesellschaft geschildert, mit der abschließenden Bemerkung „So wenigstens hatte fünf Jahrzehnte vorher Jack Slim diese Entwicklung vorausgesagt"[657] allerdings gleich darauf relativiert. Es ist eben *nicht* sicher, dass die düsteren Prognosen Slims eintreffen, der Erzähler, der die (fünfzig Jahre zurückliegenden) Ereignisse um den Tod San Remos aus einer zeitlich nahe an dieser Vorhersage liegenden Perspektive schildert, bestätigt deren Eintreffen gerade nicht. Und damit bleibt für den Leser die Möglichkeit, gegen diese Prognose selbst aktiv anzuarbeiten, gegeben.

4.3.2   Sieben Bilder des Dramas ‚Die Politiker des Geistes‘‘

Die sieben ‚Situationen‘ des Dramas ‚Politiker des Geistes‘ beleuchten in geordneter chronologischer Abfolge das Scheitern der politischen Kandidatur des Schriftstellers Gerhard Werner. Er erscheint in der ersten Szene nur am Rande als sportlicher Champion. Aus den Gesprächen, welche die anderen beteiligten dramatischen Figuren über die Person Werners führen, ergibt sich eine erste Charakteristik der Hauptfigur „zunächst im Spannungsfeld des Diskurses anderer Figuren"[658]. Die zweite Situation zeigt einige Künstler und Intellektuelle und deren Einstellung zu Werner, der mit einer politischen Rede am Ende der Szene seinen ersten Sprechauftritt hat. Der dritte Schauplatz ist das Zimmer Werners, hier besucht ihn die Bildhauerin Charlotte Klirr, beide gestehen sich ihre Gefühle füreinander. Im vierten Bild trifft Werner auf Butzke, den ehemaligen Schulkameraden und jetzigen Lebensgefährten Klirrs. Im Streitgespräch werden Werners Vergangenheit sowie sein und Butzkes Wesen beleuchtet. Butzke schlägt Werner, der sich nicht zur Wehr setzt. In der fünften Situation weist Werner Butzkes Duell-Forderung zurück. Charlotte Klirr, die das Duell erst verhindern will, reagiert entsetzt; sie wirft ihm sein Nicht-Handeln vor. Aus diesem Grund zieht Werners amerikanischer Impressario auch seine finanzielle und propagie-

---

[656] Alle drei Zitate Robert Müller: Camera obscura, S. 23.

[657] Ebd., S. 26.

[658] Thomas Köster: Nachwort zu Robert Müllers ‚Die Politiker des Geistes‘, ebd., S. 88.

rende Unterstützung zurück, und der Ruderclub erkennt ihm den Champion-Titel ab. Damit ist Werners Kandidatur gescheitert. Das sechste Bild zeigt die groteske Duell-Situation: Werner erscheint zwar zum Zweikampf, schießt aber nicht, sondern zeigt seinem Gegner nach den Separationsschritten den Rücken und rennt dann weg. In der siebten Szene trifft sich Werner mit Klirr. In ihrem Dialog kommen alle Beweggründe für Werners Handeln zur Sprache. Charlotte Klirr und Butzke stellen fest, dass sie von Werner gelernt haben; dieser plant nun, nach Indien zu gehen.

In dieser komprimierten Zusammenstellung der Handlung wird deutlich: Das Drama fungiert hier nicht primär als Handlungsträger, sondern als Ausdruck einer intellektuellen Idee: Die sieben Situationen der ‚Politiker des Geistes‘ vermitteln statt Handlung in der Darstellung der Verhaltensweisen der Figuren essayistische Assoziationen über die intellektuelle Entwicklung des Menschen als vergesellschaftetes Individuum. Anstelle einer dramatischen Entwicklung, die als Ganzes eine Aussage hat, werden in den Handlungen der Personen gesellschaftliche Muster abgebildet, und anders als im aristotelischen Drama, in dem die einzelnen Szenen sich zwingend kausal ergeben und die Handlung den Sinn des Stückes transportiert, sind die einzelnen Begebenheiten hier zwar in chronologischer Reihenfolge geordnet, jedoch nur in zweiter Linie teleologisch motiviert und veranschaulichen jede für sich einen momentanen Zustand in dem Kaleidoskop menschlicher Befindlichkeiten. Besonders aussagekräftig ist hierbei die erste Situation. Werner rudert und gewinnt im Einer, nicht in einem Team. Dieses Bild gewinnt retrospektiv an Bedeutung: Gezeigt wird nicht nur die körperliche Überlegenheit des neuen Menschen, sondern auch Werners Einzelkämpfertum. Die Bedeutung dieser Szene wird zum Schlüssel für die Hauptaussage des Dramas. Die Geistigen schließen sich nicht zusammen, sie rudern im Einer, sie bilden keine schlagkräftige Mannschaft – ein Umstand, den Müller auch in seinen publizistischen Werken thematisiert und kritisiert. Ein Einzelner kann, wie der Verlauf des Stückes zeigt, durch äußere Störungen leicht aus dem Tritt gebracht werden; im Zusammenschluss, für den die Figur Werner ja plädiert, den er aber nicht initiiert, fiele der Ausfall des Einen nicht so eklatant ins Gewicht. Die Frage nach der menschlichen Gesellschaft und deren Zusammenhalt steht im Raum; Müller zeigt dies, indem er am Ende der ersten Situation den Impresario Murphy eine Rede halten lässt, während der Vorhang schon fällt. Murphys Ansprache bricht abrupt ab:

„Zu einem Stoß gesammelt gegen alle bisherige Machthaberei der Un-
vollständigen, wird sich die Partei des Geistes erheben und die menschliche
Gesellschaft - - -"[659]

Wird die menschliche Gesellschaft der Partei des Geistes folgen? Das ist die
offene Frage, die dem Individuum als sozialisiertem Subjekt und damit dem
Rezipienten hier gestellt wird.

In den anschließenden Situationen werden die Auswirkungen geschildert,
die das Nichtbefolgen der „Verhaltensregeln der etablierten Gesellschaft"[660]
auf Individuen haben kann, bzw. wie unvernünftig ein unbedingtes Beharren
auf solchen Regeln ist.[661] Werner setzt auf das Recht der Person und ruft
mit seinen Handlungen, die der gesellschaftlichen Doktrin nicht entsprechen, die Forderungen der Aufklärung ins Gedächtnis: Befreiung vom Über-
Ich – hier repräsentiert durch die gesellschaftlichen Normen – durch Stär-
kung des eigenen Ich. Aus allen Bindungen gelöst, findet er durch Geist und
Vernunft zur eigenen Substanz, die er als fluktuierende erkennt.[662] Der
Denkprozess wird als immer unabschließbar dargestellt, die Betrachtung der
Gesamtheit des Lebens, nicht das Folgen starrer Normen in einer Situation
führt zu einem gelingenden Miteinander. Das veranschaulicht Müller nun
nicht nur im Verhalten Werners, er lässt es diesen am Ende auch selbst erklären:

„Ohne daß ich dich anschießen mußte – meine Art Waffe gewinnt immer. Du durchschaust mich, ihr alle tut es – ihr alle habt vielleicht einen guten Blick. Aber ihr alle seht nur die geistigen, sinnlichen, sozialen Formen
oder Deformationen, nicht das Leben, das dahinter steht."[663]

Wenn Murphy im zweiten Bild sagt, „es soll keine Trennung mehr geben
zwischen Theorie und Praxis"[664], dann fordert er auf narrativ-diskursiver

---

[659] Robert Müller: Die Politiker des Geistes, S. 10 f.

[660] Christoph Eykmann: Das Problem des politischen Dichters im Expressionismus und Robert Müllers ‚Die Politiker des Geistes', S. 169. In: Helmut Kreuzer, Günter Helmes (Hrsg.):
Expressionismus – Aktivismus – Exotismus. S. 169–177.

[661] Auch für den Satisfaktion fordernden Butzke ist das Befolgen der gesellschaftlichen Regel
ein Problem, denn er ist Vorsitzender der Reformpartei, die dem Anti-Zweikampf-Verband
beigetreten ist. Vgl. ‚Die Politiker des Geistes', S. 66.

[662] Vgl. zur Charakteristik Werners das Nachwort zu ‚Die Politiker des Geistes' von Thomas
Köster, der eine sehr detaillierte und schlüssige Interpretation des Dramas liefert.

[663] Robert Müller: Die Politiker des Geistes, S. 80 f.

[664] Ebd., S. 26.

Ebene das, was Müller in poetologisch-stilistischer Hinsicht mit diesem Werk umsetzt: Der Inhalt bedingt die Form und umgekehrt. Die offene Form des Dramas bildet auf formaler Seite die in der Figur Werners bildlich dargestellte Offenheit der Ich-Struktur ab, die wiederum Machs „Prämisse einer niemals mit sich selbst identischen Bewußtseinseinheit"[665] exemplifiziert, die „Unabschließbarkeit des zum Gegenstand gemachten Denkprozesses" ist „in der parataktischen, punktuell-interruptiven und polyperspektivischen Struktur"[666] des Dramas reflektiert.

Dramaturgisch irrelevante, doch für die Erschließung des Sinns einer Figur oder Szene oft wichtige Bemerkungen in den Regieanweisungen wie „Diese Literaten sehen aus wie alle Menschen, das ist ihr Leid"[667] werfen außerdem die Frage auf, ob dieses Stück von Müller überhaupt für die Bühne konzipiert worden ist – oder ob das aufgeführte Drama eine andere Interpretation zulässt als das gelesene. Als Lese- oder Ideendrama erläutert es im Paratext Innerpsychisches, das sich nur zum Teil in der Figurenrede ausdrückt. So antwortet Butzke, dem von Werner (zutreffenderweise) unterstellt wird, er habe keine „Weisheit für Leidenschaft", „*röchelnd, denn dieses Wort entsetzt ihn; es droht wie etwas Fremdes*"[668]. Weitere Beispiele finden sich in der dritten Situation, in der Werner und Klirr sich ihre Liebe „[v]or dem ersten Blick"[669] gestehen und Werner ihr seine Lehre – „Macht durch Selbstentmächtigung; Wirkung durch Selbstbeherrschung"[670] – erläutert. Diese Lehre wird in einer folgenden Regieanweisung symbolisiert durch das Bild der lauernden Spinne, die ihre Netze spinnt, abwartend ihre Beute fängt, also passiv wirksam ist: „*Er sitzt wie eine Spinne am Ende der Ottomane*", heißt es hier, und kurz darauf wird angemerkt, Werner habe „*sein Werk getan*"[671]. Beides ist schauspielerisch nicht unbedingt darstellbar, eröffnet aber interpretatorisch einen ambivalenten Zugang zu der Person Werners, die hierdurch ironisiert und uneindeutig dargestellt wird.

Auf Müllers aktivistische Intentionen übertragen, hieße dieses Bild: Wirkung nicht durch agitatorische Eindeutigkeit wie in den publizistischen Werken – der Eindeutigkeit kann man leicht entfliehen –, sondern Wirkung

---

[665] Thomas Köster: Nachwort zu Robert Müllers ‚Die Politiker des Geistes', ebd., S. 101.
[666] Beide Zitate ebd.
[667] Robert Müller: Die Politiker des Geistes, S. 12.
[668] Ebd., S. 56. Hervorhebungen bezeichnen die Regieanweisungen.
[669] Ebd., S. 37.
[670] Ebd., S. 42.
[671] Beide Zitate ebd., S. 43.

durch subtile Verpackung der Lehre in einer Handlung, die hier gleichsam als Spinnennetz fungiert. Auch hier wird also, wie schon in ‚Tropen' und ‚Camera obscura', innerhalb der Fiktion deren intendierte Wirkweise deutlich zur Schau gestellt, was sich in dieser Deutlichkeit jedoch nur durch die Lektüre erschließt. Daher ist in diesem Fall eine dieser Mechanismen *unbewusste* Rezeption beim Zuschauer des Dramas von Müller eventuell sogar kalkuliert. Intellektuell höhere Anforderungen stellt das Stück als Lesedrama – als Ideendrama kann es auf der Bühne aber auch Wirkung erzielen, da die impliziten Theorien sowohl in der Handlung als auch in den Erläuterungen der Figuren explizit werden, wodurch sich wiederum ein höherer Wirkungsgrad für das Drama ergibt. Die aktivistische Artikulation liegt hier im Bewusstmachen gesellschaftlicher Prozesse und Dogmen, die Möglichkeit der Überwindung gesellschaftlicher Hemmnisse wird deutlich in der Entwicklung Butzkes und Charlotte Klirrs.

4.3.3   Rückkehr zur Konvention in ‚Flibustier'?

Die Handlung in ‚Flibustier' folgt dem programmatischen Untertitel ‚Ein Kulturbild': In paradigmatischer Weise werden Aufstieg und Untergang zweier Kriegsheimkehrer und ihres auf Optionshandel beruhenden Konzerns geschildert und von Müller so ein Bild der zeitgenössischen wirtschaftlichen und gesellschaftlichen Situation gezeichnet. Die Intention des Autors wird im Untertitel schon benannt. Der Roman unterscheidet sich von den vorhergehenden fiktionalen Werken Müllers, in denen „subjektive[r] Konstruktivismus" und „Gleichberechtigung von Real- und Phantasiewelt"[672] dominieren, durch einen konventionellen Erzählstil und einen objektiven Wirklichkeitsbezug. Die Handlungen der Figuren erscheinen kausal und eindeutig motiviert, die fiktive Welt ist eindeutig konstituiert, die Handlung wird in ihrer linearen zeitlichen Erstreckung deutlich, der Leser muss nur in geringem Umfang Leerstellen ergänzen.[673] Aber auch diese Erzählung Müllers, so einfach sie sich präsentiert, bietet der genaueren Betrachtung einige interessante literarische und formale Details, die sie in den Werkzusammenhang Müllers integrieren.

---

[672] Vgl. beide Zitate Christian Liederer: Der Mensch und seine Realität, S. 204.
[673] So muss er sich z. B. die partielle Impotenz Scholefs erschließen, die nur elegant umschrieben wird, als charakterformendes Element und Auslöser der Heirat Scholefs jedoch konstitutiv für den Gang der Handlung ist.

In Kapitel 4.2.5 dieser Arbeit wurde der Erzähler in ‚Flibustier' als zuverlässiger Beobachter ausgemacht. Betrachtet man nun dessen Rolle im Hinblick auf die Handlung genauer, so zeigt sich, dass sein zeitlicher Standpunkt innerhalb der Erzählung keineswegs eindeutig festgelegt ist und dass der Einblick, den er in Charakter und Psyche der Figuren hat, weit über das Maß eines nur erklärenden *Beobachters* hinausgeht. Er beginnt die Erzählung an einem Punkt, der kurz nach dem Ende des Ersten Weltkriegs liegt, zu dem aber die Gründung von Scholefs und Krumkas Geschäft noch nicht erfolgt ist: „Da hat sich an der Ecke so ein Flibustier festgenäpft", stellt der Erzähler fest und typisiert Scholef damit anfangs schon als Schiebertypen, als den er ihn aber erst zu einem späteren Zeitpunkt kennen lernen wird, wenn er von Scholefs korruptem soldatischen Vorleben erfährt und er Scholefs Aufstieg als Wirtschaftsmogul im Laufe des Werks kommentierend begleitet. Nach der eingangs im Präsens geschilderten Charakteristik Scholefs wechselt der Erzähler im nächsten Abschnitt nach dessen erstem, die zeitliche Nähe des Geschehens zum Erzählen betonenden Satz: „Eines Tages bringe ich einen Bekannten in das Tschöcherl mit"[674], ins Präteritum und kehrt erst im letzten Absatz des Werkes, in dem der Erzähler seinen Observationsposten verlässt und als innerdiegetisch handelnde Person Scholef in der Nervenheilanstalt besucht, wieder in die Gegenwartsform zurück. Wie in 4.2.5 gezeigt, verschränken sich hier voraussehende Sichtweise des Erzählers und konkrete Situation: Scholef lebt nun in der Nervenheilanstalt in seiner Imagination als der Eseltreiber, als den ihn der Erzähler eingangs charakterisiert hat. Damit verliert der lineare zeitliche Ablauf seine Kontinuität, aus der fortlaufenden Ausdehnung in der Zeit wird ein Kreis. Indem das Ende sich dem Anfang anschließt, kommt das Beispielhafte des Dargestellten zum Vorschein: Der Schiebertyp wird in der Historie immer entstehen und vergehen. Die Allgemeinheit dieser Aussage zeigt sich zudem in der unklaren Position, die der Erzähler im letzten Absatz einnimmt. Zuerst wird die Welt aus der innerpsychischen Sicht Scholefs geschildert:

„Er schlief. Sein Bewußtsein blinzelte mit den Augen. War die Sonne so heftig? Kitzelte der Staub der Wüste in den schmerzenden Lidern, drückte der heiße Wind die Schläfen, lag schwere Last auf den Schultern?"[675]

---

674 Robert Müller: Flibustier, S. 10.
675 Ebd., S. 91 f.

Das Bewusstsein Scholefs ist dem Erzähler hier zugänglich und wird in erlebter Rede (ab dem dritten Satz) geschildert. Im weiteren Verlauf führt der Direktor der Anstalt „den Besucher durch die Trakte in den Naturpark", in dem „Scholef, den weißen Spitalskittel malerisch um den Kopf geschlungen", steht – der Erzähler sagt hier nicht ‚ich', wie in der restlichen Erzählung, sondern spricht von ‚dem Besucher', die *Allgemeinheit* aller Besucher könnte Scholef so wahrnehmen. Nur einmal tritt der Erzähler in dieser Passage als Person in Erscheinung, zu dem oben geschilderten Bild sagt er: „So sah ich Scholef zum letzten Male"[676]. Dass diese Begegnung nicht zwingend die gerade geschilderte ist, wird deutlich, wenn es im Anschluss daran heißt:

„‚Was machen Sie denn da, Herr Scholef?' fragt der Direktor. Scholef sieht einen mißtrauisch an, er bleibt stumm wie ein Araber."[677]

Scholef sieht eben nicht nur den Erzähler misstrauisch an, er blickt auf ‚einen', keinen bestimmten, sondern auf jeden Besucher in ähnlicher Situation. Die Perspektive gleitet so zwischen dem konkreten Eindruck, den der Erzähler von Scholef in der Nervenheilanstalt hat, und einer allgemeinen Wahrnehmung hin und her und bleibt unentschieden. Die erzählende Instanz tritt als Person, obwohl sie mit dem Besuch in der Nervenheilanstalt hier erstmals aktiv in die Handlung eingreift, gleichzeitig in den Hintergrund und löst sich in einer Allgemeinheit auf, die auf das Umfassende des Dargestellten überhaupt verweist. Auch die Eindeutigkeit der innerdiegetischen Welt erfährt dabei in diesem letzten Abschnitt insofern eine Erweiterung, als die Parallelwelt, in der Scholef nun lebt, als für dessen Bewusstsein real dargestellt wird:

„In der Hand hielt er einen knotigen Haselstock. Von Zeit zu Zeit trieb er den bockigen Esel vor sich her, blieb stehen, seufzte nur, schlug nieder auf den Hintern des Tieres."[678]

Subjektiver Konstruktivismus und Gleichberechtigung von Real- und Phantasiewelt sind demnach, wenn auch in geringem Maße, in dieser Erzählung Müllers ebenfalls festzumachen: Scholef, der schon vor dem Zusammenbruch seines Konzerns zu der Erkenntnis kommt, „[l]ieber Eseltreiber in Zion sein, als Herr der Welt"[679], lebt in dieser Überzeugung in der Nerven-

---

[676] Alle drei Zitate Robert Müller: Flibustier, S. 92.
[677] Ebd.
[678] Ebd.
[679] Ebd., S. 88.

klinik zwar objektiv in geistiger Umnachtung – doch ist sein Gebaren als Eseltreiber nicht genau der Zustand, der nach der Schilderung des Erzählers „seine Seele"[680] ausmacht und nach dem dieser gesucht hat? Am Ende kann Scholef, im Gegensatz zu Krumka, eben doch etwas „Fremdes oder Ideales annehmen", die „Erinnerung an die eigene Gewordenheit"[681] transzendieren und die „Möglichkeit anderer Welten"[682] zulassen. Für Scholef wie für den Erzähler liegt in der Imagination als Eseltreiber Scholefs ‚wahres' Ich. Damit ist auch in dieser letzten fiktionalen Erzählung Müllers die subjektive Phantasiewelt der objektiven Wirklichkeit erkenntnistheoretisch und wahrheitsbezüglich gleichgestellt.

Das Irrationale, Gedachte findet sich in diesem Kulturbild aber nicht allein in subjektiven, relativen Weltentwürfen, sondern in der *konkreten* Erscheinung des von Krumka und Scholef gegründeten Instituts, das substanzlos, nur auf gedachten Werten basierend, floriert und gedeiht und erst, als man nicht mehr an dessen Wert *glaubt*, untergeht. Das Unternehmen besteht „als Vitalität, als eine an sich bewegliche Lebenskraft, der ein verschwindendes Maß an Substraten entsprach"[683]. Krumka rechtfertigt die nur virtuelle Werte transportierenden Geschäfte und seine wirtschaftliche Methode, indem er den Vergleich mit der modernen abstrakten Kunst zieht. Der Erzähler zitiert aus dessen Broschüre:

„Ähnlich einer Richtung in der Kunst, sei das Kaufmännische mit fortschreitender Entwicklung und Durchnervung am abstrakten Punkte angelangt; der Betrieb löse sich immer mehr und mehr von der fixen Grundlage, wie das Emporkommen von tausend kleineren und größeren Banken beweise."[684]

Dass der Erzähler selbst diese Meinung durchaus nicht teilt, er vielmehr den wirtschaftlichen Wert eines Geschäfts an dessen tatsächlicher Substanz bemisst, zeigt sich an der indirekten Rede – er gibt hier explizit Krumkas Ansicht wieder – wie auch an der negativen Darstellung des Geschäfts als reiner Fassade:

---

[680] Robert Müller: Flibustier, S. 8.
[681] Beide Zitate ebd., S. 60.
[682] Ebd., S. 61.
[683] Ebd., S. 68.
[684] Ebd.

„Nur das splendide Auftreten der Direktoren gab Gewähr, daß man es hier noch mit einer ansteigenden Macht zu tun hatte"[685].

Er bezeichnet das Unternehmen als „Phantomgeschäft"und bemerkt:
„Charakteristisch genug, das Kontor hatte nicht einmal eine Eisenkasse, alles Wichtige lag in einer etwas festeren Schublade."[686]

Die modernen Geistes- und Naturwissenschaften, die „relativistische [...] Mathematik" und die neue „Vitalphilosophie" werden von Krumka nicht verstanden, sondern lediglich als Legitimation seines Geschäftsgebarens missbraucht; der Erzähler verdeutlicht dies durch die Bezeichnung des Inhalts der Broschüre als „oberflächliche[n] Bildungsabfall"[687]. Eingeschränkt wird hier vom Autor die 1922 eventuell schon als überholt empfundene und eben nicht auf das (wirtschaftliche) Leben übertragbare expressionistische Theorie kritisiert. Denn ist das Abstrakte in der Kunst an einem Punkt angekommen, an dem es vor lauter „Durchnervung" keinen Inhalt mehr transportiert, wird die Kunst nicht mehr als „ein Plus im Leben des Verstehenden"[688] fungieren können. Kunst als welterklärendes und weltkonstituierendes Medium braucht Substanz.

Seine These, wirtschaftliche, rein profitorientierte Macht wirke sich negativ auf die geistige Situation der Gesellschaft aus, gestaltet Müller in ‚Flibustier' auf der Handlungsebene am Beispiel des Aufstiegs von Scholef nach der Trennung von seinem Partner Krumka. So lässt er den Erzähler den weiteren Verlauf schildern:

„Scholef wuchs und wurde in einem Jahre der mächtigste Mann des Landes. Er kaufte Industrien, Bergwerke, Zeitungen, Eisenbahnen, Reeden, Papiermühlen, Verlage, Schlösser, Häuser, Jagden, Wälder und ganze Latifundien. Er diktierte den Geist des Landes, in seinen Zeitungen und Verlagen erschienen die geistigen Produkte, die der Zeit den Stempel aufdrückten. Aber darum kümmerte er sich nicht viel; was an Geistigem dagegen ausgeschlossen war, nicht weil es im Sinn, sondern in der Rentabilität der Erwartung des Millionärs nicht entsprach, die Bilanz des betreffenden Betriebes gefährdete, das war von aller öffentlichen Luft hermetisch abgeschlossen. Jedes Unternehmen mußte für sich selbst erfolgreich arbeiten. Die Macht

---

685 Robert Müller: Flibustier, S. 59.
686 Beide Zitate ebd., S. 58.
687 Alle drei Zitate ebd., S. 68.
688 Vgl. S. 61 ff. dieser Arbeit, Punkt 3.1.1, *Bemerkungen über die Kunst.*

des aufstrebenden Mannes fraß drückend an der Freiheit von Gedanken, die rosig waren und ans Licht wollten."[689]

Diese Passage beinhaltet die zentrale Aussage der Erzählung; denn hier zeigt Müller, wie wirtschaftliche Macht in selbstgenerierendem Prozess die geistigen Produkte bekämpft, da diese mit dem ökonomischen Prinzip der Wirtschaft nicht zu vereinbaren sind – eine Erfahrung, die Müller später selbst macht im Laufe seiner eigenen unternehmerischen Tätigkeit mit der Literaria-Vetriebsgesellschaft und seinem Atlantis-Verlag[690]. Paradoxerweise sind es nun gerade geistige Werke über die Geschichte des Judentums, die Scholef in der kritischen Situation am Ende zur Erkenntnis seiner selbst führen und in ihm die Einsicht reifen lassen, dass im materiellen Gewinn nicht sein Lebensglück liegen kann.[691] Scholef stellt an Macht und Erfolg die Sinnfrage:

„Warum sind die Menschen eigensüchtig? kam es ihm in diesen Stunden bei, da die Macht sich von selbst auf ihn zuspitzte. Alles erschien ihm vollständig sinnlos."[692]

Die geistigen Werke, die er wegen mangelnder Profitwürdigkeit selbst nie verlegen würde, bewirken nun etwas in ihm, er kommt zu einer Überzeu-

---

[689] Robert Müller: Flibustier, S. 76.

[690] ‚Flibustier' erschien im Frühjahr 1922 und somit noch vor der Umwandlung der ‚Literaria' in eine Aktiengesellschaft und lange vor der Gründung des Atlantis-Verlages. Die Schwierigkeiten, die Müller mit dem Vertrieb seiner geistig anspruchsvollen Zeitschriften über die Literaria-Vertriebsgesellschaft hat, versucht er dann allerdings mit Quersubventionierung aufzufangen. So muss rein unterhaltsame, meist erotische Literatur die Verluste der geistigen Werke auffangen. Insofern kann hier nur im Aufzeigen der Schwierigkeiten, welche die geistigen Werke am Markt haben, eine biografische Reminiszenz Müllers enthalten sein; seine eigenen Unternehmungen basieren auf substanziellen Werten, nämlich den Werken, die er vertreibt, und sind gerade nicht wie das in ‚Flibustier' geschilderte Institut auf reine Spekulation gegründet. Dies im Gegensatz zu der Meinung von Karl-Markus Gauß, der den Text als „selbstkritisch" interpretiert und Müller in ‚Flibustier' eine Karikatur dessen entwerfen sieht, für das dieser selbst stehe (Karl-Markus Gauß: Vergnügen und Unbehagen. Von den Schwierigkeiten mit Robert Müller. In: Literatur und Kritik, 261/262, 1992, S. 73–77).

[691] Hier muss man differenzieren: Scholef leitet auch sein Scheitern aus seinem Judentum und dessen Geschichte ab, was der Erzähler allerdings Scholefs begrenztem Intellekt zuschreibt: „Es blieb innerhalb seiner Psychose, daß er das Problem seines Volkes begrenzter erlebte, als es im Gegenstande war und daß er das Trauma von einer allgemeinen und einer Gemeinschaft Unzulänglichkeit umschreibend ableitete" (S. 87). Scholef, mit geistigen Werken nicht vertraut, interpretiert sie nicht umfassend genug.

[692] Robert Müller: Flibustier, S. 83.

gung, er hinterfragt seine Selbstsucht, seine Situation und sein Handeln: „War er er selbst? Was hatte er für sein Volk getan?"[693] Dabei wird Scholef bewusst, dass er in seiner exponierten Position eine geistige Fundierung, eine Überzeugung braucht, die über das reine Profitstreben hinausreicht:

„So weit hatte ihn das Schicksal vorgeschoben und er stand innerlich so unvorbereitet da!"[694]

Die von dem *Aktivisten* Robert Müller immer wieder publizierten Thesen, dass Gesellschaft, Kultur und Wirtschaft in einer engen Beziehung zueinander stehen, dass es im idealen Fall ein ausgeglichenes Verhältnis dieser drei Faktoren im Staat geben sollte und dass eine Unterdrückung des Geistigen sich negativ auswirkt, stellt der *Literat* Müller hier auf der Handlungsebene am Beispiel von Scholefs persönlichem Schicksal und dem seines Konzerns dar. Krumka, der schon zu Soldatenzeiten den unreflektierten Abenteuerroman den geistigen Werken vorzieht und der den philosophischen Gesprächen der älteren Vorgesetzten entflieht, „da er sich philosophisch nie damit auseinandergesetzt hatte, wie die Welt einzurichten war"[695], macht im Verlauf des Geschehens keine Wandlung durch, er folgt seinen Eroberer-Phantasien und bleibt unbelehrt.

Auch wenn Müller seinen Stil und die Art der Präsentation seiner Thesen hier ändert: Nach den bisher gewonnenen Erkenntnissen[696] über sein zuletzt veröffentlichtes literarisches Werk stellt Müller in ‚Flibustier' nicht pessimistisch und resignierend den Schiebertypus dar, sondern zeigt in erster Linie im Geistigen das Mittel auf, mit dem dieser zu läutern sein könnte. Zwar erscheinen nach dem Untergang Scholefs „Männer seines Schlages"[697], es gelangen neue Schiebertypen an die wirtschaftliche Macht, doch mit Scholef besinnt sich die Hauptfigur eines Besseren, und das, bevor diese wegen geistiger Umnachtung dem Profitstreben nicht mehr nachgehen kann – und will. Denn mit dem Abgleiten in die Unzurechnungsfähigkeit entzieht sich Scholef dem Anspruchsdenken der Welt aktiv, er blendet die vermeintlichen Tatsachen aus und lebt in einer eigenen Realität. Legt man Müllers Wertschätzung dieses irrealen Zustands, den er nicht als zu bekämpfende Krankheit, sondern eher als Erweiterung des Bewusstseins ansieht, zugrunde, kann

---

[693] Robert Müller: Flibustier, S. 85.
[694] Ebd.
[695] Ebd., S. 26.
[696] Vgl. Punkt 4.1.4, 4.2.5 und 4.3.3 dieser Arbeit.
[697] Robert Müller: Flibustier, S. 91.

man den Zustand Scholefs nicht unbedingt und ausschließlich negativ werten. Scholef gelangt hier, wie die Figuren der anderen in dieser Arbeit besprochenen fiktionalen Werke Müllers, tatsächlich zu einer Identität von Denken und Tun.

Scholef deutet seine bisherigen Handlungen nach der Lektüre der Werke über das Judentum als von vornherein vergeblich, als in Übereinstimmung mit der Geschichte seines Volkes final auf den Untergang angelegt. Die Resignation, die Scholef aus der Kenntnis der jüdischen Geschichte zieht, ist im Grunde jedoch eine Legitimation für seinen Rückzug aus der realen Welt, die zu viele Ansprüche stellt. Die Erkenntnis bietet Scholef einen Ausweg aus seiner Lage, die er vorher als bedrückend und belastend erlebt hat. Der Druck ist nun von ihm gewichen.

Ein weiterer Beleg für die vorsichtig positive, zumindest nicht negative oder pessimistische Grundstimmung der Erzählung zeigt sich, wenn der von Scholef unterdrückte Geist sich gegen ihn wendet und damit letztlich im Verein mit der Politik Erfolg hat:

„Sein schwellender Reichtum hatte Feinde gezeigt. Politische Parteien machten gegen ihn mobil. Der Geist, den er nie unterdrückt – er war geistigen Erzeugnissen gegenüber stets ehrfurchtsvoll gleichgültig gewesen und hatte nie ignorant in geistiges Wesen eingegriffen – den er aber verleugnet und dem er den Lebensraum beschnitten hatte, sammelte sich gegen ihn.“[698]

Der Geist sammelt sich gegen das unterdrückende Prinzip und hat in dem gemeinsamen Vorgehen Erfolg: In diesem Element der Handlung zeigen sich Robert Müllers Antrieb und Hoffnung, die später zur Gründung des Atlantis-Verlages führen.

Auch das Thema der Suggestion, das in den drei zuvor besprochenen Werken Müllers einen prominenten Platz einnimmt, wird in ‚Flibustier' wirksam. Scholefs tatsächlicher Erfolg gründet sich in großem Maße darauf, dass er diesen, solange er noch nicht vorhanden ist, den Menschen antizipierend suggeriert, und auch bei Krumka findet diese Methode Verwendung:

„In mehreren Fällen hatte er auf diese Weise das Endresultat zu sich herüber suggeriert. Krumka übersah, daß die ganze Idee und Uranlage des Instituts auf diesem Entschluss zu skrupelloser Suggestion beruhte und daß viel von seinem eigenen Talent darin war; und die Hälfte der Welt – die andere

---

[698] Robert Müller: Flibustier, S. 84.

dere Hälfte war blutspritzende Arbeit – war auf diese Weise emporgehoben worden."[699]

Auch die Selbstsuggestion Scholefs als Eseltreiber, die – liest man die Erzählung mit an ‚Camera obscura' geschulten Sinnen – vielleicht auf einer Suggestion des Erzählers beruht, ist hierfür ein Beispiel. Schon in ‚Camera obscura' wird Suggestion nicht nur zum Nutzen, sondern ebenso zum Schaden der Gesellschaft eingesetzt. Hier nützt die Suggestion dem Einzelnen und ist als Glaube *an* etwas der Motor des wirtschaftlichen Unternehmens. In dem Moment, als Scholef die Suggestion des Erfolges nicht mehr aufrechterhält, geht das Geschäft zugrunde.

So finden die Themen der vorhergehenden literarischen Werke Müllers in ‚Flibustier' durchaus eine Fortsetzung, auch wenn die Mittel, mit denen er diese nun gestaltet, eher konventionelle sind. In gewisser Hinsicht findet so eine Hinwendung zur Konvention statt, die dem leichteren Verständnis der Thesen geschuldet sein mag: Robert Müller verfügte über eine gute Menschenkenntnis, und nach den Erfahrungen, die er mit der größtenteils unverständigen Aufnahme und Rezeption seiner vorhergehenden literarischen Werke gemacht hatte, nutzt er hier nun vertraute Erzählschemata auf eher herkömmliche Weise, um seine Intention dem Leser nahe zu bringen. Sein Ziel ist dabei nach wie vor Bewusstseinsschaffung.

Doch wie gezeigt wurde, arbeitet Müller auch in diesem Werk durchaus mit verschobenen Bewusstseins- und verschränkten Zeitebenen. In ‚Flibustier' wird rein kapitalistisches Gebaren angeprangert und das Bild des immer wiederkehrenden Schiebertypus gezeichnet, aber ebenso die Wirksamkeit des Geistigen beschworen. Der positive anthropologische Gegenentwurf zum Schiebertypus findet sich hier im Erzähler, der fortwährend den psychologischen Hintergrund der Handlungen der Figuren erläutert und kausale Zusammenhänge deutlich macht – wieder gestaltet Müller mit der Paarung von Erklären und Gestalten sein auch in den anderen literarischen Werken wirksames poetologisches Mittel. Somit zieht Müller mit Scholef und Krumka keinen Schlussstrich unter seine Utopie, sondern zeigt die Möglichkeit einer Negation dieser Situation.

---

[699] Robert Müller: Flibustier, S. 78 f.

5 Fazit

5.1 Zusammenfassung

Wie gezeigt wurde, haben die Überzeugungen Müllers ihren Ursprung in anthropologisch-metaphysischen Voraussetzungen. Die Willenslehre Schopenhauers, die den Menschen determiniert sieht vom zur Erscheinung drängenden Willen und damit ein irrationales Prinzip als handlungs- und erkenntnisleitend setzt, wird bei Müller zur Voraussetzung seiner Überzeugung, dass Erkennen und Empfinden bei der Körperlichkeit ansetzen, dass Geist, Bewusstsein und Intellekt Produkte der menschlichen Körperlichkeit sind. Vom ,Tropen'-Roman über ,Camera obscura' und ,Die Politiker des Geistes' bis hin zu ,Flibustier' zeigt sich der hohe Stellenwert, den Müller dem Körper zumisst. Körperlichkeit bedingt das Geistige, aber ebenso hat der Geist einen Einfluss auf den Körper. Das ,tat wam asi' Schopenhauers wird bei Müller nicht ins Leiden gewendet, er sieht in der Fokussierung auf den Körper eine Chance zum Eingriff in den Geist. Im Zulassen der Triebe und des Irrationalen liegt für ihn die Möglichkeit zur Weiterentwicklung des Menschen. Der Aktivist Müller will die Menschen zu einem geistigen Progress bringen; daher zeigt er auf literarischer Ebene die Abhängigkeitsverhältnisse zwischen Geist und Körper und die Erkenntnismöglichkeiten, die in der Akzeptanz dieser Abhängigkeitsverhältnisse liegen. In allen hier untersuchten Werken ist dies evident, auch in ,Flibustier', denn dort ist es die unterdrückte Körperlichkeit Scholefs, die einen großen Anteil hat an seiner Entwicklung – im positiven wie im negativen Sinne. Der Aktivist fordert eine Rehabilitierung der Körperlichkeit, der Literat formt diese Forderung in seinen fiktionalen Werken, indem er Körperlichkeit als handlungsleitendes Prinzip deutlich macht.

Zu den metaphysischen Bedingungen von Müllers Anthropologie gehört auch die Lehre Nietzsches vom Willen zur Macht, die – ihrerseits auf Schopenhauer fußend – das menschliche Verhalten ebenfalls als bedingt durch die in ihm waltenden Triebkräfte ansieht. Leib und Seele wirken dabei zusammen: Indem der Wille zur Macht strebt und die Triebkräfte unweigerlich nach Expansion drängen, wird eine neue Wertsetzung für das Leben zwingend. Diesen aktiven Weltbezug setzt Müller in seiner Literatur um: Die Protagonisten der hier untersuchten Werke setzen neue Werte zur Transzendierung ihrer Situation, die vom Körper ausgeführte Tat wird zum Bezugspunkt für eine gelingende gesellschaftliche Existenz:

„Die Utopie einer Identität von Denken und Tun figuriert bei Müller als Zuspitzung des Anspruchs, daß der Geistige aktiv werden, der Schriftsteller als Aktivist ins gesellschaftliche Leben eingreifen soll."[700]

Die Rezeption der Annahmen Machs zur Ich-Dissoziation und Absolutsetzung der Subjektivität führt bei Müller zu der Annahme einer polyperspektivischen Erfahrung und der Legitimation einer paradoxen Weltsicht. Das Paradox umfasst bei Müller die uneingeschränkte Akzeptanz der Negation, was das herkömmliche Empfindungs- und Erfahrungsspektrum ausweitet.[701] In der Folge der Annahme der Ich-Diffundierung wird die Flüchtigkeit, Veränderlichkeit und Permeabilität des Individuums zur anthropologischen Voraussetzung für den Wirkanspruch des politischen Expressionisten Müller: Da jede Erfahrung, jedes Erlebnis das Individuum verändern und ihm Entwicklungsräume bieten kann, wird für Müller die Fiktion als Erfahrung und Erlebnis bietender Weltentwurf zum Ich-formenden Medium.

Hinter diesen metaphysischen Voraussetzungen stehen naturwissenschaftliche Positionen: die Physik Einsteins, die ein relativistisches Weltbild formt, und die Biologie Darwins, die das Leben als System der Selbstreproduktion begreift. Diese Überzeugungen fundieren Müllers expressionistische Welteinstellung, die dem Menschen eine gesellschaftliche Verantwortlichkeit zuschreibt und als Handlungstheorie schließlich in den Aktivismus übergeht:

„Expression ist Aktivität in der Kunst. Aktivismus ist unabhängige freie Expression im Material des Kulturellen. Der Mensch gehorcht der innerlich erlauschten Idee unbeeinträchtigt von Ansprüchen der objektiven Welt."[702]

Nur folgerichtig ist es daher, dass Müller mit diesem Hintergrund, der die ständige gesellschaftliche Wandlung von anthropologischer und metaphysischer Seite her voraussetzt, seine Ausdrucksformen und Einstellungen den gesellschaftlichen Verhältnissen und den historischen Gegebenheiten entsprechend modifiziert. So dominiert in ‚Tropen' die Darstellung der philo-

---

[700] Stephanie Heckner: Die Tropen als Tropus, S. 136.

[701] Inwiefern es hier Bezugspunkte Müllers auch zur Dialektik Hegels gibt, in deren Zuge die Negation der Negation einen neuen, übergeordneten Zustand etabliert, kann im Rahmen dieser Arbeit nicht erörtert werden. Doch bieten sich im literarischen Werk Müllers immer wieder Möglichkeiten zur Auseinandersetzung mit der Lehre Hegels. Nur so viel: Bei Müller wird die Negation nicht überschritten, ohne selbst einen Eigenwert zu besitzen. Die Negation existiert bei ihm simultan mit ihrem Ausgangspunkt und stellt einen gleichwertigen Weltzugang dar.

[702] Robert Müller: Bolschewik und Gentleman. In: ders.: Irmelin Rose – Bolschewik und andere verstreute Texte, S. 177.

sophischen Einsicht von der Relativität und Subjektivität der Wirklichkeit und ihrer Auswirkung auf das Individuum, in ‚Camera obscura' wird diese Einsicht in ihren Auswirkungen innerhalb der Gesellschaft akzentuiert. ‚Die Politiker des Geistes' markieren die Hinwendung zur Konkretisierung dieser Theorie im politisch aktiven Subjekt, und in ‚Flibustier' zeigen sich der moderne Reflexionsmensch, der alte Gewissheiten hinter sich lässt, sowie die negativen Auswirkungen eines fehlenden Mitgefühls und einer fehlenden Sinnsetzung. In allen hier untersuchten Werken ist es das Prinzip der Erklärung des außerdiegetischen Sinnes innerhalb der erzählten Welt, das die Verbindung zwischen Expression und Aktivismus herstellt. Immer umreißen die Figuren oder Erzähler abstrakt jene Theorien, die sie auf der Handlungsebene dann darstellen, und machen sie so dem Rezipienten zugänglich. Dieses Verfahren der bildlichen Darstellung einer abstrakten These wurde hier mit dem Ausdruck der metaphorischen Unmittelbarkeit bezeichnet.[703] Der neue Typus, der die reine Analyse hinter sich gelassen hat, wird in seiner Gewordenheit vorgestellt – das Prozesshafte einer Fortentwicklung steht in allen untersuchten Werken ganz deutlich im Vordergrund. ‚Flibustier' erscheint nur deshalb außerhalb dieser Tradition, weil Müller seine Argumentation und Darstellungsweise gleichsam umdreht und darstellt, wie der neue Mensch gerade nicht werden soll. Der Grundsatz dieser Technik findet sich in ‚Camera obscura' und wurde schon zitiert: „Eine Sache ist auch durch ihr Negativ gegeben"[704], legt Müller der Figur Slim in den Mund; in seinen publizistischen Schriften spricht er diese Überzeugung selbst aus:

„Dinge [werden] dadurch dargestellt, daß man sie weglässt. Man gibt ihr Negativ. Die Photografie macht sich der Genießende selbst. [...] Ohne die Realität zu verletzen, wird sie übergangen. Der Ausfall lebt; er wurrelt von sprechendem Leben."[705]

In ‚Flibustier' wird kein Soll-Bild entworfen, sondern ein Ist-Bild gezeigt, jedoch mit demselben Impetus des Hinweisens auf die Notwendigkeit der Veränderung des gesellschaftlichen Individuums wie in den vorhergehenden Werken – hier nun mit der Sicht auf einen zu überwindenden Zustand. So erklärt sich auch der Verzicht auf die poetischen Mittel der Paradoxie, der Polyvalenz und der Obskurierung des Handlungsverlaufs, denn in ‚Flibu-

---

[703] Siehe Punkt 4.2.2 dieser Arbeit.
[704] Robert Müller: Camera obscura, S. 166.
[705] Ders.: Ein Komödiendichter!. In: ders.: Briefe und Verstreutes, S. 140.

stier' ist kein zukünftiger Zustand beim Leser zu evozieren, hier soll er die dargestellte Entwicklung gerade nicht nachvollziehen. Die Darstellung einer realen Situation gelingt mit konventionellen Mitteln. Was darüber hinaus an Sinn vermittelt werden soll, findet sich in der temporalen Kreisstruktur und der Verschränkung der Bewusstseinsebenen des Protagonisten aufgehoben und ist somit an die konventionelle Darstellungsweise nicht gebunden.

Der Inhalt prägt die Form: Müllers poetologische Prämisse wird an jedem seiner Werke deutlich. Die je unterschiedlichen Akzente, die Müller in seinen fiktionalen Werken bearbeitet, verlangen die Umsetzung in eine je andere Form. Nur in der adäquaten Form kann der Inhalt zur Wirkung kommen. Der Aktivist will wirken – so wird die Poetologie Müllers zur Voraussetzung seines Aktivismus.

5.2 Robert Müllers Aktivismus: Relevanz für seine Literatur

Robert Müllers Aktivismus umfasst zwei sich gegenseitig bedingende Zielsetzungen: Die erste liegt in der Etablierung des neuen Menschen – ein Vorhaben, das notwendig unabgeschlossen schon daher bleiben muss, da auch der neue Mensch einer stetigen Entwicklung unterworfen ist. Müller weiß, dass er die Massen nicht erreichen und in dem von ihm gewünschten Maße fortentwickeln kann, seine fiktionalen Werke richten sich daher an die, die eine ihm selbst ähnliche Entwicklungsbereitschaft und -fähigkeit in sich tragen. Das Entwicklung anstoßende literarische Werk wird zur Handlungsaufforderung für die Geistigen. Die zweite Zielsetzung liegt in der Politik: Müller strebt eine Vereinigung der Geistigen zum Zweck einer Regierungsbeteiligung an. Er sieht Politik dabei nicht primär als Machtkategorie, sondern als gesellschaftliches Handeln, als Kampf um die Veränderung bestehender Verhältnisse. Müller definiert Politik als emanzipatorisch, er setzt in seinen aktivistischen Äußerungen normative Soll- oder Zielwerte. In seinen publizistischen Schriften umreißt er dabei die Rolle, die das Kunstwerk für ihn innerhalb dieser Theorie innehat:

„Daß der *Dichter* als Gestalter und Ausdenker, als Volks- und Völkergenosse in Wort und Tat eine Einheit sei, daß sein Werk und die Menschheit ein einziger Willensinhalt sei: Das ist die politische Forderung. Der Dichter hat ohnedies schon längst Partei ergriffen: Den Menschen, Menschenrechte, Menschheit, Heiliges, Göttliches und Wahrhaftiges bejaht und Gottes Feinde gezeichnet. Aus ihm und seinem Inhalt soll wie aus dem Inhalt der Ideenträger Staat und Politik und Partei werden; in Form einer ganz neusinnigen – Verstaatlichung! [...] Unentwegt das Gehirn mit diesem Ziel zu belasten; auf Mitmenschen derlei ‚Verstaatlichungsgedanken‘ durch heißes Gleichnis, glühende Melodie, brennende Vernunft so unablässig seelisch zu übertragen, daß sie nicht mehr einschlafen und sterben können – es ist der Mühe wert.‘"[706]

Dies belegt noch einmal die auf formaler Ebene schon diagnostizierte Intentionalität von Müllers literarischem Schaffen; er schreibt alle Texte ad usum. Der Gebrauch der Texte ist es, worauf es ihm ankommt, eine rein ästhetische Betrachtung seiner Werke kann ihren Gehalt nicht ausschöpfen, wobei die ästhetische Weltanschauung als schöpferisch-dionysische Formung sozialer Wirklichkeit[707] die Grundlage seines Aktivismus bildet. Das ‚heiße Gleichnis‘, die ‚glühende Melodie‘ – nur im literarischen Werk kann Müller dies zum Ausdruck und zur Wirkung bringen. Stephanie Heckner fasst dies zusammen:

„Das neue Lebensgefühl sollte nun aber nicht nur *in der Kunst vermittelt*, in ihr zur Anschauung gebracht werden, sondern es sollte auch *über sie vermittelbar* sein. Auf wirkungsästhetischem Wege sollte ein Wille zur Wandlung die Öffentlichkeit erreichen. Die Erneuerung des Menschen und der Gesellschaft sollte nicht nur in der Kunst versinnlicht, sondern auch durch sie bewirkt werden. Mit dem neuen Pathos verband sich ein ethisches Engagement."[708]

Die Kunst hat für Müller ein moralisches, gesellschaftsformendes Primat, und daraus leitet er die Forderung nach aktivistischer Kunst ab.

Wie gezeigt wurde, gestaltet Müller seinen literarischen Aktivismus nie als eindimensionale Utopie. Seine Darstellung ist immer ambivalent, beleuchtet auch die möglichen Schwachstellen und Risiken seiner Entwürfe. Dabei sieht er die gesteigerte Erregung und beschleunigte Entwicklung seiner Zeit als Movens der gesellschaftlichen Entwicklungen, die sich in den jeweiligen Gebieten unterschiedlich manifestieren:

„Man möchte sich fragen, ob Expressionismus, Aktivismus und Bolschewismus nicht Synonyme für dieselbe moderne Erregung sind, je nach-

---

[706] Robert Müller: Hermann Kesser. In: ders.: Briefe und Verstreutes, S. 162.
[707] Vgl. hierzu auch Christian Liederer: Der Mensch und seine Realität, S. 287 f.
[708] Stephanie Heckner: Die Tropen als Tropus, S. 49. Hervorhebungen von der Autorin.

dem sie sich auf verschiedenen Formgebieten ausspricht, dem der Kunst, der Kultur, der Politik. [...] Alles ist alles. Expression ist Aktivität in der Kunst. Aktivismus ist unabhängige freie Expression im Material des Kulturellen."[709]

Müllers expressionistische Welteinstellung fordert gesellschaftliche Verantwortlichkeit; indem er den Aktivismus dem Kulturbereich zuordnet, subsumiert er Expressionismus und Kunst unter ihn. Expressionismus und Aktivismus fallen in eins, die Literatur ist für ihn dabei eine Möglichkeit, den Aktivismus in der Kunst darstellbar und nachvollziehbar zu machen. In dieser Arbeit wurde an den literarischen Texten Müllers diese Interferenz zwischen der Sprache der Kunst und den Äußerungen des Aktivismus aufgezeigt. Es bleibt die Frage, ob Robert Müller mit seiner politisch-expressionistischen Prosa ein Einzelfall, vielleicht ein Vorreiter ist oder ob es Entsprechungen im Prosawerk anderer zeitgenössischer Schriftsteller gibt.

Warum Müller nun so früh und abrupt einen Schlussstrich unter sein Leben setzte – in seinem Werk wird die Antwort nicht zu finden sein. Betrachtet man seine Schriften heute, so offenbaren sich in ihnen vor allem ungebrochenes Pathos und ein großer Enthusiasmus. Mit ähnlichem Enthusiasmus wird in der Robert-Müller-Forschung dieser Wortkünstler entweder als Literat[710], als Aktivist[711], als Publizist[712], als Chronist der Großstadt[713] oder als imperialer Exotist[714] ausgelegt. Jede Arbeit beleuchtet dabei einen wichtigen Aspekt des Müller'schen Werkes; es beinhaltet all das, ist aber gleichzeitig im Ganzen viel mehr als die Summe seiner Facetten. Müllers Theorie des umspringenden Akzents bietet hier einen hilfreichen Zugang: Je nach Erkenntnisinteresse sind die einzelnen Akzente zu betrachten, sie schließen sich nicht gegenseitig aus, man kann – und soll – alle zusammen

---

[709] Robert Müller: Bolschewik und Gentleman, S. 177.

[710] So z. B. bei Stephan Dietrich: Poetik der Paradoxie, mit alleinigem Blick auf die Werkstruktur und bei Christian Liederer: Der Mensch und seine Realität, mit dem Fokus auf Müllers philosophischen Bezugsrahmen.

[711] Hier vornehmlich Stephanie Heckner: Die Tropen als Tropus.

[712] In der Dissertation von Günter Helmes: Robert Müller: Themen und Tendenzen seiner publizistischen Schriften.

[713] Thomas Köster: Bilderschrift Großstadt. Studien zum Werk Robert Müllers.

[714] Thomas Schwarz: Robert Müllers Tropen. Ein Reiseführer über den imperialen Exotismus. Ein neuer und sehr interessanter Ansatz, in dessen Zug Schwarz den ‚Tropen'-Roman als Parodie auf und Kritik an imperialistischen Machtbestrebungen interpretiert.

denken. Die vorliegende Untersuchung hat gezeigt, dass das geistige Koor-
dinatensystem Müllers sich von ‚Tropen‘ zu ‚Flibustier‘ nicht grundlegend
geändert hat, lediglich die Akzente haben sich verschoben – Müller hat, nach
seiner Terminologie, verschiedene Phantoplasmen dargestellt, um sie wirksam zu machen. Günter Helmes spricht im Nachwort zu ‚Camera obscura‘
davon, dass Müllers literarisches Werk „als Erprobung der diversen anthropologischen und gesellschaftspolitischen Theorien Müllers in einer fiktiven
Realität gewertet werden muß"[715]. Doch Müllers Anspruch geht hier weiter:
Er möchte nicht erproben, er ist sich des Resultates sehr sicher. Er möchte
seine Theorien im Bruch mit den Wahrnehmungskonventionen darstellen
und so erfahrbar machen, die erkannte Veränderbarkeit der Gesellschaft mit
seinen Werken anstoßen. Wenn diese Arbeit nun Müllers Aktivismus in den
Vordergrund rückt, dann um zu zeigen, dass sein literarisches Werk ohne
diesen Hintergrund in dieser Form nicht entstanden wäre. Der Literat Müller wird hierbei nicht zum Lakaien des Aktivisten, vielmehr ist der eine ohne
den anderen nicht denkbar.

Denkbar dagegen ist, dass die Forschung noch weitere Aspekte im Werk
Robert Müllers entdeckt, die sich dem bisherigen Bild einfügen und es erweitern würden – es wäre der Mühe wert.

---

[715] Günter Helmes: Nachwort zu ‚Camera obscura‘. In: Robert Müller: Camera obscura.
S. 193. Der Terminus ‚Erprobung‘ impliziert eine abgeschottete Versuchsanordnung im Labor,
wiederholbar und berechenbar. Müller möchte seine Versuchsergebnisse, die er mit der Auf-
stellung seiner Theorien durch die Beobachtung der Gesellschaft schon hat, in seinem Werk
ebendieser Gesellschaft mitteilen und erfahrbar machen.

6 Bibliographie

6.1 Werke Robert Müllers

Müller, Robert: Werkausgabe in 13 Bänden. Hrsg.: Günter Helmes. Paderborn 1993–1997.

– Tropen. Der Mythos der Reise. Urkunden eines deutschen Ingenieurs. Herausgegeben von Robert Müller Anno 1915 (München 1915). Hrsg. und mit einem Nachwort versehen von Günter Helmes. Paderborn 1990.

– Camera obscura. Roman (1921). Hrsg. und mit einem Nachwort versehen von Günter Helmes. Paderborn 1991.

– Die Politiker des Geistes. Sieben Situationen (1917). Hrsg. und mit einem Nachwort versehen von Thomas Köster. Paderborn 1994.

– Flibustier. Ein Kulturbild (1922). Hrsg. und mit einem Nachwort versehen von Günter Helmes. Paderborn 1992.

– Das Inselmädchen. Novelle (1919). Hrsg. und mit einem Nachwort versehen von Wolfgang Reif. Paderborn 1994.

– Der Barbar. Roman (1920). Hrsg. und mit einem Nachwort versehen von Hans Heinz Hahnl. Paderborn 1993.

– Rassen, Städte, Physiognomien. Kulturhistorische Aspekte (1923). Hrsg. und mit einer Einführung versehen von Stephanie Heckner. Paderborn 1992.

– Irmelin Rose – Bolschewik und andere verstreute Texte. Hrsg. und mit einem Nachwort versehen von Daniela Magill und Michael Matthias Schardt. Paderborn 1993.

– Gesammelte Essays. Mit einem Nachwort von Hans Heinz Hahnl. Hrsg. von Michael Matthias Schardt. Paderborn 1995.

– Kritische Schriften Bd. I. Hrsg. von Günter Helmes und Jürgen Berners. Paderborn 1993.

– Kritische Schriften Bd. II. Hrsg. von Ernst Fischer. Paderborn 1995.

– Kritische Schriften Bd. III. Hrsg. von Thomas Köster. Paderborn 1996.

– Briefe und Verstreutes. In Zusammenarbeit mit Thomas Schwarz hrsg. von Eva Reichmann. Oldenburg 1997.

6.2   Weitere Primärliteratur

Benn, Gottfried: Nach dem Nihilismus, 1932. In: Gesammelte Werke. Essays und Reden. In der Fassung der Erstdrucke. Frankfurt a. M. 1997.

Blei, Franz: Das große Bestiarium der Literatur. Berlin 1924, S. 49 f. In: Expressionismus – Aktivismus – Exotismus. Studien zum literarischen Werk Robert Müllers. Hrsg.: Helmut Kreuzer und Günter Helmes. 2. Auflage Paderborn 1989 (urspr. Göttingen 1981), hier S. 273.

Darwin, Charles: Über die Entstehung der Arten durch natürliche Zuchtwahl. Nachdruck der Ausgabe von 1929. Darmstadt 1988. Im Original: On the Origin of Species by Means of Natural Selection. The Preservation of Favoured Races in the Struggle for Life. London 1859.

Flake, Otto: Robert Müller. In: Die neue Rundschau 35, Bd. 2, Berlin 1924, S. 1083 f. In: Expressionismus – Aktivismus – Exotismus. Studien zum literarischen Werk Robert Müllers. Hrsg.: Helmut Kreuzer und Günter Helmes. 2. Auflage Paderborn 1989 (urspr. Göttingen 1981), hier S. 312.

Freud, Sigmund: Gesammelte Werke in 15 Bänden. Frankfurt a. M. 1999.

Goodman, Nelson: Weisen der Welterzeugung. Frankfurt a. M. 1990. EA Frankfurt a. M. 1984. Im Original: Ways of Worldmaking. Indianapolis, Cambridge 1978.

Goodman, Nelson: Sprachen der Kunst. Entwurf einer Symboltheorie. Frankfurt a. M. 1995. Im Original: Languages of Art. An Approach to a Theory of Symbols. Indianapolis 1976.

Kandinsky, Wassily: Über das Geistige in der Kunst, EA München 1912. 10. Auflage, Bern 1952.

Kant, Immanuel: Kritik der reinen Vernunft, EA Riga 1781, umgearb. 1787. Gesammelte Schriften (Akademieausgabe), Bde. III und IV, 1903/1904 (Repr. 1968).

Ders.: Kritik der praktischen Vernunft, EA Riga 1788. Gesammelte Schriften (Akademieausgabe), Bd. V, 1908 (Repr. 1968).

Ders.: Kritik der Urteilskraft, EA Berlin 1790, 3. Aufl. 1799. Gesammelte Schriften (Akademieausgabe), Bd. V, 1908 (Repr.1962). Stuttgart 1963.

Mach, Ernst: Beiträge zur Analyse der Empfindungen. Die Analyse der Empfindungen und das Verhältnis des Physischen zum Psychischen. Jena 1886/1900.

Ders.: Populärwissenschaftliche Vorlesungen. Jena 1926.

Ders.: Erkenntnis und Irrtum. Skizzen zur Psychologie der Forschung. Leipzig 1905.

Musil, Robert: Robert Müller. Prager Presse 4, Nr. 224, Prag 3.9.1924, S. 4 ff. In: R. Musil: Tagebücher, Aphorismen, Essays und Reden. Hrsg.: Adolf Frisé, Hamburg 1955, sowie in: Expressionismus – Aktivismus – Exotismus. Studien zum literarischen Werk Robert Müllers. Hrsg.: Helmut Kreuzer und Günter Helmes. 2. Auflage Paderborn 1989 (urspr. Göttingen 1981), hier S. 302.

Nietzsche, Friedrich: Die Geburt der Tragödie aus dem Geist der Musik. In: Giorgio Colli, Mazzino Montinari: Friedrich Nietzsche. Kritische Studienausgabe Bd. 1.

Nietzsche, Friedrich: Menschliches Allzumenschliches. In: Giorgio Colli, Mazzino Montinari: Friedrich Nietzsche. Kritische Studienausgabe Bd. 2.

Ders.: Morgenröthe. In: Giorgio Colli, Mazzino Montinari: Friedrich Nietzsche. Kritische Studienausgabe Bd. 3.

Ders.: Also sprach Zarathustra. In: Giorgio Colli, Mazzino Montinari: Friedrich Nietzsche. Kritische Studienausgabe Bd. 4.

Ders.: Zur Genealogie der Moral. In: Giorgio Colli, Mazzino Montinari: Friedrich Nietzsche. Kritische Studienausgabe Bd. 5.

Ders.: Götzendämmerung, ,Die vier großen Irrthümer' 8. In: Giorgio Colli, Mazzino Montinari: Friedrich Nietzsche. Kritische Studienausgabe Bd. 6.

Ders.: Nachlass 1887/88. In: Giorgio Colli, Mazzino Montinari: Friedrich Nietzsche. Kritische Studienausgabe Bd. 13.

Rutra, Arthur Ernst: Robert Müller. In: Das Dreieck 1, H. 3, Berlin 1924, S. 95 ff. In: Expressionismus – Aktivismus – Exotismus. Studien zum literarischen Werk Robert Müllers. Hrsg.: Helmut Kreuzer und Günter Helmes. 2. Auflage Paderborn 1989, S. 311 (urspr. Göttingen 1981).

Ders.: Pionier und Kamerad. In: Die Literarische Welt 3, Nr. 34, Berlin 1927, S. 1. In: Expressionismus – Aktivismus – Exotismus. Studien zum literarischen Werk Robert Müllers. Hrsg.: Helmut Kreuzer und Günter Helmes. 2. Auflage Paderborn 1989, S. 315 (urspr. Göttingen 1981).

Schopenhauer, Arthur: Die Welt als Wille und Vorstellung (1819/1844). Bd. I [WWV I]. In: Lütkehaus, Ludger (Hrsg.): Arthur Schopenhauers Werke in fünf Bänden. Nach den Ausgaben letzter Hand. Bd. 1, Zürich 1988 (Haffmans-Ausgabe).

Ders.: Die Welt als Wille und Vorstellung (1819/1844). Bd. II [WWV II]. In: Lütkehaus, Ludger (Hrsg.): Arthur Schopenhauers Werke in fünf Bänden. Nach den Ausgaben letzter Hand. Bd. 2, Zürich 1988 (Haffmans-Ausgabe).

6.3 Sekundärliteratur

Albig, Jörg-Uwe: Als Kaiser der Letzte. In: Geo Epoche Nr. 12, Deutschland um 1900. Hamburg 2004. S. 52 f.

Alewyn, Richard: Anatomie des Detektivromans. In: Vogt, Jochen (Hrsg.): Der Kriminalroman. Poetik – Theorie – Geschichte. München 1998.

Amman, Klaus, Wallas, Armin A. (Hrsg.): Expressionismus in Österreich. Die Literatur und die Künste. Wien, Köln, Weimar 1994.

Anz, Thomas: Literatur des Expressionismus. Stuttgart 2002.

Ders. und Stark, Michael (Hrsg.): Expressionismus. Manifeste und Dokumente zur deutschen Literatur 1910–1920. Stuttgart 1982.

Basil, Otto: Nachbemerkungen (zu Robert Müller ‚Das Inselmädchen‘). In: Kreuzer, Helmut und Helmes, Günter: Expressionismus – Aktivismus – Exotismus. Studien zum literarischen Werk Robert Müllers. 2. Auflage Paderborn 1989. S. 37–38.

Baßler, Moritz: Die Entdeckung der Textur. Unverständlichkeit in der Kurzprosa der emphatischen Moderne 1910–1916. Tübingen 1994.

Bhatti, Anil; Turk, Horst (Hrsg.): Untersuchungen zur Alterität im Kontext von Kolonialismus und Kulturkritik. Bern, Berlin, Frankfurt a. M., New York, Paris, Wien 1998 (Jahrbuch für internationale Germanistik Bd. 48).

Begemann, Christian: Tropische Welten. Anthropologie, Epistemologie, Sprach- und Dichtungstheorie in Robert Müllers ‚Tropen‘. In: Bhatti, Anil; Turk, Horst (Hrsg.): Untersuchungen zur Alterität im Kontext von Kolonialismus und Kulturkritik. Bern, Berlin, Frankfurt a. M., New York, Paris, Wien 1998 (Jahrbuch für internationale Germanistik Bd. 48). S. 81–91.

Best, Otto F. (Hrsg.): Theorie des Expressionismus. Stuttgart 1976, Ausgabe 1982.

Bode, Christoph: Ästhetik der Ambiguität: Zu Funktion und Bedeutung von Mehrdeutigkeit in der Literatur der Moderne. Tübingen 1988.

Bucher, André: Repräsentation als Performanz. Studien zur Darstellungspraxis der literarischen Moderne (Walter Serner, Robert Müller, Hermann Ungar, Joseph Roth und Ernst Weiß). München 2004.

Cornaro, Franz: Robert Müllers Stellung zu Karl May. In: Kreuzer, Helmut und Helmes, Günter: Expressionismus – Aktivismus – Exotismus. Studien zum literarischen Werk Robert Müllers. 2. Auflage Paderborn 1989. S. 261–272.

Diersch, Manfred: Empiriokritizismus und Impressionismus. Über die Beziehungen zwischen Philosophie, Ästhetik und Literatur um 1900 in Wien. Berlin 1973.

Dietrich, Stephan: Poetik der Paradoxie. Zu Robert Müllers fiktionaler Prosa. Siegen 1997.

Dotzler, Bernhard J. und Weigel, Sigrid (Hrsg.): „Fülle der Kombination": Literaturforschung und Wissenschaftsgeschichte. München 2005.

Eykmann, Christoph: Das Problem des politischen Dichters im Expressionismus und Robert Müllers ‚Die Politiker des Geistes'. In: Kreuzer, Helmut und Helmes, Günter: Expressionismus – Aktivismus – Exotismus. Studien zum literarischen Werk Robert Müllers. 2. Auflage Paderborn 1989. S. 169–177.

Ders.: Denk- und Stilformen des Expressionismus. München 1974.

Fischer, Ernst: Ein doppelt versuchtes Leben. Der Verlagsdirektor Robert Müller (und der Roman ‚Flibustier'). In: Kreuzer, Helmut und Helmes, Günter: Expressionismus – Aktivismus – Exotismus. Studien zum literarischen Werk Robert Müllers. 2. Auflage Paderborn 1989. S. 217–251.

Ders.: Expressionismus – Aktivismus – Revolution. Die Österreichischen Schriftsteller zwischen Geistpolitik und Roter Garde. In: Amman, Klaus;

Wallas, Armin A. (Hrsg.): Expressionismus in Österreich: die Literatur und die Künste. Wien, Köln, Weimar 1994. S. 19–48.

Ders. und Haefs, Wilhelm (Hrsg.): Hirnwelten funkeln. Literatur des Expressionismus in Wien. Salzburg 1988.

Fischer, Jens Malte: Aus: Affe oder Dalai Lama? – Kraus-Gegner gestern und heute. In: Kreuzer, Helmut und Helmes, Günter: Expressionismus – Aktivismus – Exotismus. Studien zum literarischen Werk Robert Müllers. 2. Auflage Paderborn 1989. S. 258–260.

Gauß, Karl-Markus: Ein amerikanisch präparierter Windhund mit Flügeln. Zur Wiederentdeckung des Schriftstellers Robert Müller. In: Neue Zürcher Zeitung, 25.01.1995, S. 43–44.

Ders.: Die Widersprüche einer ganzen Epoche. Genialisch und gehetzt: der Essayist Robert Müller. In: Neue Zürcher Zeitung, Nr. 24, 25.2.1996, S. 50.

Ders.: Vergnügen und Unbehagen. Von den Schwierigkeiten mit Robert Müller. In: Literatur und Kritik 261/262: Verzweigt, verbrieft, vergessen. Flaschenpost aus Österreich 1992, S. 73–77.

Geyer, Carl-Friedrich: Möglichkeiten und Grenzen eines historisch-systematischen Diskurses: Metaphysik. In: Oelmüller, Willi; Dölle-Oelmüller, Ruth; Geyer, Carl-Friedrich: Diskurs: Metaphysik. Philosophische Arbeitsbücher Bd.6. Paderborn, München, Wien, Zürich 1983. S. 11–70.

Grimminger, Rolf und Hermann, Iris (Hrsg.): Mythos im Text. Zur Literatur des 20. Jahrhunderts. Bielefeld 1998.

Hahnl, Hans Heinz: Robert Müller. In: Kreuzer, Helmut und Helmes, Günter: Expressionismus – Aktivismus – Exotismus. Studien zum literarischen Werk Robert Müllers. 2. Auflage Paderborn 1989. S. 21–36.

Ders.: Harald Brüller und Ekkehard Meyer. In: Kreuzer, Helmut und Helmes, Günter: Expressionismus – Aktivismus – Exotismus. Studien zum literarischen Werk Robert Müllers. 2. Auflage Paderborn 1989. S. 252–257.

Ders.: Atlantische Verlockungen. Nachwort zu Robert Müller: Gesammelte Essays. In: Robert Müller – Werkausgabe, Bd. XI. Paderborn 1995. S. 292–306.

Heckner, Stephanie: Die Tropen als Tropus. Zur Dichtungstheorie Robert Müllers. Wien, Köln 1991.

Dies.: Das Exotische als utopisches Potenzial. Zur Neubestimmung des Exotismus bei Robert Müller. In: Sprachkunst, 2. Halbband 1986, S. 206–223.

Dies.: Einführung zu Robert Müller: Rassen, Städte, Physiognomien. Kulturhistorische Aspekte. In: Robert Müller – Werkausgabe, Bd. IV. Paderborn 1992.

Dies.: Seeleningenieur des Expressionismus. Der österreichische Autor Robert Müller wird wieder entdeckt. In: die tageszeitung, Berlin, 27.07.1991. S.18.

Helmes, Günter: Katholischer Bolschewik in der ‚Schwäbischen Türkey‘. Zum politischen Denken Robert Müllers. In: Kreuzer, Helmut und Helmes, Günter: Expressionismus – Aktivismus - Exotismus. Studien zum literarischen Werk Robert Müllers. 2. Auflage Paderborn 1989. S. 178–216.

Ders.: Robert Müller: Themen und Tendenzen seiner publizistischen Schriften (1912–1924). Mit Exkursen zur Biographie und zur Interpretation der fiktionalen Texte. Frankfurt a. M., Bern, New York 1986.

Ders.: Nachwort zu ‚Tropen‘. In: Robert Müller: Tropen. Der Mythos der Reise. Urkunden eines deutschen Ingenieurs. Herausgegeben von Robert Müller Anno 1915. Paderborn 1990. S. 245–260.

Ders.: Nachwort zu ‚Camera obscura‘. In: Robert Müller: Camera obscura. Hrsg.: Günter Helmes. Paderborn 1991. S. 189–194.

Ders.: Nachwort zu ‚Flibustier‘. In: Robert Müller: Flibustier. Ein Kulturbild. Hrsg.: Günter Helmes. Paderborn 1992. S. 95–105.

Helmes, Günter: „Er hatte sich mit Urkräften ringen sehen und blätterte beschriebenes Papier um." Einführendes zu Leben und Werk des Wiener Expressionisten, Literaturmanagers und Aktivisten Robert Müller (1887–1924). In: Knapp, Gerhard P. (Hrsg.): Autoren damals und heute. Literaturgeschichtliche Beispiele veränderter Wirkungshorizonte. Amsterdam / Atlanta 1991 (Amsterdamer Beiträge zur Neueren Germanistik 31–33, 1990/91). S. 571–597.

Holdenried, Michaela: Der technisierte Barbar. Magie und Mimesis in Robert Müllers ‚Tropen'. In: Honold, Alexander; Scherpe, Klaus R. (Hrsg.): Das Fremde: Reiseerfahrungen, Schreibformen und kulturelles Wissen. Zeitschrift für Germanistik. Beiheft 2 (1999). Bern u. a. 2000. S. 303–319.

Honold, Alexander; Scherpe, Klaus R. (Hrsg.): Das Fremde: Reiseerfahrungen, Schreibformen und kulturelles Wissen. Zeitschrift für Germanistik. Beiheft 2 (1999). Bern u. a. 2000.

Hübner, Friedrich Markus: Expressionismus in Deutschland. In: ders.: Europas neue Kunst und Dichtung. Berlin 1920.

Iser, Wolfgang: Die Appellstruktur der Texte. Unbestimmtheit als Wirkungsbedingung literarischer Prosa. In: Warning, Reiner: Rezeptionsästhetik. Theorie und Praxis. München 1975, S. 228–252.

Ders.: Der Akt des Lesens. Theorie ästhetischer Wirkung. München 1990.

Kadrnoska, Franz (Hrsg.): Aufbruch und Untergang. Österreichische Kultur zwischen 1918 und 1938. Wien, München, Zürich 1981.

Kammerbeck jr, J.: Vergleichende Deutung einer Epiphanie. Robert Müller – Marcel Proust. In: Kreuzer, Helmut und Helmes, Günter: Expressionismus – Aktivismus – Exotismus. Studien zum literarischen Werk Robert Müllers. 2. Auflage Paderborn 1989. S. 86–100.

Knapp, Gerhard P. (Hrsg.): Autoren damals und heute. Literaturgeschichtliche Beispiele veränderter Wirkungshorizonte. Amsterdam / Atlanta 1991 (Amsterdamer Beiträge zur Neueren Germanistik 31–33, 1990/91).

Knapp, Gerhard P.: Die Literatur des deutschen Expressionismus. München 1979.

Köhler, Kai: Das Paradoxe gezähmt. Christian Liederer zu Robert Müllers Poetologie. In: literaturkritik.de, Nr.1 Januar 2006. Referenz: http://literaturkritik.de/public/rezension.php?rez_id=8884/Stand 06. 08. 2006.

Kölln, Andreas: Massaker in der Omaheke. In: Geo Epoche Nr. 12, Deutschland um 1900. Hamburg 2004.

Köster, Thomas: Bilderschrift Großstadt. Studien zum Werk Robert Müllers. Paderborn 1995.

Ders.: Metaphern der Verwandlung – Anmerkungen zu Robert Müller. In: Amman, Klaus; Wallas, Armin A. (Hrsg.): Expressionismus in Österreich: die Literatur und die Künste. Wien, Köln, Weimar 1994.

Ders.: Nachwort zu ‚Die Politiker des Geistes'. In: Robert Müller. Die Politiker des Geistes. Paderborn 1994. S. 82–105.

Ders.: Portrait des Künstlers als kochende Küche. Der vergessene österreichische Autor Robert Müller und sein „Tropen"-Roman. In: Die Zeit Nr. 16, Hamburg, 12.04.1991.

Krell, Max: Expressionismus in der Prosa. In: Marcuse, Ludwig (Hrsg.): Weltliteratur der Gegenwart, Band Deutschland, 2. Teil. Berlin 1924.

Kreuzer, Helmut: Zur Rezeption Robert Müllers. In: Kreuzer, Helmut und Helmes, Günter: Expressionismus – Aktivismus – Exotismus. Studien zum literarischen Werk Robert Müllers. 2. Auflage Paderborn 1989. S. 11–20.

Kreuzer, Helmut und Helmes, Günter: Expressionismus – Aktivismus – Exotismus. Studien zum literarischen Werk Robert Müllers. 2. Auflage Paderborn 1989.

Kreuzer, Ingrid: Robert Müllers ‚Tropen'. Fiktionsstruktur, Rezeptionsdimensionen, paradoxe Utopie. In: Kreuzer, Helmut und Helmes, Günter:

Expressionismus – Aktivismus – Exotismus. Studien zum literarischen Werk Robert Müllers. 2. Auflage Paderborn 1989. S. 101–145.

Krull, Wilhelm: Politische Prosa des Expressionismus. Rekonstruktion und Kritik. Frankfurt a. M. 1982.

Kummer, Werner: Robert Müllers „Tropen": Ein fünfdimensionaler kubistischer Mythos. In: Grimminger, Rolf; Hermann, Iris (Hrsg.): Mythos im Text. Zur Literatur des 20. Jahrhunderts. Bielefeld 1998. S. 149–160.

Liederer, Christian: Der Mensch und seine Realität. Anthropologie und Wirklichkeit im poetischen Werk des Expressionisten Robert Müller. Würzburg 2004.

Lüttich, Ernest W. B. (Hrsg.): Fremdverstehen in Sprache, Literatur und Medien. Frankfurt a. M., Berlin, Bern, New York, Paris, Wien 1996.

Marcuse, Ludwig (Hrsg.): Weltliteratur der Gegenwart, Band Deutschland, 2. Teil. Berlin 1924.

Martinez, Matias; Scheffel, Michael: Einführung in die Erzähltheorie. München 1999.

Martini, Fritz (Hrsg.): Prosa des Expressionismus. Stuttgart 1970.

Michler, Werner: Darwinismus, Literatur und Politik: Robert Müllers Interventionen. S. 361-366. In: Wiesinger, Peter, Derkits, Hans u.a. (Hrsg.): Akten des X. Internationalen Germanistenkongresses Wien 2000: 'Zeitenwende – Die Germanistik auf dem Weg vom 20. ins 21. Jahrhundert'. Bd. 6. Jahrbuch für Internationale Germanistik, Reihe A: Kongressberichte. Bern 2002.

Müller-Tamm, Jutta: Vision und Visualität: Zum Verhältnis von Wahrnehmungswissenschaft und Poetik bei Hermann Bahr und Robert Müller. In: Dotzler, Bernhard J. und Weigel, Sigrid (Hrsg.): „Fülle der Kombination": Literaturforschung und Wissenschaftsgeschichte. München 2005.

Oelmüller, Willi; Dölle-Oelmüller, Ruth; Geyer, Carl-Friedrich: Diskurs: Metaphysik. Philosophische Arbeitsbücher Bd.6. Paderborn, München, Wien, Zürich 1983.

Oversteegen, J. J.: Spekulative Psychologie. Zu Robert Müllers ‚Tropen'. In: Kreuzer, Helmut und Helmes, Günter: Expressionismus – Aktivismus – Exotismus. Studien zum literarischen Werk Robert Müllers. 2. Auflage Paderborn 1989. S. 146–168.

Paulsen, Wolfgang: Expressionismus und Aktivismus: eine typologische Untersuchung. Bern, Leipzig 1935.

Ders.: Die deutsche expressionistische Dichtung des 20. Jahrhunderts und ihre Erforschung. In: Rötzer, Hans Gerd (Hrsg.): Begriffsbestimmung des literarischen Expressionismus. Bern, Leipzig 1935. S. 227–240.

Philipzig, Jan: Der tropische Raum und der neue Mensch bei Robert Müller. Ein Vergleich seiner Texte *Tropen* und *Das Inselmädchen*. Magisterarbeit der Philosophischen Fakultät der Christian-Albrechts-Universität zu Kiel, 1999.

Reichmann, Eva: Konzeption von Heimat im Werk von Robert Müller. In: Modern Austrian Literature. Journal of the International Arthur Schnitzler Research Association 29, 1996, S. 203–222.

Dies.: ‚Man ist als Österreicher in der Welt noch immer besser aufgehoben.' Robert Müllers Entwurf des kulturbildenden Austrogermanen. In: Reichmann, Eva (Hrsg.): Habsburger Aporien? Geisteshaltungen und Lebenskonzepte in der multinationalen Literatur der Habsburger Monarchie. Bielefeld 1998.

Reif, Wolfgang: Robert Müllers ‚Tropen'. In: Kreuzer, Helmut und Helmes, Günter: Expressionismus – Aktivismus – Exotismus. Studien zum literarischen Werk Robert Müllers. 2. Auflage Paderborn 1989. S. 39–85.

Ders.: Zivilisationsflucht und literarische Wunschträume. Der exotische Roman im ersten Viertel des 20. Jahrhunderts. Stuttgart 1975.

Riedel, Wolfgang: „Whats the difference?" Robert Müllers Tropen. In: Saul, Nicholas; Steuer, Daniel; Möbus, Frank; Illner, Birgit (Hrsg.): Schwellen. Germanistische Erkundungen einer Metapher. Würzburg 1999. S. 62–76.

Ders.: Arara=Bororo oder die metaphorische Synthesis. In: Zymner, Rüdiger; Engel, Manfred: Anthropologie der Literatur. Poetogene Strukturen und ästhetisch-soziale Handlungsfelder. Paderborn 2004. S. 220–241.

Ders.: „Homo Natura": literarische Anthropologie um 1900. Berlin, New York 1996.

Rötzer, Hans Gerd (Hrsg.): Begriffsbestimmung des literarischen Expressionismus. Bern, Leipzig 1935.

Rothe, Wolfgang (Hrsg.): Der Aktivismus 1915–1920. München 1969.

Ders.: Vorwort. In: ders. (Hrsg.): Der Aktivismus 1915–1920. München 1969.

Saul, Nicholas; Steuer, Daniel; Möbus, Frank; Illner, Birgit (Hrsg.): Schwellen. Germanistische Erkundungen einer Metapher. Würzburg 1999.

Schardt, Michael M.: Nachwort zu ‚Bolschewik und Gentleman'. In: Robert Müller: Irmelin Rose – Bolschewik und andere verstreute Texte. Paderborn 1993.

Schwarz, Thomas: Robert Müllers Tropen. Ein Reiseführer in den imperialen Exotismus. Heidelberg 2006.

Soergel, Albert: Dichtung und Dichter der Zeit, Leipzig 1925.

Sorg, Reto: „Und geheimnisvoll ist es, dieses Buch." Zu Robert Müllers exotistischem Reiseroman Tropen. In: Lüttich, Ernest W. B. (Hrsg.): Fremdverstehen in Sprache, Literatur und Medien. Frankfurt a. M., Berlin, Bern, New York, Paris, Wien 1996. S. 141–173.

Spörl, Uwe: Gottlose Mystik in der Literatur um die Jahrhundertwende. Paderborn 1997.

Sprengel, Peter: Geschichte der Deutschen Literatur. Von der Jahrhundertwende bis zum Ende des ersten Weltkriegs. Geschichte der Deutschen Literatur von den Anfängen bis zur Gegenwart. Bd. 9.2: 1900–1918. München 2004.

Stadler, Friedrich: Vom Positivismus zur „Wissenschaftlichen Weltauffassung". Am Beispiel der Wirkungsgeschichte von Ernst Mach in Österreich von 1895 bis 1934. Wien, München 1982.

Strasser, Peter: Wirklichkeitskonstruktion und Rationalität. Ein Versuch über den Relativismus. Freiburg, München 1980.

Vietta, Silvio: Die literarische Moderne. Eine problemgeschichtliche Darstellung der deutschsprachigen Literatur von Hölderlin bis Thomas Bernhard. Stuttgart 1992.

Vogt, Jochen (Hrsg.): Der Kriminalroman. Poetik – Theorie – Geschichte. München 1998.

Volpi, Franco; Nida-Rümelin, Julian (Hrsg.): Lexikon der philosophischen Werke. Stuttgart 1988.

Wagner-Engelhaaf, Martina: Mystik der Moderne: die visionäre Ästhetik der deutschen Literatur im 20. Jahrhundert. Stuttgart 1989.

Wallas, Armin A.: Zeitschriften und Anthologien des Expressionismus in Österreich. In: Amman, Klaus, Wallas, Armin A. (Hrsg.): Expressionismus in Österreich. Die Literatur und die Künste. Wien, Köln, Weimar 1994. S. 49–90.

Warning, Reiner: Rezeptionsästhetik. Theorie und Praxis. München 1975.

Weinzierl, Ulrich (Hrsg.): Lächelnd über seine Bestatter: Österreich. Österreichisches Lesebuch. Von 1900 bis heute. München, Zürich 1989.

Ders. (Hrsg.): Noch ist das Lied nicht aus. Österreichische Poesie aus neun Jahrhunderten. Salzburg, Wien 1995.

Wiesinger, Peter, Derkits, Hans u.a. (Hrsg.): Akten des X. Internationalen Germanistenkongresses Wien 2000: 'Zeitenwende – Die Germanistik auf dem Weg vom 20. Jahrhundert ins 21. Jahrhundert'. Bd. 6. Jahrbuch für Internationale Germanistik, Reihe A: Kongressberichte. Bern 2002.

Willemsen, Roger: Die sentimentale Gesellschaft. Zur Begründung einer aktivistischen Literaturtheorie im Werk Robert Musils und Robert Müllers. In: Brinkmann, Richard, Haug, Walter (Hrsg.): Deutsche Vierteljahresschrift für Literaturwissenschaft und Geistesgeschichte, 58. Jahrgang, H. 2, S. 289–316.

Ders.: Das Existenzrecht der Dichtung. Zur Rekonstruktion einer systematischen Literaturtheorie im Werk Robert Musils, München 1984.

Wunberg, Gotthard: Jahrhundertwende. Studien zur Literatur der Moderne. Tübingen 2001.

Zenk, Volker: Innere Forschungsreisen. Literarischer Exotismus in Deutschland zu Beginn des 20. Jahrhunderts. Oldenburg 2003.

Zymner, Rüdiger; Engel, Manfred: Anthropologie der Literatur. Poetogene Strukturen und ästhetisch-soziale Handlungsfelder. Paderborn 2004.